よみがえる寺院

日本建築と庭園を守り、つくる

望月敬生 著

早稲田大学出版部

発刊に寄せて

早稲田大学名誉教授　中川　武

望月敬生さんとは長いつきあいである。だからいろんな思い出がある。それらの中には一つ一つ忘れ難いものが多いが、望月さんの場合、その一つ一つを超えて、望月さんという、ある忘れ難い全体のイメージが強く残るように思う。いつも明るく笑って、全力の望月さんのことを想うと、それは余りに早過ぎる御逝去であったが、残された時間があまり無いことを知ってから取り組まれたこの著作のこと、そしてその取り組み様を、望月さんの奥様から伺い知った時、彼がこの著作を通して遺したかったことは、いつも彼に関して感じていた彼のイメージに相通ずるものがあるのだなあ、と思った。

　私が渡邊保忠先生の建築史研究室で助手をしている時に、望月さんは学部の三年生で、卒業論文のテーマとして、茶室を研究したいと研究室にやってきたのが最初であった。

　大学院修士課程では、日本建築の伝統的建築設計技術史の研究に取り組む一方、研究室の文化財建造物の実測調査や大工文書木割書に関する共同文献研究に対して、並々ならぬ積極性を持って参加していた。将来は伝統的な日本建築の設計方面に進みたい、というのが本人の希望であった。修士卒業後、優秀な日本建築の設計・施工をする建設会社に就職し、現場で職人技術に直に触れ、将来の礎としたい、ということでかなり厳しい修業時代を送ったとのことであった。

　日本の建築関係会社は、設計あるいは施工を問わず、概して若者の希望や理想からは遠く距ったものであり、絶望したり、建築が嫌いになったりする者が少なくない。望月敬生さんは、ラグビー愛好家で、体力も強かったのだが、将来なんとしても一流の日本建築設計者になるというはっきりとした目標を持っていたことが彼の原動力であった。特に素晴らしい建築が生まれる現場は、現在からは信じられないくらい理不尽といってもよい状況が長く続いていた。彼がつらい現場から目をそらさずにきたことが間違いなく望月建築の基礎にはあると考えられる。

　ところで望月さんが日本建築設計者への憧れを抱くに至ったのは、少年の頃からの漠然とした思いもあったかもしれないが、間違いなく渡邊保忠先生からの影響があると思う。日本人にとって日本建築とは長い歴史の積層の中から生まれてきたもので、感性的にも体験的にもそこにあるのがあたりまえのようにも感じられるものである。

　勿論それを生み出す技術や細部様式の変化などは専門研究の必要性は自覚されてきたが、日本建築の美とは何か、それがどのような時代的必然によって生まれるのか、等々の問題について改めて論じられることは極めて稀なことであった。渡邊先生は建築生産史的方法を持って、それらの課題を正面から論じ、文化財建造物の修理や新作の日本建築の設計においても、まったく同じスタンスで取り組んでおられた。

日本建築の希望を抱く若者が、このような先生に憧れをいだかないはずがない。望月敬生さんもある意味ではそのような若者の一人であったかもしれない。しかし、決定的な違いが彼と他の多くの人との間にあった。研究成果の鋭さや高さとまったく同質の建築作品の価値が認められる場合でも、それを生み出した考え方や方法がそのまま他分野に適応された場合、時に理不尽になることさえある。あの人の作品は良いけど、考え方や人柄が一寸ネ、ということになりがちなのである。

しかし望月さんの場合、研究と作品の素晴しさを生み出したのは、研究方法、考え方、人柄なのだからそれを全部受け入れて、ゆるぎないものまでに高めることができたと考えられる。建設会社の現場以上に厳しい渡邊先生の許での設計修業時代をまっとうすることができたからである。望月さんも、かなり長い間渡邊先生と同様に研究者であり、設計者でもある道を歩んできた。彼はそれを断念したのではなく、渡邊先生とは違う方法と人格内での統合の仕方を発見したように思われる。

渡邊先生の設計事務所から独立後、日本庭園の分野における尊敬すべき先達に師事し、また、日本仏教の長い歴史の中で育まれてきた現在を生きる宗教の意味について、多くの住職達の皆さんから学ぶことが多かったようである。望月さんは、各分野の多くの渡邊保忠先生を持ったこと、それが渡邊先生とは異なる道を発見し、全身全霊で、かつ、いつも明るく笑っていられる望月さんのイメージに繋がったのだと思う。

鎌倉建長寺の禅堂を望月さんは復原設計された。その落慶の時、蹌踉たる大住職の方々が若き修業時代を懐かしむように華やいでおられる様子を拝見して、各時代の建築が居並ぶ大伽藍の中で、何を復原すべきか、どこに鎌倉時代の空気を再現すべきかを考え抜いた望月さんの、研究と創作の高い融合であると納得することができた。

また、望月さんの葬儀は、鎌倉の彼の設計した寺院で行われた。各施設の配置、建築形式、構造、細部様式、庭園との関係など、伝統を踏まえた過不足ないもので、一見してどこにも主張がないようにさえ見える。しかし人々の動きや佇む様子などを見ていると、とても自然な空間の流れが生まれていた。伝統様式には稀有な空間がそこには息づいていたのである。

本当に大切なもの、伝統の継承と今を生き生きと生きることは、研究と実践の、全力の傾注とさりげなさの人格的な統合によって成されることを、彼の漠然としたイメージとこの度の著作の中の全作品によって、私たちに遺し、伝えてくれたのだと思う。合掌。

望月敬生さんありがとう、温顔は不滅です

日本庭園協会名誉会長　龍居竹之介

望月敬生さん、私はいまもなお強い淋しさに包まれています。とてもあなたのこの作品集が、遺作集になるなんて、嘘としか思いたくありませんもの。本当は何巻も出るうちの第一巻なんですよね——としか考えられないからです。だから法子奥様、ご長男の敬士さんから、このご著作に序文のようなものを書くようにと折角お声をかけていただきつつ、なかなか一字も書くことができませんでした。

先頃、鎌倉にお墓参りをしたときも、「ご免、なかなか書けねえよ」と頭を下げっぱなしでした。でも、もう時間一杯だと伺い、書き出してみたものの、あなたにとっては「違いますよ」と憤慨されるところが、あちこち、たくさんあるかも知れません。それをまず先にお詫びさせていただきますね。

さて「望月敬生さん」という、あなたのお名前に初めて接したのは昭和の末年で、早稲田大学のオープンカレッジであるエクステンションセンターの村井由敬事務長の口からでした。ちょうど、私がこのセンターで『倒叙日本庭園史』という講座を頼まれたときであって、「早稲田出身で日本建築を勉強している将来有望な青年に、この講座でぜひ庭のことを勉強させてあげたい」とのことでした。普請道楽の一面もお持ちの村井さんは、庭にも造詣が深いという、幅の広い日本建築家の存在もまた、一つの夢であったのでしょう。

そして実際には二年後くらいから、毎週、教室にあなたは顔を現すようになったのでした。そして女性上位のクラスの中に一辺に溶け込まれたのですが、あなたのお陰でいつも教室は和気あいあいでした。それから三〇年近く、この講座には欠かせない存在となって下さったことには、ただただ感謝のほかはありません。

あなたが村井さんの期待に応えるように、着実に庭の知識をふくらませて行かれたことは、驚きでもありました。そこで次の段階として庭の見学先で、その庭をめぐる建築の見方を話してもらうなど、講座自体への助力もお願いしだしたのでした。これらが後にあなた独自の建築講座新設の母体ともなりました。

そのころから私が関係する団体、日本庭園協会へも参加されて、あなたは全国の作庭家との交わりから、その人と技術などを学ぶ反面、建築に関する問題に協力したり、設計を依頼されるようにもなられました。

一方で東京、京都と3回にわたる協会主催の国際日本庭園シンポジウムの運営の大成功も、あなたに負うところが大きかったことは、関係者誰しもがよく知り、いまなお大いに感謝しているところです。

国の文化財指定庭園内の建築物の復元、修復などへの分野でも、私を積極的に助けて下さいましたね。亡くなるまで唐門復元に熱中して下さった小石川後楽園をはじめ、青

森の盛美園、新潟の貞観園、三重の北畠神社、山梨の栖雲寺などでの、数々の仕事の思い出はつきることがありません。

でも本当にあなたの努力の凄さには頭が下がりっぱなしの私なのです。村井さんが長く夢見られた「庭もよく知る日本建築家・望月敬生」は見事に誕生しましたが、それはいつのまにかご自身も目指されたからかしらとも思います。その秀でた感性、平衡感覚、多角的な知識のすばらしさはもちろんですが、その心優しさは、どんなときでも人の心を和ませて、プロ、アマを問わず建築や庭を語る集いには絶対不可欠でした。

でも、こうして振り返って見ると、庭の世界に引きずり込みすぎて、迷惑をかけてばかりの私でもあったようで、内心、忸怩たる思いもしております。だからいつも何かにつけて私を「使い方が荒いんだから」と一睨みされたのも当然のことと思っています。でも一睨みしたあとは、必ずニヤリと悪戯っぽく笑いましたね。その笑顔がいつも何かにつけて、すぐ脳裏に浮かぶ私なのです。

新潟に最後にご一緒したとき、運転席と助手席のあなたと敬士さん父子が、仲睦まじくずっと話し合われているようすに、私はとても心打たれました。そしてその昔、岡崎の花火をあなたと法子夫人が、帰る電車に間に合わなくなることも一応は気にしつつ、大のご機嫌で身体の芯から楽しんでおられたことが、思い出されてきたのも奇妙なことでした。あなたの温かい家族思いの姿は、私の心まで温めて下さっていました。

そういえば早稲田の講座の一環で、あなたの地元の静岡の庭を見学に行ったとき、バスガイドを買って出たあなたは、ちゃんと「右に見えて来ますのが、私の実家でございます」とアナウンスされて車中、大拍手でしたね。こんな茶目っ気も、人の安住の地であるべき家と庭づくりの上で、ゆとりを生む一因に数えてよさそうです。こうした、折りに触れての望月敬生さん、あなたの笑顔、温容が私には忘れられません。どうやら二〇歳も年上の私のほうが、あなたに伝えたことよりも、実は学ばせていただいたことがずっと多かったと、正直いっていまさらのように痛感、感謝している次第なのです。

望月敬生さん、本当にありがとうございました。ご迷惑でしょうが、私の胸の中であなたの温顔は不滅です。そして最後の最後まで、執筆に心血を注がれて生まれたこの作品集が、多くの方々にあなたご自身の魅力と作品の見事さを長く長く伝えられることを、心から願ってやみません。

望月敬生さんとのご縁 ―建長寺の禅堂ができるまで―

建長寺派前宗務総長　高井正俊

望月さんとの縁はとても深くて永い。私は東京都下の羽村市にある宗禅寺の閑栖住職です。私が鎌倉の建長寺の修行道場から宗禅寺に帰山したのが三十歳の時。父の住職が健在で時間もあったため、庭の勉強をしたいと思って勉強先を探していたところ、母校の早稲田大学のエクステンションセンターで、龍居竹之介先生の講座があることを知って、通い出した。ほとんどの方が女性で、男性はチラホラ。その中で私より若い男性が失礼ながらチョロチョロしていて、先生のお手伝いや先生の庭ガイドの手伝いをしておられた。最初は別に気にしていた訳ではなかったが、男性が少ないこともあって、自然と会話することが多くなった。龍居先生を囲む庭の会は永く継続し、あちこちの名園をたくさん見せていただいた。その中で、望月先生が早稲田大学の理工学部の建築専攻であったことも知った。当時、羽村市では寺院の文化財調査が進んでおり、早稲田大学の中川武先生の研究室の面々が、その調査にあたった。そして、宗禅寺では私の晋山（住職就任）に合わせて、伽藍や境内の整備が着々と進んでいた。建物に関しては専門の宮大工さんに全てお任せしていたが、大谷石の塀を壊し、新たな土塀を作ることになった。そこで、望月さんに塀の設計を依頼したところ、すぐさま図面を引いて下さった。塀はまたたく間に立派に完成した。落慶・晋山式にもおいでいただき、感謝状をお渡しした。塀を設計しただけで、感謝状をもらったのは初めてですと、にこやかに笑って下さった。

その後平成四年、私が建長寺派の教学部長に就任することになった。建長寺はその当時、大変な上昇気流にのっていた頃で、平成十五年の創建七五〇年記念事業に向かってスタートを切った時でした。建長寺派四〇〇ヶ寺、檀信徒総数八万軒の力を結集した事業が建築でも文化でも、積極的に企画されていた。建長寺にはいろんな因縁で、いろんな建設業者がおられた。そのような中で、私の胸の中に、望月さんの存在が常にあった。望月さんも私が建長寺にいた関係で、藤沢の曹洞宗の天嶽院に案内をしてくれ、何くれとなく、自分に関わった仕事を私に教授してくれていた。

平成八年、建長寺の修行道場・西来庵の中にある僧堂の師家が居住していた隠寮が老朽化し、建て替えることが決まった。建長寺にはアトリエノアの田邊能久さんという設計士さんもいて、建築の準備や申請は全て田邊さんにお任せであった。建長寺の住職である吉田正道管長さんは建築に関しては、坊さんにならなければ大工になりたかったという程の方で、建築にはとても詳しい方であった。建長寺の中で管長さんから、建築に関して誰か相応な方がおられないかと、相談を受けた。そこで恐る恐る私の友達（後輩）にこういう方がいると、管長さんに申し上げ、お会いしてもらった。お二人は初対面の時から、旧知の如きつきあいのような仲良しになられた。

そこで田邊さんと望月さん、お二人に会っていただき、仲良く仕事を進めていただくことを依頼した。お二人は仕事の持ち場を上手に使い分けられ、鎌倉市という大変ハードルの高い建築許認可は田邊さん、建築設計は望月さんとなり、旧隠寮少林窟の建築を見事に完成された。図面や建築の相談については、当時の法務部長であった長寿寺の住職、浅見紹明師が担当された。管長さん、望月さん、浅見さんの三人は大変なお酒飲みで、打ち合わせのたびに、建築の話題が盛り上がり、日本酒の量も増えていったらしい。こうしたことを契機として、望月さん一家の建長寺正月半僧坊祈祷のお参りが始まり、終わると管長様のお住まい、小方丈での祝宴が恒例となっていった。

法務部長浅見師との親交も深まり、浅見師の自坊、長寿寺の本堂の建築の話しも始まり、浅見住職、望月さん、鈴善工務店とのチームワークの元、長寿寺の本堂も見事に完成し、更には望月さんが長寿寺の庭園も設計され、現在長寿寺は鎌倉の中でも、建築と庭の調和のとれた寺院として高く評価されている。

長寿寺の本堂完成の後、建長寺では吉田正道管長の念願であった修行道場の禅堂の全面的な建て替え工事が始まることになる。建築にあたっては、今の禅堂（大徹堂）の完璧な調査がなされ、きちんとした報告書も作成された。この事業に関しては、広島県の福山市にある常石造船の神原眞人氏の大変なお力添えがあった。大徹堂の建て替えにあたり、常石造船が建立・護持する神勝寺では、かねてから統一のとれた七堂伽藍の禅宗寺院の建築が進行中であった。

その禅宗建築群の中の中心的な存在となる禅堂に、この建長寺の禅堂をお譲りいただけないか、との話しが持ち上がり、建長寺としてもこの大事な禅堂がなくならずに、神勝寺に移築できることは、大変有り難い話であった。建長寺と神勝寺との話し合いが合意となり、大徹堂は神勝寺の大工さんである、川北建設の川崎弘治社長さん達によって、丁寧に解体され、神勝寺で復元、整備され、一段と美しくなった禅堂が神勝寺国際禅堂となって、現在も活用されている。移築にあたっては、望月敬生、敬士の父子が骨を折ったことは言うまでもない。

建長寺での禅堂建築は、田邊さんの尽力もあり無事に許可がおり、あとは望月さんと管長さんと関係者により、新しい禅堂と侍者寮をどう建てるかが、何度となく検討され、立地条件も考えて、今まで例のなかった、禅堂の前門は従来通り本堂へ向けて、後門は開山堂側と侍者寮側に作られることになった。坐禅をする単は三カ所となり、三方単という珍しくも、風通しが良く坐禅がしやすい形となった。神勝寺に移った禅堂は、前門と後門のある四方単である。建長寺の禅堂建設にあたっては、侍者寮も鐘楼も望月さんの設計のもと新築され、僧堂は清新な環境が整えられることになった。この禅堂建設には以前から関わりのあった伊豆の鈴善工務店の用意した材木が使われた。そして、望月さんの推薦と入札の結果、岐阜県中津川市にある中島工務店が建築にあたられた。材木検査で中津川市の中島工務店を、管長さんを頭に望月さん達とうかがったことが、ありありと思い出される。落慶式は平成二十七年十月十八日と決まり、かつての修行道場の禅堂に坐られた建仁寺や永源寺の管長さんも来山され、僧俗合わせて五〇〇人が参集して、盛大に行われた。

そしてもう一つ、房総半島の鋸南町、勝山の法福寺の本堂新築のことも報告しなければならない。法福寺は吉田管長が住職であるが、実質的には本山が運営にあたってお り、当時の法務部長、田原良平師が担当されていた。田原師が、小早川松治さん等、時の総代さんと相談をし、本堂新築をまとめた。設計にあたっては、望月さんに依頼をし、大変な安価でこれを仕上げて下さった。平成二十五年九月二十九日の落慶式は実に和気あいあいとした和やかなもので、小早川総代長さんを始め、檀家さんの嬉しいお顔が今でも思い出されます。

そして最後にお伝えしたいことがあります。わが宗禅寺で創建四〇〇年と晋山式を記念して、『宗禅寺の歩み』を発刊するにあたり、宗禅寺の本堂、庫裡、客殿、隠寮、薬師堂、山門、東屋、禅センター、などなどの建物の平面図が完備していないことが解り、急遽、望月さんに相談したところ、はるか昔に宗禅寺の建物調査をしてくれた平宏明氏を紹介して下さり、望月敬生さん、敬士さん、平さんの三人で、平成二十八年十二月十日と十一日に平面図を測定し、平さんが図面化して下さった。この時望月さんの声はひどくしゃがれていて、私は勝手にお酒の飲み過ぎかなと判断をしていた。あとになって、その原因を知って愕然とした。宗禅寺の二十一世住職の和正和尚の晋山式には、御三方を招待させていただいたが、当日の平成二十九年五月二十七日の晋山式には、望月敬生さんは病床にあり、来山はかなわなかった。お亡くなりになる前、新潟県柏崎市高柳町にある国の史跡庭園、貞観園の評議員を依頼された。飯能の能仁寺の和尚さんが亡くなって、後任をお願いしますといわれ、これでまた望月さんとお付き合いが深まるなと思っていたが、残念ながら、それも叶わぬこととなった。そして、望月さんの鎌倉・長寿寺での葬儀の折、普段は人のことを余りほめない建長寺の吉田正道管長さんが大きな声で、「ここに坐っている宗禅寺の高井和尚が、望月敬生さんと建長寺のご縁を作ってくれた方です」と、叫ばれた時には心底ビックリした。管長さんのその御声で、吉田正道管長さんと望月敬生さんの並々ならぬ友情と建物を愛する心情が、はっきりとよく理解できた。望月さんはご自分の設計した長寿寺のお墓の中で、独酌をしながら自分の人生を楽しまれていることであろう。

想えば、龍居先生とのご縁を始まりとし、宗禅寺、そして鎌倉建長寺、長寿寺と縁が年々深くなっていった。人間の出会いというものの不思議さと有り難さをしみじみと感じ入る。

序

――私の設計姿勢――

私が寺社建築の設計についてから、多くの御住職方とお会いした。皆様真摯に寺院を守っていて、敬意を表すべき方ばかりであった。

私の設計の進め方は、第一歩がそのような御住職との打合せにより、その意向を理解することから始まる。

寺の宗派と歴史、そして気候、風土を考慮した上で、見識ある御住職の寺院運営や宗教活動を理解して、それを設計案にまとめる。その段階ではわかりやすいスケッチを何枚も書いて、完成の姿を十分に説明し、理解していただき、場合によっては役員の方々にも説明をする。それから精密な一般図面と詳細図を書いて、設計図書をまとめる。これをもとに予算と施工会社を決定し、寺院が工事発注をするという手順を踏む。

第二段階は工事の設計監理である。私は作らせるとか作ってもらうという立場は取らずに、一緒に作るという立場で参加する。一般監理は無論行うが、木工事に関しては詳細図を書いて、棟梁と一緒に原寸型を起こし、軒の反りや屋根の形を決める。彫刻や木鼻《きばな》、鬼瓦などは原寸図を描き、それに基づいて作られた物を検査する。そして工務店や棟梁を中心に、各職方のまとめ役として、建物を完成させるのである。

私は建築家ではなく、設計士である。無論芸術家ではなく、工芸家でもなく、釘一本打たない。それでも昔の棟梁が持つ役割の中で、形を決めて全体工事をまとめる立場として建築に参加している。庭園に関しても同様である。

第一章は、各寺院の造営時の事情や設計の意図、建物の特長などを概略文としてまとめた。そして、その寺院を理解してもらうための必要最小限の写真を載せた。寺院や庭園を作る時の参考になると思う。

第二章は、庭と建物を一体として考えた設計理念をまとめた。

第三章は、設計を進めていく上で、必要な図版のごく一部を載せた。形を理解してもらうためのスケッチ、精密な一般図、詳細図、原寸図である。こういう設計技術に基づく図面を各寺院で書いて、それによって一つの建物が完成していったのである。是非設計の方には、このような姿勢を取って欲しいと願う。

この現代日本においては、日本建築と日本庭園が徐々に失われつつある。その中で境内伽藍を守って下さっている御寺院方や庭園管理者の方々に、心より感謝申し上げる。そしてそれを実現してくれた施工の技術者の方々にも心より感謝申し上げる。

平成二九年一〇月

望月敬生

目次――よみがえる寺院

序――私の設計姿勢―― …… 8

第一章　望月敬生の仕事 …… 11

□功徳山 早雲禅寺 天嶽院 ［曹洞宗］ 神奈川県藤沢市 …… 12
□武陽山 能仁寺 ［曹洞宗］ 埼玉県飯能市 …… 18
□萬吉山 松月院 ［曹洞宗］ 東京都板橋区 …… 24
□天羅山 養善院 眞盛寺 ［天台真盛宗］ 東京都杉並区 …… 30
□大聖山 東朝院 南谷寺 ［天台宗］ 東京都文京区 …… 34
□龍河山 宗徳院 ［曹洞宗］ 静岡県静岡市 …… 36
□龍巌山 自性院 ［曹洞宗］ 秋田県潟上市 …… 38
□龍渓山 源昌寺 ［曹洞宗］ 東京都港区 …… 42
□慈眼山 崇徳院 ［曹洞宗］ 千葉県安房郡 …… 46
□随龍山 境智院 了俒寺 ［天台宗］ 東京都台東区 …… 48
□小石川後楽園 ［国指定特別史跡・特別名勝］ 東京都文京区 …… 52
□照光山 圓長寺 ［日蓮宗］ 東京都大田区 …… 54
□阿久和山 観音寺 ［曹洞宗］ 神奈川県横浜市 …… 56
□六義園 ［国指定特別名勝］ 東京都文京区 …… 58
□寶王山 少林寺 ［臨済宗］ 埼玉県上尾市 …… 60
□泰應山 寶琳寺 ［真言宗］ 岡山県岡山市 …… 64
□巨福山 建長寺 ［臨済宗］ 神奈川県鎌倉市 …… 68
□天徳山 永祥院 願成寺 ［真言宗］ 徳島県徳島市 …… 72
□自然山 真勝寺 ［真宗大谷派］ 静岡県静岡市 …… 74
□龍華山 長寿院 永安寺 ［天台宗］ 東京都世田谷区 …… 78
□長善山 浄祐寺 ［日蓮宗］ 静岡県静岡市 …… 82
□小杉山 常圓寺 ［日蓮宗］ 東京都目黒区 …… 86
□自得山 静勝寺 ［曹洞宗］ 東京都北区 …… 90
□寶樹山 常在寺 ［日蓮宗］ 東京都世田谷区 …… 94
□萬年山 清岸院 ［曹洞宗］ 東京都港区 …… 98
□龍澤山 満蔵寺 ［曹洞宗］ 秋田県秋田市 …… 100
□泰平山 最福寺 ［浄土真宗］ 神奈川県三浦市 …… 102
□石龍山 勝平寺 ［曹洞宗］ 秋田県秋田市 …… 104
□法性山 随縁寺 ［日蓮宗］ 神奈川県横浜市 …… 108
□玉峰山 龍門寺 ［曹洞宗］ 埼玉県さいたま市 …… 112
□最正山 覚林寺 ［日蓮宗］ 東京都港区 …… 114
□海潮山 妙長寺 ［日蓮宗］ 神奈川県鎌倉市 …… 118
□吉祥山 西法寺 ［曹洞宗］ 秋田県横手市 …… 120

□宝亀山 長寿寺〔臨済宗〕神奈川県鎌倉市……122
□ルアン・パバーン公立保健学校〔世界遺産〕ラオス人民民主共和国…126
□報恩山 善養寺〔浄土宗〕神奈川県川崎市……128
□楞厳山 海蔵寺〔曹洞宗〕秋田県能代市……130
□広澤山 正洞院〔曹洞宗〕東京都台東区……132
□貞観園〔国指定名勝〕新潟県柏崎市……134
□業平山 南蔵院〔天台宗〕東京都葛飾区……140
□新埼佛会館 埼玉県さいたま市……144
□鳳臺山 少林寺〔臨済宗〕静岡県静岡市……146
□祥高山 東禅寺〔曹洞宗〕東京都西東京市……148
□覺王山 髙願寺〔浄土真宗〕神奈川県川崎市……154
□髙和山 性海寺 福智院〔真言宗〕兵庫県神戸市……158
□伏見山 正法寺〔浄土真宗〕東京都世田谷区……162
□龍澤山 永昌寺〔曹洞宗〕神奈川県茅ヶ崎市……166
□萬松山 泉岳寺〔曹洞宗〕東京都港区……170
□天照山 良忠院 勝願寺〔浄土宗〕埼玉県鴻巣市……172
□三時知恩寺〔浄土宗〕京都府京都市……174
□大隆山 法福寺〔臨済宗〕千葉県安房郡……176
□妙法華経山 安国論寺〔日蓮宗〕神奈川県鎌倉市……178
□妙光山 真浄寺〔日蓮宗〕東京都港区……180
□天心山 神勝寺〔臨済宗〕広島県福山市……184
□旧鴇田家住宅〔千葉県指定有形文化財〕千葉県習志野市……186
□白津山 正法院〔曹洞宗〕秋田県北秋田市……188
□一乗山 究竟院 教安寺〔浄土宗〕神奈川県川崎市……190

建築部材名称（建長寺大徹堂）……192

第二章 庭と建物は本来一体である……193

第三章 資料……197

第1節 寺院図面及びスケッチ……198
能仁寺／松月院／眞盛寺／観音寺／寶琳寺／建長寺／永安寺／浄祐寺／勝平寺／覚林寺／善養寺／貞観園／髙願寺／福智院／泉岳寺／教安寺

第2節 組物三ツ斗比較……224
寶琳寺／天嶽院鐘楼／天嶽院不動堂／真勝寺／松月院／覚林寺

第3節 絵様等細部意匠参考事例……225
善養寺本堂／新埼佛会館／観音寺仏殿／能仁寺中雀門／松月院中雀門／覚林寺本堂／勝願寺客殿／永安寺本堂／東禅寺庫院

あとがき（望月法子）……230

第一章

望月敬生の仕事

――諸堂の写真と解説

功徳山 早雲禅寺 天嶽院

曹洞宗

伽藍復興

工期　一九七七－二〇〇五

所在地　神奈川県藤沢市渡内一－一－一

住職　嶋崎興道（造営時）・真山正三

北条早雲公開基の古刹を古絵図をもとに復興

北条早雲公開基の寺院で、江戸中期の惣門《そうもん》（現山門）を残して全山を焼失した伽藍を、相模国風土記稿の古絵図を参照して復興した。渡邊保忠博士との修行時代の一〇年間は主要伽藍（総祠堂、本堂、僧堂、小書院、衆寮）の設計補助として担当し、昭和六〇年に落慶を迎えた。その後の設計は師から託され、独立後の約一五年間はその設計に携わった。

初期禅宗様の様式を取り入れた諸堂によって構成された伽藍は、静謐で緊張感が感じられ、周辺の保存樹林と合わせて、藤沢の市街地に新たな環境を生み出した。

功徳山 早雲禅寺 天嶽院［くどくさん・そううんぜんじ・てんがくいん］

伽藍全景

本堂、登廊、開山堂と庭園

鐘楼

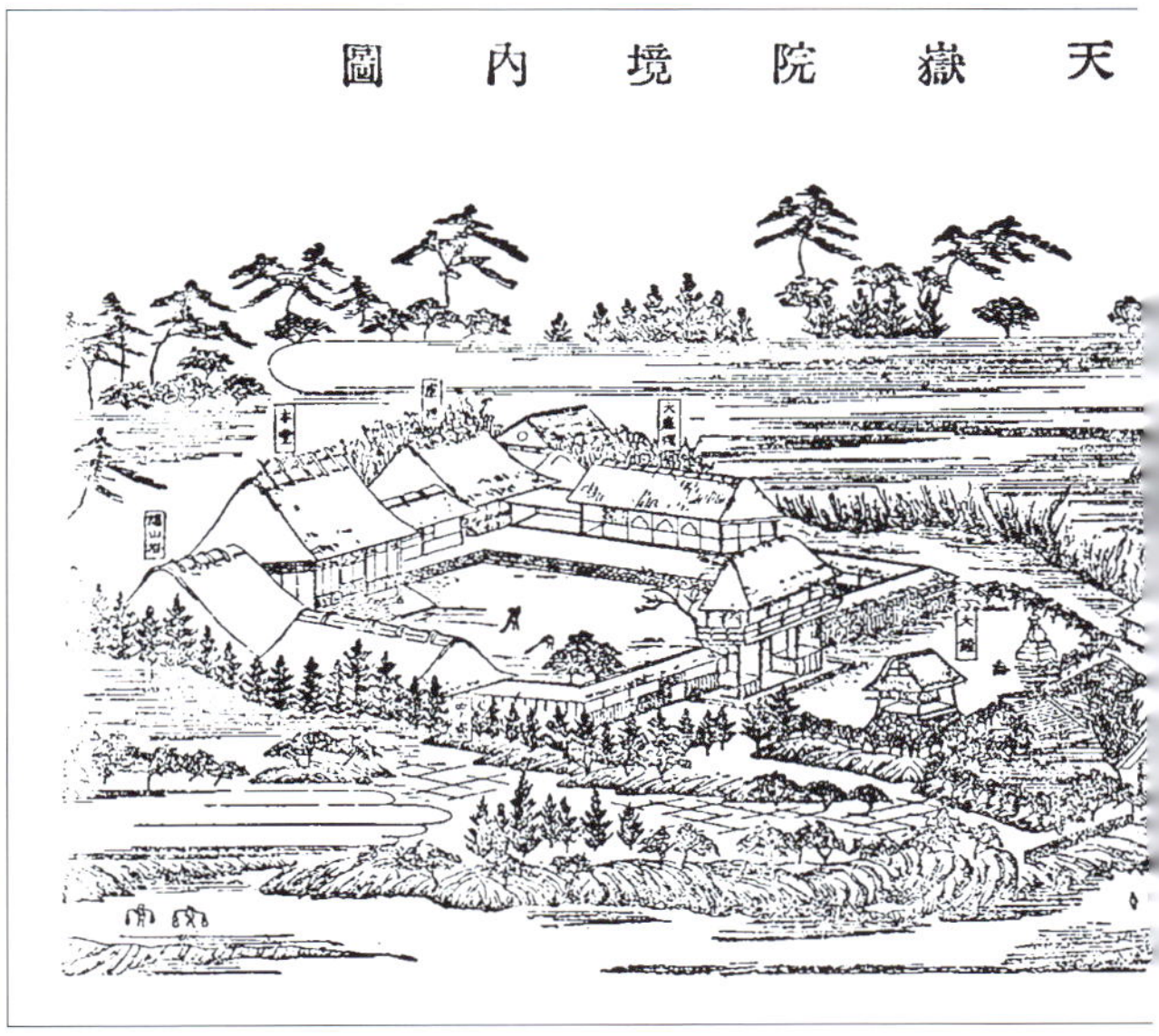

古絵図（相模國風土記稿）

不動堂正面

不動堂

不動殿内部

浄聖殿

【開山堂】

本堂向って左奥の高台に建ち、庭園を通して見る景観は美しい。土間形式で、数種類の花頭窓が禅宗らしさを表している。当初からの計画に含まれ、本堂にその出入口があったが、開山堂と登廊の接続はその二五年後であった。〔施工　英社寺建築、瓦宇工業所（奈良）〕

【鐘楼】

曹洞宗改宗以前の寺の歴史を伝えるため、禅宗様に鎌倉様式の軒反り等を導入。四本の角柱を方立柱で固めた構造で、直径約三尺七寸の大梵鐘を釣る。〔施工　鈴勇建築、瓦宇工業所（奈良）〕

【不動堂】

源頼朝が旗上げ祈願をした葛ヶ池不動尊を祀る。正面のみ裳階《もこし》を回し、全体に室町初期の禅宗様式にて建築。軒付に椹《さわら》割板を積んだ銅板葺き。〔施工　英社寺建築、谷上商店（軒付板積み）、大谷相模掾鋳造所（大阪）〕

【庫裡】

山梨県にある裂石山雲峰寺を参考にした、禅宗寺院庫裡の特長である大きな切妻造りの庫裡と、住居部分の二階建て部を接続した形。参道からの景観は木造様式を守りながら、背面側は節約仕様を導入。中庭には既存の流れと池を利用して庭が楽しめる。〔施工　金剛組、アスカ工業（瓦）〕

功徳山 早雲禅寺 天嶽院［くどくさん・そううんぜんじ・てんがくいん］

庫裡の屋根連なり

庫裡正面

開山堂と登廊

開山堂と前庭

開山堂内部

本堂正面と唐破風玄関

本堂内部

庭園から本堂を見る

僧堂

本堂書院より庭園を望む

僧堂（外堂）

僧堂（内堂）

小書院内部

小書院外観

永代供養塔（地蔵菩薩台座）

山門から境内を見る

武陽山 能仁寺

曹洞宗

伽藍復興

工　期　一九七七－二〇一三

所在地　埼玉県飯能市飯能一三二九

住　職　萩野昌巳・萩野映明（造営時）・萩野伸治

焼失した七堂伽藍を四十年かけて再興

天覧山を背後に控える広大な寺域で、中山家勝公の開基。江戸時代には黒田家の庇護により朱印高五〇石を拝領し、本堂背面には南斜面を利用した江戸初期の能仁寺庭園を伝えている。幕末に上野から逃れた彰義隊が寺に立て籠もり、全伽藍を焼失した。尾張藩御大工伊藤平左衛門の番頭、名古屋の加納茂一が昭和一〇年に建立した現本堂を中心に、昭和五二年より復興事業が始まる。

第一期造営は、大関徹設計事務所、水澤工務店により、大書院、山門、位牌堂、鐘楼が完成。昭和六二年より第二期造営が始まる。全ての建物が飯能の桧、杉材によって建てられる（大河原木材納入。唯一鐘楼は、西新井大師本堂の古材）。

武陽山 能仁寺［ぶようさん・のうにんじ］

庭園から見た鑑賞縁

本堂内部

本堂正面

【本堂・鑑賞縁】

昭和一〇年建立の、名古屋の棟梁加納茂一が作った本堂。昭和六二年に改修し、軸組締め直し、壁下地ラス下材、筋違い打ち壁塗り直し、小屋組み補強改修、桟瓦葺きを本瓦葺き葺き替え。背面に能仁寺庭園の鑑賞縁を増築。

禅宗寺院では山を背にして本堂が造られ、それを中心に諸堂宇が造られる。その典型として、文化財庭園である能仁寺庭園は、本堂背面の天覧山の急な斜面とその下の池を利用した桃山期にも通じる力強い石組みと、奥行きを感じさせる作庭方法が特徴となっている。〔施工　加納建築事務所（名古屋）、瓦宇工業所（奈良）、峯田造園〕

【中雀門・板塀】

建仁寺勅使門を参考にした純禅宗様四脚門。軒付け椹《さわら》板積み。既存の名栗石積みの上に板塀を乗せる。〔施工　加納建築事務所（名古屋）、瓦宇工業所（奈良）〕

【奥書院・隠寮】

尊宿（徳の高い僧侶）を招ずる奥書院と東堂の住む隠寮。奥書院は飯能の杉赤身材で統一。〔施工　矢島工務店（飯能）、峯田造園〕

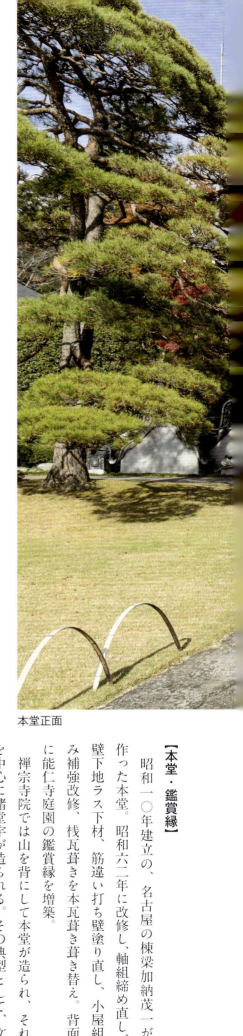

鑑賞縁から庭園を見る

本堂鑑賞縁

中雀門・板塀

中雀門前参道（不動堂を望む）

【大庫院・中書院】

松島瑞巌寺庫裡を参考にした、大切妻屋根に車寄せを付した大庫院《だいくいん》と、それに続く中書院で、禅宗様を基調とする。中書院はイス式の唐風書院と言える座敷で、外観の伝統様式と調和しながら現代的となっている。山ふところに広がる平地を利用した伽藍は全て回廊で接続されているが、この建物によって全体伽藍が完結した。〔施工　水澤工務店、一本商店（瓦）、峯田造園〕

【四阿】

飯田十基氏作庭の世田谷幽篁堂《ゆうこうどう》庭園から、番茶席が四阿《あずまや》として移築された。

【禅堂（旧蟹満寺本堂）】

元禄期建立の三間堂で、京都蟹満寺の国宝金銅釈迦如来像で有名な大仏像を守り続けた仏堂である。木澤工務店が解体材を保管していた。能仁寺では伽藍復興の完了として、禅堂建立の計画があり、その本尊として大達磨像の造仏が進められていた。この時期に移築の御縁があり、敷地に対する大きさ、大達磨像を安置する広さと高さがまさにふさわしく、移築が決定した。

木割《きわり》は繊細で、総ケヤキ造りの本格的仏堂であるが、組物は舟肘木《ふなひじき》組でそれが禅堂にはふさわしい。礎石《そせき》の自然石はとても大きく、天井上の梁組みはとても頑強であった。床上に単《たん》を作り、禅堂

奥書院（左）と隠寮（右）

土蔵

回廊

能仁寺庭園

としての役目を果たしている。

五〇〇年の歴史を有する当寺の伽藍復興の締め括りに、このような禅堂が建立されたことを、とてもありがたいと考えている。〔施工　木澤工務店、矢島工務店、峯田造園〕

◎図版　奥書院内部スケッチ（一九八頁）、隠寮内部スケッチ（同）。

大庫院玄関

大庫院内部

中雀門・鐘楼・大書院

大書院南廊下

禅堂外観

四阿外観

禅堂内部

造営時の思い出

先代住職との深い信頼関係のもとで

一五〇年前、幕末の戊辰戦争（飯能戦争）によって七堂伽藍を焼失した能仁寺の本格的な伽藍再建事業は、昭和五三年に始まりました。敬生氏は当時、水沢工務店に入社二件目の現場監督として大書院・庫裏・山門・開山堂・鐘楼の建立に関わられました。平成元年には望月設計室独立とともに、本堂改修・中書院建立・四阿・禅堂移築の設計監理と能仁寺の山容が一新したことは、敬生氏と先代住職・萩野映明との深い信頼関係のもとに行われたことでした。

この四〇年の間には、お互いの家族同士の親しいお付き合いが何物にも代えがたい宝物となりました。また、能仁寺が檀信徒のみならず、飯能を代表する観光のシンボルとして景観を誇れる寺として存在できるのも敬生氏のセンスと熱意の賜物と、感謝でいっぱいです。

今は泉下で大好きな敬生さんと先住・映明は楽しかった昔話をしていることでしょう。（萩野頼子）

萬吉山 松月院

曹洞宗

伽藍整備

工　期　一九八四－二〇〇七
所在地　東京都板橋区赤塚八－四－九
住　職　仲井哲應（造営時）・仲井道晴

江戸時代の雰囲気を残し現代に即した伽藍整備

室町期、千葉自胤公開基の曹洞宗寺院。火災に遭わなかったので、室町期や江戸期の寺宝を多く伝える。江戸時代には朱印高四〇石を拝領し、山岡家の庇護もあった。伽藍整備事業が始まる昭和五九年までは、現本堂のほかに、開山堂、元禄期の庫裡、書院が伝えられていた。第一期工事は、この庫裡、書院の建て替えで、竹中工務店の設計施工により大規模な大書院と美しい中庭を囲む庫裡が完成した。

平成元年の本堂改修工事以降は、江戸時代の境内の雰囲気を残しながら、松月院幼稚園も含めた新しい境内作りを基本にして、随時建物も整備された。

萬吉山 松月院［ばんしょうさん・しょうげついん］

本堂と開山堂

本堂内部

本堂

大縁（天井絵）

伽藍鳥瞰

開山堂外観

一階座禅堂、二階開山堂

高欄の逆蓮宝珠（さかばすほうじゅ）

禅堂内部

開山堂内部

【本堂（山門屋根の本瓦葺き替え工事含む）】

宝暦四年（一七五四）建立の曹洞宗本堂で、外側柱が角柱に対して、内部柱（入側柱）はすべて丸柱という造りは、現在残る曹洞宗本堂としては最も古いと思われ、重要文化財建造物に相当する価値を十分に有する。彫刻欄間や天井絵も見事である。もとは茅葺き寄棟造りの屋根を、大正一四年に桟瓦葺きに改修。背後に渡廊と、一階米蔵、二階開山堂の建物が付されていた。この本堂を基礎補強、軸組締直し、小屋組改修補強をして、本瓦葺きに改修した。〔施工　竹中工務店、金剛組、瓦宇工業所（奈良）〕

【開山堂・禅堂】

旧開山堂（二階）と米蔵の建物跡に、一階座禅堂、二階に旧建物と同規模の開山堂を建立。条件として本堂背面の松樹と多羅葉の木を守るために、東側は一階を張り出さず、しかし二階の開山堂は本堂との軸線を合わせて、北側と西側に一間の張り出しを造る。軒付には椹の板を積むことにより、周囲の庭園との調和を図っている。様式は松月院の歴史に合わせて、室町期の禅宗様を取り入れる。〔施工　竹中工務店、金剛組、谷上商店（和歌山）、大谷相模掾鋳造所（大阪）、安行造園〕

【中雀門・築地塀】

境内駐車場と本堂前の庭園を区切るために、曹

中雀門正面

山門と築地塀

中雀門側面意匠

洞宗特有の中雀門と築地塀（板塀）を建築し、宗教空間を確保して、貴重な本堂を守る。中雀門は禅宗様四脚門で、総ケヤキ造り、絵様関係は宝暦四年の本堂にならう。築地塀は鉄筋コンクリート造。〔施工　竹中工務店、金剛組、本吉工務店、本光建設、瓦宇工業所（奈良）〕

【鐘楼】

切妻造りの旧鐘楼は虫害が甚だしく、建て替える。旧鐘楼基壇を補強再利用し、禅宗様切妻造り、本瓦葺き、総ケヤキ造り。〔施工　金剛組、瓦宇工業所（奈良）、内海石材工業〕

【松宝閣《しょうほうかく》（宝物館）】

松月院は火災に遭っていない稀有な寺院で、室町期からの寺宝をとても多く伝えている。開基千葉自胤公夫妻関連の品、家康公からの朱印状、絵画や禅僧の掛軸、文書類など。また、発掘品も出土している。一階、二階が展示室と収蔵庫、三階は史資料研究室と第二庫裡。鉄筋コンクリート造の堅固な建物で、隣地から本堂を守る役目を兼ねる。コンクリートの建物を永く保たせるために、腰にタイル貼り、屋根は耐久性耐火性のある桟瓦葺きとする。〔施工　竹中工務店、瓦宇工業所（奈良）、安行造園〕

◎図版　本堂平面図（一九九頁）、同側面図（同）。

鐘楼と松宝閣

鐘楼正面

松宝閣外観

造営時の思い出

ご縁に導かれ意気投合

――望月敬生と松月院様とのご縁の始まりをお聞かせください。

永平寺の東京別院で私が役員をしていたときに、望月先生も渡邊先生（敬生の建築設計の師匠）の関係で別院の仕事をしていらっしゃいました。当院の大客殿、庫裡、奥書院などを担当していた竹中工務店の所長さんから、望月先生とのお引き合わせがありました。その後、先生がお一人で旧鐘楼の前にたたずんでいるところに私が来て、意気投合したのがご縁の始まりです。

松宝閣側面と水屋

松宝閣一階。聖観音像安置

松宝閣展示室。軸物を展示

松宝閣展示室。書状などを展示

――渡邊先生のもとにいてまだ個人としての実績もない望月に、大きな仕事をご依頼くださって、大変感謝しております。

　最初から信用できる方だと思いました。任せたら信用して口出しをしないようにしました。

　先生が独立してすぐの仕事だったので、請求書の書き方もわからなかったようで、当院の方丈（住職）が教えていました。また、先生が事務所を開いて収入が不安定な時期に、設計料として毎月決まった額を送金させていただきました。

――敬生の思い出をお聞かせいただければ幸いです。

　竹中工務店の現場事務所で開かれる定例打合せで建築について話し合った後、みんなでお酒を飲みながら本音の話をしました。

　先生とは、インド、ネパール、ラオス、中国など一緒に研修旅行にも行きました（注：敬生は自分から企画して旅に出る人ではなかったので、いつも松月院様からのお誘いをとても感謝していた。その地で学ぶべき時にご縁があって導かれたような旅だったようである。ＪＩＣＡの仕事で何度も足を運んだラオスの地を、松月院の皆様方と一緒に訪れられたことも嬉しそうであった）。

――敬生が松宝閣の設計に携わらせていただいたときのエピソードなど、お聞かせいただけませんか。

　宝物館「松宝閣」は、以前の庫裡・本堂の改修の折、小屋裏からたくさんの掛け軸や宝物が出てきました。高島秋帆の資料などもあり、それを展示する場が必要になり、先生に依頼しました。あの時代に先生に出会ったから、これだけの建築ができたのだと思います。

（話し手　松月院東堂・仲井哲應氏、聞き手　望月法子）

天羅山 養善院 眞盛寺

天台真盛宗

伽藍整備

工　期　一九九六－二〇〇六
所在地　東京都杉並区梅里一－一－一
住　職　岩田教幹（造営時）・岩田教達

格式高い三井家菩提寺に相応しい建物と庭をつくる

環状七号線に面した惣門を入ると、両側の本格的築地塀が山門へと誘う。山門は昭和一二年の建立で、大規模な総ケヤキ造りの四脚門で、丸柱は中膨らみのエンタシス様式を導入している。

　この門を入ると、信じられない程の静寂の中に広大な境内と伽藍が広がっている。眞盛寺は寛永八年（一六三一）開創の天台真盛宗の寺院で、大津市坂本の総本山西教寺の直末であり、三井家の菩提寺である。現在地に移転する前は、江戸本所業平町（旧小梅寺町）にあり、その明治期の姿が絵図に残されている。そこには安永五年（一七七六）の本堂と慶応元年（一八六五）の中玄関書院、文政三年（一八二〇）の元三《がんざん》大師堂、明治二八年（一八九五）の伊藤平左衛門が関わっ

本堂と本堂前庭園

本堂を妻側より見る

本堂正面

たと思われる内々陣と位牌堂が見られる。大正一一年、水害と煤煙のために現在地に総移転の大英断がなされたが、これにより奇蹟的に関東大震災の被害を受けずにすんだと言える。この総移転は棟梁伊藤平左衛門と大番頭加納茂一によるものである。その後、大正一四年、小石川高田老松町の細川家より、明治天皇行幸のために作られた木子清敬の設計による非常に格式の高い御成御殿を移築した。この奥殿、客殿の二棟と、内部柱一本で広い内部空間を持つ庫裡も、同時に移転された。その後、加納茂一による山門（昭和一二年）、戦後は鐘楼（昭和五二年）、庫裡が建てられ、整備前の境内伽藍がほぼ整った。

【本堂・位牌堂】

平成の整備においては、外陣、脇陣部分を柱間一間ずつ両側に拡幅し、一軒塗籠《ひとのきぬりごめ》の軒を二軒、内部天井の格上げと大天井絵、床組の外陣を土間化したための移築時の補強の追加構造補強、本瓦葺き用に小屋組改修、妻飾りの新設、本瓦葺き改修、向拝柱取替え等大規模な改修を行った。洋小屋は合掌材を桔木《はねき》として軒を支え、照り屋根を実現した見事な小屋組である。安永の本堂を大正に改修、そして平成に更に大改修を行ったとても珍しい本堂である。位牌堂は軸組締直し、漆喰塗替え、よろい張り新規など。〔施工　英社寺建築、石野瓦工業（奈良）、竹内邦夫（天井絵）〕

内陣と内内陣

土間形式とした外陣

外陣天井に描かれた
極彩色の天井絵

【四脚門・暁雲庵】

世田谷区二子玉川にあった旧不二サッシ迎賓館幽篁堂《ゆうこうどう》の建物を移築。四脚門は江戸初期の簡素な門。暁雲庵《ぎょううんあん》は、「四畳中板台目切本勝手」の茶席となる。貴人口《きにんぐち》、躙口《にじりぐち》、広間、小間、水屋から成り、とても使いやすい茶室である。外腰掛も移築。本堂前の本格的な参道の脇に、その厳格な雰囲気を乱さないように、独自の庭を作り、そこから奥の弁天堂と新鏡ヶ池へと誘う。〔施工　英社寺建築、石野瓦工業〕

【幽篁ヶ池庭園・暁雲庵庭園】

幽篁堂の庭園は、飯田十基の作庭により名石、名木、石造品がふんだんに使われていた。これらを廃棄処分から救い、再利用することで、眞盛寺境内庭園の整備が行われた。墓地門である四脚門前の庭園は、墓参の心を改める大切な場となっている。暁雲庵庭園は、本堂を総本山西教寺、新鏡ヶ池を琵琶湖に見立て、その中間の一段低い位置に茶処を作ることにより、本堂前の雰囲気を守る。そして、新鏡ヶ池と弁天堂への参道を優先し、その両側に内露地と外露地を作る。内露地の作庭は、吉田正吾の監修による。〔施工　吉田造園監修、柴田造園、砧農園（幽篁堂庭園解体）〕

◎図版　本堂平面図（二〇〇頁）、同内々陣梁行断面図（洋小屋）（同）、同側面図（二〇一頁）。

天羅山 養善院 眞盛寺［てんらざん・ようぜんいん・しんせいじ］

茶室暁雲庵外観

暁雲庵内部

暁雲庵内露地

外腰掛

客殿前庭園と一方庵

四脚門

大聖山 東朝院 南谷寺

天台宗

本堂造営

工期　一九九二―一九九三
所在地　東京都文京区本駒込一―二〇―二〇
住職　森岡玄生（造営時）・森岡玄茂

江戸五色不動の一つ 目赤不動尊で有名な古刹

江戸五色不動の一つである目赤不動尊をまつる。本郷通りに面した都心で、旧本堂より数メートル後退したことで、本格的な木造の仏堂が実現した。内陣の屋根の工夫で、墓地にうまく納まっている。寄棟造り本瓦葺きで鴟尾《しび》を乗せる姿は、寺観を一新し、平安時代の和様という様式で統一されている。

本建物は、古来の仏堂（本堂）としての平安様式に基づくために外部とは建具によって仕切られることから、壁量を多く確保できない。そのため、文化財建造物の修理工事において解明された構造技法や、近代技術による補強を導入して、この問題に対処した。〔施工　鈴勇社寺建築、鈴木瓦工事〕

本堂側面と背面

本堂内部

本堂

目赤不動尊

造営時の思い出

建築許可を得るため知恵を出し合う

当時、既存の本堂に手を入れないといけない時期になっていました。しかし、修理費用をかけても見た目はあまり変わらない、だったらいっそのこと新築！という話になったようです。ただ、既存の本堂と同じ位置に建てるのは木造の建築許可が下りないことがわかりました。望月先生と住職、二人で知恵を出し合い相談の結果、お墓を何基か移動させて本堂の位置を少し後退させようと話がまとまりました。当時の住職は木造の本堂にこだわりがあったので、建築許可が下りた時は本当に満足そうでした。（森岡まき子）

龍河山 宗徳院

曹洞宗

本堂・開山堂改修

工　期　一九九〇－一九九一
所在地　静岡県静岡市清水区興津本町三六三
住　職　松永然道（造営時）・松永寛道

佇まいや年代にあった全体統一のとれた伽藍へ

宝暦六年（一七五六）建立の代表的な曹洞宗本堂で、良くその形が保たれている。造営時住職と永平寺で出会い、「良いものは残す、本堂は生かす、佇まいや年代にあった全体統一のとれた伽藍にしていきたい」という考えに共感して始まる。

実測調査の結果、大きく軒が下がり、梁が折れ、床が腐り、老朽化が進んでいたが、部分解体で修理可能であった。開山堂は明治の増築で、複雑な彫刻などにその特長が見られる。この両側に位牌棚を増築し、本堂と開山堂の渡廊部に物入を確保した。出身地静岡で最初に関わった建物である。

〔施工　菊池建設、渡邊商店（瓦）〕

龍河山 宗徳院［りゅうがざん・そうとくいん］

大玄関

本堂正面

本堂内部

開山堂内部

開山堂外観

龍巌山 自性院

曹洞宗

伽藍造営

工期 一九九二―一九九五
所在地 秋田県潟上市天王字天王七一番地
住職 鈴木道雄

八郎潟のそばに建つ、町で唯一の寺院

天王町（旧町名）唯一の寺院で、秋田市の周辺住宅地として昭和、平成に大発展をした。本堂の背面には、この地方独特の建物として総二階の大きな位牌堂が建つ。その建物と接続する形で本堂、大玄関、庫院、大書院、禅堂、庫裡が建てられ、寺観が一新した。その姿が八郎潟を通してよく見える場所にある。秋田という地域の特性を知るために、何度も足を運び住職と話し合いを重ね、禅宗様式と伝統を大切にした統一感ある伽藍となった。

【本堂・大玄関】

大間《だいま》三間半、両序《りょうじょ》三間に廊下を含む大規模本堂。江戸期よりの曹洞宗本堂の特長である前面の土間形式を珍しく導入して、大人数の使用時に対

龍巌山 自性院［りゅうがんざん・じしょういん］

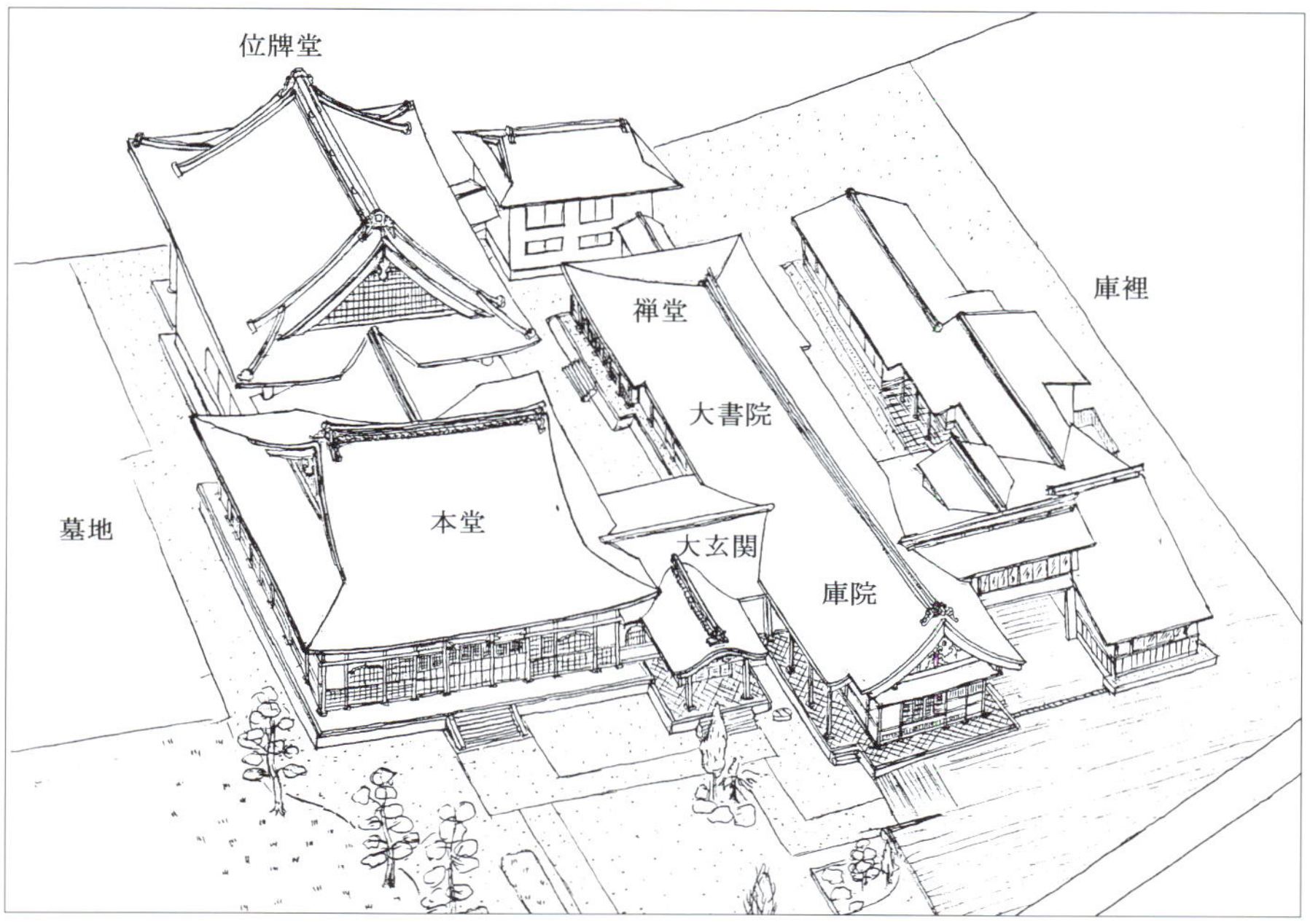

自性院伽藍整備計画図

本堂正面

本堂・大玄関

本堂内部

応出来るように計画された。庫院と共に大棟を瓦積みとした銅板葺きの、秋田県では最初の建物である。〔施工　藤原建業、美濃瓦協業組合、清水組（庫裡）〕

【庫院・大書院・禅堂】

雪は余り多くないがその対策と海辺の強風と潮風のことを考え、この三棟の建物を一つの切妻屋根の連続でまとめた。部屋の間口四間の大書院はこの頃から秋田県内では多く見られるようになる。大書院に続く禅堂は、独特の雰囲気を持っている。〔施工　藤原建業、美濃瓦協業組合、清水組（庫裡）〕

本堂内部

本堂露地

本堂須弥壇

大書院

禅堂

龍渓山 源昌寺

曹洞宗

本堂改修、庫裡・書院造営

工　期　一九九四－一九九五
所在地　東京都港区高輪一－二三－二八
住　職　大住千秋（造営時）・大住芳秀

明治洋風建築の意匠で本堂との調和を図る

【本堂】

江戸初期、片桐且元公開基の寺院。前面の国道一号線の拡幅により、昭和四〇年に本堂、庫裡、書院を鉄筋コンクリート造で建立。その伝統様式で作られた本堂の組物、軒、妻飾りなどをより本格的な絵様に整備して、本瓦葺きにて大改修をした。菱欄間の色ガラス蓮華紋が美しい。〔施工　大成建設、水澤工務店、瓦宇工業所（奈良）〕

【庫裡・書院】

計画立案から約二五年間検討して、ようやく完成した鉄筋コンクリート造六階建ての建物。外観は御影石で垂直線を強調した中に、明治洋風建築のコーニスやデンティルを取り入れて、伝統様式

庫裡・書院完成予想図（計画時）

本堂正面

源昌寺全景

本堂妻側

の本堂との調和を図った。都市の中高層ビル街にあっては、寺院もビル形式になるために、明治洋風建築の様式も寺院らしさを出す一つの解決法とも思える。

内部の二階は檀家用客殿、三階は大書院と接賓《せっぴん》であるが、造作材はすべて無垢材である。特に三階は、長さ一一メートルの秋田杉の天井材を張り、とても落ち着く空間ができあがった。また、旧書院の台湾檜材やサクラ材を解体して、できる限り再利用している。新しい建物の中でも、寺の歴史を伝えてくれる貴重な木材である。〔施工　大成建設、水澤工務店、栄伸建工〕

本堂内部

本堂渡り廊下

本堂内部向拝

一階ロビーから庭園を見る

ステンドグラス

二階書院一之間

一階大玄関。右に行くと本堂に通じる

三階接賓

三階書院。広さが三六帖ある

庭園と無縁塔

三階廊下

慈眼山 崇徳院

曹洞宗

本堂再建

工　期　一九九六－一九九七
所在地　千葉県安房郡鋸南町保田三二〇
住　職　大住芳秀

内陣の欄間に光るステンドグラス

内房線保田駅のホームよりきれいな屋根の形が見える。桟瓦葺き寄棟造の、この地方に見られる民家的な旧本堂から再建。内陣仏壇上の欄間から「波の伊八」の龍が発見され、八尺間上に飾った。住職のこだわりにより秋田で直径四尺程のケヤキ材を購入した結果、丸柱六本は心去材という珍しい本堂で、他の虹梁も秋田のケヤキ材が使用された。内陣の欄間にはステンドグラスが光る。東京高輪にある源昌寺の兼務寺である。〔施工　大成建設、社寺建築モモヤマ、アスカ工業（瓦）〕

慈眼山 崇徳院［じげんざん・そうとくいん］

本堂側面

本堂外陣ステンドグラス（欄間中央）

本堂正面

本堂外陣大縁

本堂向拝

随龍山 境智院 了俒寺

天台宗

本堂改修、庫裡・客殿再建

工　期　一九九七－一九九九
所在地　東京都台東区谷中七－一七－一二
住　職　松岡広泰

旧客殿の良材を再用し新発想で築いた客殿

【本堂】

江戸の文化を残した大正期の建物が現代まで良好な状態で保持されていた歴史的価値の高い本堂。大正期の建立で、関東大震災一ヶ月前に修復を終えたところで避難所として活躍した本堂の大改修。軸組補強、小屋組改修、屋根桟瓦葺き替え、背面増築など。〔施工　英社寺建築、岐阜前川（瓦）〕

【庫裡・客殿】

既存本堂との防火区画として、一階の客殿を鉄筋コンクリート造にすることにより、一階寺務所と二階庫裡を木造で実現。大正期の旧客殿を二階の座敷に再築した。ご先住が大事にされた座敷の

随龍山 境智院 了侻寺［ずいりゅうさん・きょうちいん・りょうごんじ］

本堂背面増築部

本堂内部須弥壇

本堂内部

本堂

松材や欄間などを再利用することにより歴史がつながった。限られた境内にもとの雰囲気を残しながらも、本堂・庫裡・客殿と統一された堂々たる寺院景観が生まれた。〔施工　水澤工務店、渡辺瓦工事店〕

大玄関

大玄関内部

客殿内部。襖収納時

畳廊下

客殿内部。襖あり時

本堂とのつなぎ部にある飾り棚

小石川後楽園

国指定特別史跡・特別名勝

内庭石橋修復、外周塀整備

工　期　一九九二―一九九八
所在地　東京都文京区後楽一丁目

歴史的意匠をふまえて機能・耐久性を付した外周塀

小石川後楽園（特別史跡・特別名勝）の内庭にある日本で唯一の、池中に橋脚のない東と西の石橋の修復。緩やかな反り橋が橋台の石積みと一体化し、とても美しい。

外周塀は、老朽化して危険と見なされたコンクリート外周柵を、歴史的な面からの意匠性、境界塀としての機能性、維持管理面からの耐久性を検討して、その形式が決められた。水戸徳川家上屋敷にふさわしい築地塀型の境界塀に整備し、周辺に江戸の町の雰囲気を伝えるものとなった。仕上げや工法は、可能な限り伝統工法を採用した（基礎石垣部分、簓子《ささらこ》下見板張り部分、漆喰塗り、本瓦葺き）。なお、内庭計画後に、小石川後楽園唐門の復元基本計画を進めていた。〔設計　京央造園設計事務所〕

内庭。西の石橋

内庭。東の石橋

外周塀。簓子下見板張

唐門完成予想図

外周塀。旧石垣上

照光山 圓長寺

日蓮宗

本堂改修、総門造営

工　期　一九九二－一九九三

所在地　東京都大田区南雪谷五－五－二〇

住　職　伴完秀（造営時）・岡田完宏

軒唐破風付きの向拝を舞台造りのように増設

【本堂】

江戸後期の典型的な日蓮宗本堂。ケヤキ材の力強い虹梁組が特長で、もとは茅葺き屋根。軒を二軒《ふたのき》にして、旧向拝《ごはい》の前に新たに軒唐破風付きの向拝を舞台造りのように増築し、本瓦葺き、新たに斬新な鴟尾《しび》を乗せる。〔施工　金剛組、岐阜坂井製瓦店（鴟尾）、西念瓦工事〕

【総門】

日蓮宗に多く見られる高麗門形式の総門で、総ケヤキ造り。〔施工　金剛組、岐阜坂井製瓦店（鬼瓦）、西念瓦工事〕

照光山 圓長寺［しょうこうざん・えんちょうじ］

本堂向拝

本堂内部

本堂正面

総門

本堂側面

阿久和山 観音寺

曹洞宗

仏殿造営

工期　一九九七－一九九九
所在地　神奈川県横浜市泉区新橋町一一五七
住職　梅田文丈（造営時）・梅田保彦

本堂への参拝しやすさも考慮して仏殿を造営

徳川家一門の開基による約四〇〇年の歴史を有する禅宗（曹洞宗）の古刹。仏縁によりスリランカ国から貴重な仏舎利が奉安されたのを機会に、御安置する仏殿の建築が発願された。仏殿は禅宗建築の代表的な建物で、室町期の遺構が全国に残る（関東では円覚寺舎利殿、建長寺仏殿、総持寺仏殿など）。この観音寺は、山梨県清白寺仏殿を参考にした本格的な仏殿で、本堂前の一段低い場所に建つ。そのために本堂への御参りしやすさを考えて、裳階《もこし》前面を吹き放しとする。軒付け椹《さわら》板積み銅板葺きであるが、この銅板葺きの技術も高い。仏舎利、釈迦如来、釈迦涅槃像、五百羅漢を納める。〔施工　英社寺建築、和歌山谷上商店（軒付け板積み）、本多板金工業〕

仏殿正面より須弥壇を望む

仏殿正面

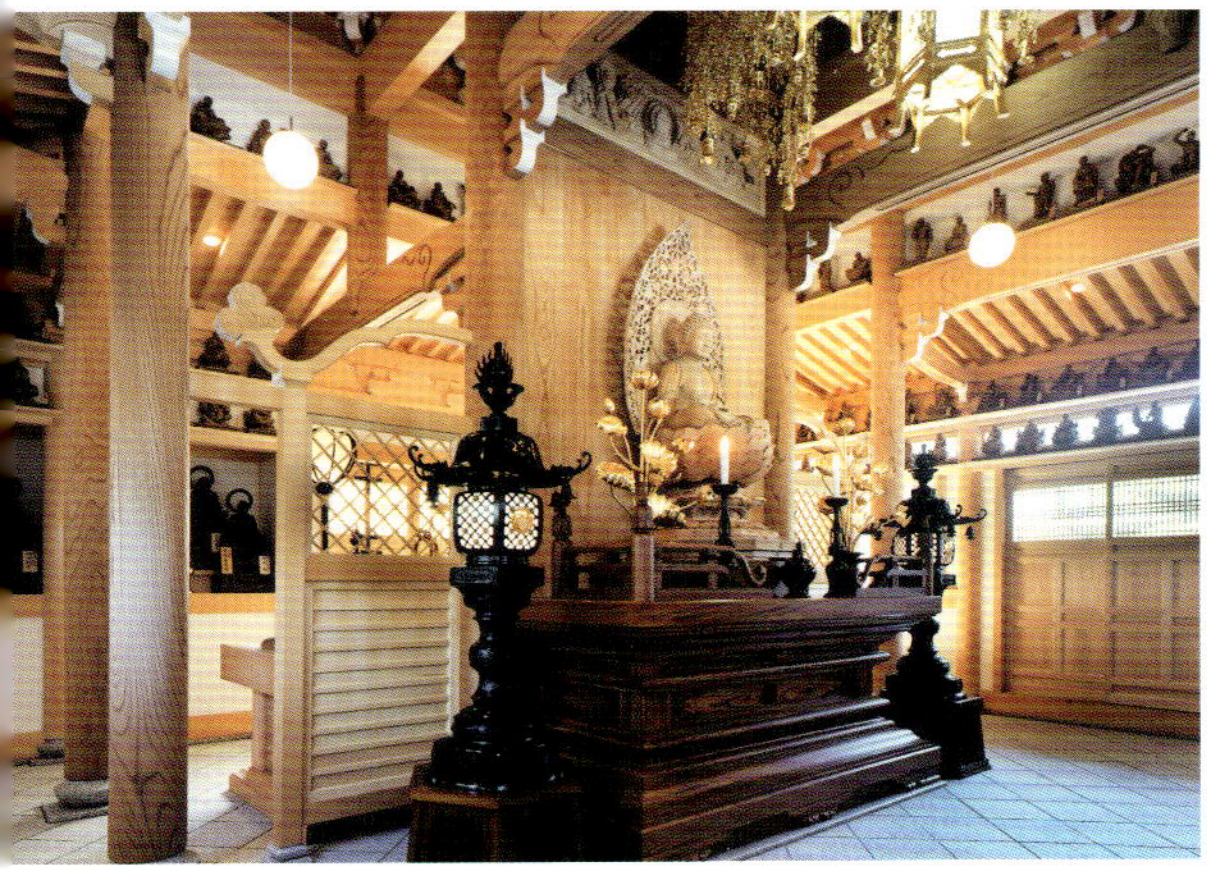

仏殿側面（上）
仏殿内部（下）

仏殿裳階

◎図版　仏殿内部スケッチ（二〇二頁）、同平面図（二〇三頁）、同正面図（同）。

六義園

国指定特別名勝

正門・染井門・通用門整備

工　期　一九九五－二〇〇二

所在地　東京都文京区本駒込六－一六－三

外周のレンガ塀に付随する洋風塀重門の整備

六義園は元禄時代、徳川五代将軍綱吉の寵愛を受け出世した柳沢吉保の別邸と庭園がその起こりである。維新後は岩崎彌太郎が買収したが、昭和一三年、岩崎家より東京市に寄付された。

六義園の象徴であるレンガ塀の改修に伴い、正門の修理と建具整備、染井門の造り替え、通用門の建具改修を行った。〔設計　京央造園設計事務所〕

正門を内部より見る

染井門

染井門を内部より見る

通用門

正門

六義園内

寶王山 少林寺

臨済宗

本堂・山門改修

工　期　一九九九－二〇〇三
所在地　埼玉県上尾市大字西門前三九九
住　職　岩佐宗貴（造営時）・清家紹幸

裳階増築で使いやすい本堂に

鎌倉幕府八代執権北条時宗公の後室により鎌倉時代に開基された市域随一の歴史を持つ寺院。再建・改修を経て以前は禅宗様の面影のある建物ではなかったが、前住職が山門鐘楼の復元修理を端緒として、禅宗寺院元来の様式を目指して伽藍と庭園の整備を行った。

【本堂】

江戸後期の臨済宗寺院本堂の特長を良く伝えるが、戦後の修理が稚拙であった。その新たな修復と、二方（正面と左側面）に裳階《もこし》を増築して現代の使用に適合する本堂とし、地蔵堂、水屋東司納戸を整えた。もと茅葺きの屋根は一重裏甲を付し、桟瓦葺きとした。（施工　英社寺建築、丸新美濃瓦、

本堂側面

書院唐破風大玄関

本堂正面

高橋造園〕

【山門（四脚門）】

上尾市指定の有形文化財で、蟇股《かえるまた》に宝暦八年（一七五八）の銘がある。禅宗様四脚門として、寺の格式にふさわしい優れた建築で、礎石、礎盤、茅葺き型銅板葺きなど、復元修理が実現できた。渦紋《かもん》は、室町・江戸初期は細く、江戸中期はこの山門のように太く彫刻的になる。〔施工　英社寺建築、斎藤漆工芸〕

【臺灯籠】

平成二二年に前住職宗貴和尚の労きが起こる。療養しながらも寄進者の想いを形にすべく、欅の臺灯籠を特注した。平成二三年三月の東日本大震災により製作が遅れたが、四月に完成。本堂内陣に安置し、その様子は写真で見てもらうことができた。〔施工　翠雲堂〕

本堂内部の増築部分

山門正面

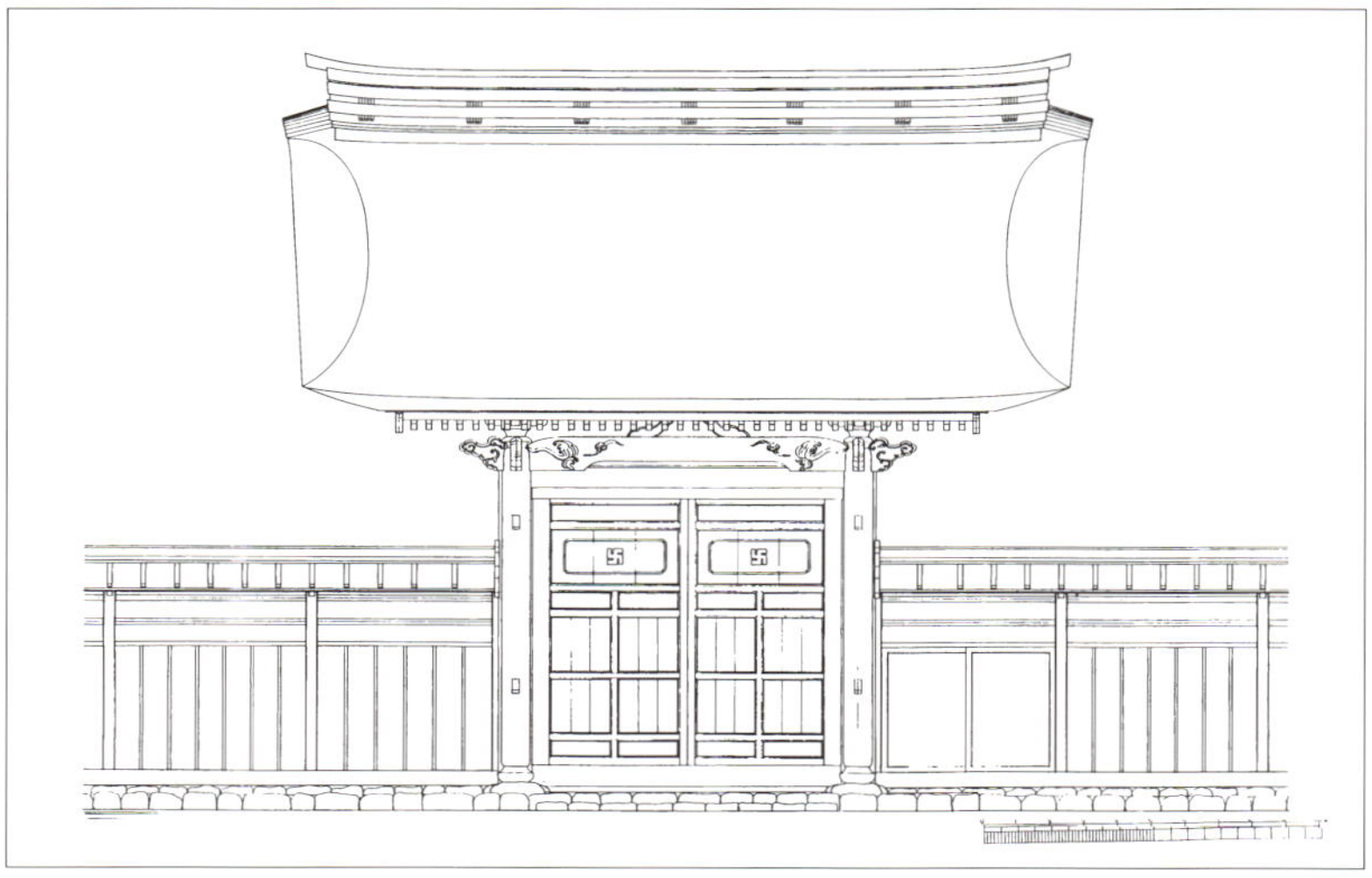

山門正面図

鐘楼（左） 臺灯籠（右）

本堂書院庫裡裏にある榧の大木

本堂から墓苑へのアプローチ

鐘楼脇の庭

山門内側にある雨落石

本堂遠景

書院中庭の涸山水

泰應山 寶琳寺

真言宗

伽藍整備

工　期　一九九七－二〇一六
所在地　岡山県岡山市東区金岡東町
二－一一－二一
住　職　向井信章（造営時）・向井慈章

江戸期の諸堂をいかし
伽藍整備で寺観を一新

【客殿】

裸祭りで有名な西大寺の近くにある、開創一二〇〇年の古刹。宝暦八年（一七五八）の客殿のほか、本堂、山門（鐘楼門）が残る。唐破風玄関や、半綴《はんしころ》葺き本瓦や海に関連する彫刻類など、瀬戸内地方独自の文化を良く伝え、客殿建築の一つの典型的な建物である。〔施工　石原工務店、森田工務店〕

【新本堂】

旧本堂と阿弥陀堂は別々に並んで使用されていたが、その形式を一つの仏堂の中で踏襲した平面形式はきわめて稀な例と言える。解決策は正面に

秘仏を祀る本堂（左）と阿弥陀堂（右）が入る仏堂

本堂内部。阿弥陀堂より

本堂正面

裳階《もこし》を付し、その中央を平等院のように一段高くして正面性を出した。日常的には両側の出入口、一堂に会した時には中央の出入口を使用できるようにした。

土地の高低差を利用して、一階は書庫を兼ねた檀信徒会館とし、山門からは一階に見える二階を本堂とした。向かって左は秘仏を安置する本堂であり、格式高い折上げ格天井とし、右は御檀家の法要の場とし阿弥陀如来を安置し、三間の大虹梁によって仏の場と御檀家の場が区切られている。裏堂は位牌堂として両堂を背面で繋ぎ一体化した。この本堂と同時に諸堂も整備されて、境内伽藍は江戸期の雰囲気を残しながら、その寺観を一新した。

本堂前の「天空の庭」、客殿奥の茶庭は、重森三玲氏の弟子山本俊男氏の作庭である。〔施工 石原工務店、蔦島工務店、石野瓦工業所（奈良）、俊軒園〕

【護摩堂】

旧本堂で江戸中期の三間堂。新本堂建立にあたり、曳家をして、入母屋《いりもや》造り本瓦葺きを宝形《ほうぎょう》造り銅板葺きにし、護摩堂として改修した。〔施工 石原工務店、谷口工務店〕

護摩堂外観

本堂背面

護摩堂内部

【山門】

江戸中期の鐘楼門で、入母屋造り本瓦葺き。軒の垂下が甚だしく、軸部の老朽化が激しかったが、曳家して基礎を始め要所で構造補強をし、本来の姿に復された。〔施工　石原工務店、谷口工務店〕

◎図版　新本堂平面図（二一〇四頁）、同正面図（二一〇五頁）、同桁行断面図（同）。

山門外観

本堂前「いろは」の庭園

客殿茶庭の待合（上）　客殿正面（下）

造営時の思い出

好物はウナギの蒲焼き

五〇年前、彼は早稲田大学理工ラグビー部の三年後輩で、私の後ろを押すフランカーでした。卒業後二〇年ほど経った時、お釈迦様生誕の地ルンビニでばったりと、それも間一髪で再会を果たしました。

当寺の建物はすべて築後二〇〇年を越えて老朽化が激しかったのですが、まず客殿について、表玄関、上段の間、柾の地松の柱、シコロ葺きの屋根などを残すという要望のもと、その修復を監修していただきました。

それから一〇年後、本堂を修復しました。こちらは道場という規模であったので、新築を考えました。隣接の土地が取得でき、六間四面の大きさ、平面的には、半分は本尊を祀る道場、半分を檀家様法要に使用する阿弥陀堂、屋根は寄せ棟と提案しました。このような様式はなく、かなり悩まれたようですが、できあがった完成予想のポンチ絵を見て、そのすばらしさにすぐに決定となりました。その後、鎮守堂の改築、旧本堂の護摩堂への改築移築と続き、最後は平成二七年末の山門の移築修復で、寺観が一新しました。

来れば近くの寿司屋でいつも痛飲しました。好物はウナギの蒲焼き。祈冥福。（造営時住職　向井信章）

巨福山 建長寺

臨済宗

隠寮・禅堂建替、侍者寮・収蔵寶庫建立

工 期 二〇〇〇－二〇一六
所在地 神奈川県鎌倉市山ノ内八番地
住 職 吉田正道

禅の発祥地たる建長寺に鎌倉禅宗様式を導入

【隠寮（少林窟）】

専門僧堂西来庵《せいらいあん》にある重要文化財昭堂《しょうどう》の左高台に建つ書院造り系の建物で、吉田管長老師の指導による。崩落土を擁壁で止め、その上に懸造《かけづく》り的に建築をして、下の本堂と登廊にて接続する。周辺整備を含め、昭堂にふさわしい景観に向上した。

〔施工 斎藤建設、鈴善工務店〕

【禅堂（大徹堂《だいてつどう》）】

旧禅堂の移築先は、別項天心山神勝寺。文化一三年（一八一六）建立の旧禅堂が、現在の大本山建長寺に種々の理由で適合が難しくなり、建替えが決定した。重要な畳の寸法や他の細部にわた

禅堂内部聖僧壇

禅堂内部

禅堂正面

る諸寸法の不適合も、その理由の一つであった。

設計は、詳細におよぶ吉田管長老師の御指導をまとめたものである。禅堂は土間形式であるから、柱の脚元を固める床組が無い。さらに内部の柱は聖僧壇《しょうそうだん》の来迎柱のみで、構造的には不利な状況である。今回は内部に丸柱二本を堂々と立て、虹梁《こうりょう》と頭貫《かしらぬき》で強く固め、軸組構造が大きく改善された。そして、壁下地にはムクの板壁を入れて構造補強を施した。内部空間は、東福寺古僧堂のような壮大さではないが、本山禅堂にふさわしい天井高となった。内部のケヤキ材は、末寺の協力もあり、長さのある良材でまとめられた。

現在では文化財建造物の修理工事により、時代ごとの様式研究が進んでいる。そこで禅の発祥地である建長寺の禅堂において、鎌倉禅宗様式を導入することにした。軒先、軒反り、虹梁、組物などはその成果を参考にした。鎌倉時代の軒反りは薙刀《なぎなた》反りと言われるが、禅堂にふさわしい力強い軒反りとなった。本瓦葺きは一体型で軽量化を図り、鬼瓦は、管長老師により仏教のシンボルである法輪が採用されて、独特の姿を見せている。

〔施工　中島工務店、鈴善工務店（木材）、八野組、アスカ工業（瓦）〕

侍者寮東面

侍者寮北面

西来庵鐘楼

侍者寮内部

【侍者寮・鐘楼】

侍者寮《じしゃりょう》は病僧寮が加わり、より機能的に充実され、各部屋の独立性も高まった。西来庵鐘楼は、虫害が激しいために柱材等は取り替えて、本瓦葺きにて施工した。〔施工　中島工務店、アスカ工業（瓦）〕

【収蔵寶庫】

近年建長寺では文化活動が充実し、それに伴い法堂《はっとう》の利用が多くなり、諸道具屋なども必要となった。また、寄付などによる収蔵品も増えてきた。そのために収蔵寶庫が計画され、場所は「建長寺指図」に書かれている庫院《くいん》付属の「庫《くら》」の復元的意義も含めて、法堂横に決まった。

鉄筋コンクリートで、一階が法堂の蔵、二階と中三階が収蔵寶庫である。本山の意向に文化庁の指導があり、腰は押縁下見板張り、上部漆喰壁の土蔵造り本瓦葺きとなった。この建物により斜面から法堂が守られる形となり、景観も向上した。

〔施工　松井建設、あじま左官工芸〕

◎図版　隠寮外観スケッチ（二〇六頁）、隠寮内部スケッチ主寝（同）、同廊下（二〇七頁）、大徹堂・侍者寮平面図（二〇八頁）、大徹堂正面図（同）、同軒規矩図（二〇九頁）。

隠寮外観

収蔵宝庫内部。2階

収蔵宝庫遠景

収蔵宝庫内部。3階

収蔵宝庫外観。2階入り口

天徳山 永祥院 願成寺

真言宗

本堂・仁王門造営

工　期　一九九八－二〇〇三

所在地　徳島県徳島市寺町八六番地

住　職　大西智城

正面三間の向拝に格式高い軒唐破風を付す

【本堂】

眉山のふもとの寺町にある寺院で、正面の桜樹、既存庫裡、背後の墓地という限られた場所に最大限に必要平面規模を確保し、更に正面三間向拝《ごはい》に軒唐破風を付して格式の高い様式性が付されている。外陣《げじん》の空間の広さと、庫裡との連続性にも特長がある。〔施工　水澤工務店、八田建築事務所、瓦道（奈良）〕

【仁王門】

真言宗にふさわしい和様の柱間三間薬医門形式の仁王門で、本堂の格にふさわしい山門が実現。旧山門は桧造りの一間薬医門で秋田県男鹿半島の本妙寺に移築した。〔施工　八田建築事務所〕

本堂内部

本堂正面

山門

山門正面近景

造営時の思い出

群を抜くと評価される本堂と山門

望月先生との出会いは平成八年まで遡ります。本堂の新築を考えていた頃、長男の友人を介して出会いました。初めてお目にかかった時の印象は、真面目で仕事熱心、さすが一流の社寺仏閣建築の建築家という印象でした。その後本堂の設計をお願いし、平成一〇年に落成。高い技術が必要とされる照り屋根、参拝者を一番最初に出迎える破風付きの向拝、威厳と風格のある本堂空間、素晴らしい仕上がりに設計の力を見せつけられました。

その後再び、平成一四年に山門の設計をお願いすることになります。仁王門にして欲しいと依頼、その後はお任せの状態でした。翌一五年の山門落成時には、地垂木《じだるき》・飛檐垂木《ひえんだるき》の二軒重ねの格式高い仁王門に、檀家の皆様と喜び合ったものでした。

最近SNSの利用で、願成寺も度々取り上げられています。そして本堂や山門が群を抜いて素晴らしいと評価をされています。この評価こそが望月先生の神社仏閣建築への情熱の評価だと本堂や山門を見ながら確信をしています。（住職　大西智城）

自然山 真勝寺

真宗大谷派

本堂改修、庫裡・鐘楼造営

工　期　一九八九－二〇一〇
所在地　静岡県静岡市葵区長沼
二－一八－二三
住　職　一郷正道

本堂裳階軒唐破風にて様式性を高める

【本堂】

慶長九年の開創以来、駿府城近くの横内町にあったが、昭和四〇年に現在地に移転した時に建立された鉄筋コンクリート造の本堂は、外陣が土間形式のとても珍しい形式。その建物の二方向に裳階《もこし》を木造にて増築。正面の内法高をぎりぎり確保するために、垂木を省く板軒形式を導入して、正面に格式高い軒唐破風を付すことで、さらに正面性と高さを実現した。

本堂内部は荘厳化された内陣と椅子式の外陣の二室。御檀家は下足のままで法要がすべてすませられる平面形式が、真勝寺独自の空間を生み出している。〔施工　加納建築事務所、菊池建設〕

本堂内陣と土間形式の外陣

本堂裳階内部

本堂正面

【書院・庫裡】

本堂、接待所という下足ゾーンから、上足の書院、寺務所への転換を大玄関で実現できた。書院からは、二階建ての鉄筋コンクリート造防火区画にて、奥の庫裡を木造二階建てにて建築した。建物の仕様をはっきり分けて、建築費も節約した。大玄関脇の沼津垣を使った書院中庭は、限られたスペースを有効に使用した良庭。〔施工　菊池建設、渡邊商店（瓦）、玄庭園〕

【鐘楼】

空襲によって焼野原となった静岡市において、先住一郷正観師が昭和二〇年九月に発願、勧募を始めて梵鐘と鐘楼を造り、二度と戦争のあやまちを繰り返さないための仏の妙音発信の場とした。その鐘楼堂を、屋根は本瓦葺、棟には鯱と鬼瓦を乗せて再建。丸柱の上には花狭間《はなざま》格子という欄間が入り、蟇股《かえるまた》には四季の花を彫刻した。〔施工　加納建築事務所、横山製瓦店〕

なお、本寺は著者実家の菩提寺であり、幼い頃よりご住職に教えを受けていた。

書院・庫裡正面

本堂大屋根（上）　鐘楼屋根（下）

立礼の席内部（上）　書院内部（下）

鐘楼妻側

水屋屋根

水屋

造営時の思い出

聞く耳を持った建築カウンセラー

敬生君は、聞く耳を持った「建築カウンセラー」とも言える建築設計士であられた。施主の意向を的確に受け止め、周囲との調和に心を配り、決して「敬生色」を顕著に残そうとする人ではなかったように思う。ところが、完成した作品にはしっかり「敬生色」が滲んでいるように思えてならない。特に屋根の勾配の美しさ、また、当寺の建築に関しては格子模様で建造物全体を引き立たせてくださった。建物には不思議と設計士の人柄が反映されているように感じられてならない。

コンクリート建築が跋扈せざるを得ない現代ではあるが、環境との調和を維持し、伝統文化の技術を活かした現代にマッチした寺院空間を提示してくださることを、日本の伝統文化に造詣が深く、仏教に通じた敬生君に期待したのは私一人ではなかったであろう。バッカスの誘いをもう少し控えてくださっていたならばと思わぬではないが、惜しみて余りある夭逝であった。（住職　一郷正道）

龍華山 長寿院 永安寺

天台宗

本堂改修、開山堂・客殿・宝塔・庫裡造営、山門改修

工　期　一九九八－二〇一七
所在地　東京都世田谷区大蔵六－四－一
住　職　金子聡秀

江戸期の建物を主軸とした歴史をふまえた伽藍整備

多摩川沿いの緑地に大銀杏のある境内が広がり、江戸中期の本堂と山門が伝わる。永安寺はもと鎌倉にあり、瑞泉寺の入り口手前には「永安寺《ようあんじ》址《あと》」の石碑が残り、足利持氏公が自決した寺として歴史に残る。

【本堂】

江戸中期の本堂で、内陣来迎柱や正面虹梁には彩色や漆が施され、格式高く造られた天台宗本堂である。向拝は茅葺き屋根時代の形を良く伝えている。戦後の修理部分の老朽化が進み、軸組、小屋組、軒を構造的に強化し、本瓦葺きに葺き替えた。また外観は天台宗にふさわしい様式に整備し

本堂側面と庭園

本堂内部

本堂正面

た。〔施工　池田建設、協和産業（木工事）、石野瓦工業（奈良）、砧農園、早野石材〕

【開山堂（檀信徒会館）】

近隣に愛されていた梅林を移植し、本堂前の不動堂を移動してそれまでの景観を損なわないようにして、ホール（開山堂）と客殿を持つ「長春殿」を建てた。永安寺の歴史を伝えるべく、開山堂の瓦には「北条鱗」を用いてある。〔施工　池田建設、協和産業、早野石材、吉村造園、砧農園〕

【宝塔】

墓参道脇に建つ納骨堂で、宝塔様式を導入。本堂背面の斜面地に建ち、本堂や周辺庭園に新たな景観が生み出された。〔施工　池田建設、協和産業、砧農園、早野石材〕

【庫裡】

鉄筋コンクリート造の書院から続く庫裡の建替え。構造的な特長として、壁量計算の他に土台を床より下げて、床組に日本建築の床梁（足固め）を入れることにより、強く揺れにくい建物が実現できた。〔施工　協和産業、早野石材、砧農園〕

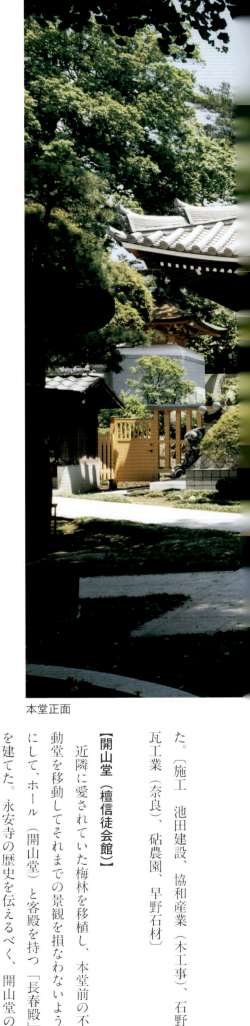

開山堂正面

開山堂玄関ホール

開山堂内部

【山門】

江戸中期の山門で、腐食部分を修復して軒先を補強することで、軒の反りや屋根の線を直して本格的な本瓦葺きにした。〔施工　協和産業、岩崎瓦工業、早野石材〕

◎図版　本堂・開山堂・不動堂外観スケッチ（境内スケッチ）（二一〇頁）

山門

宝塔

庫裡玄関（上）　屋根の重なり（下）

造営時の思い出

納得がいくまで修正や指導

当山「開創五百年・再興六百年記念祭」慶讃事業として、「本堂大改修、開山堂長春殿新築、宝塔建立、境内整備工事」で、平成九年二月一二日に先生にお会いしたのが最初でした。以後、庫裏の改築や種々の修復工事と続き、平成二七年一一月に落慶した江戸時代建立の山門改修工事及び不動堂、地蔵堂の改修工事まで、全ての建築や環境整備にお力をいただきました。

先生は、寺の歴史や流れを設計方針の基本に考えておられました。建築の線を大切になされ、原寸検査には必ず作業所に行き、細部にわたり納得がいくまで修正や指導を行っておられました。屋根の反り具合にも神経を遣われ、瓦の一部を再度葺き替えるように指示した工事もありました。施工中に過って柱に穴を開けた時は、そのまま埋木をせずに、新たにデザインをした埋木を行いました。結果、堂内の雰囲気が良くなったことが印象に強く残っています。建物外観はすっきりとして気品があり、優雅で穏やかな印象です。内部は使いやすく、ストレスを感じさせない空間です。お人柄が建築に表れていると思います。

参拝者からは「良いお寺ですね。境内に入るとほっとします」と言われます。このような宗教的環境を具現化してくださった先生に感謝いたしますとともに、謹んでご冥福をお祈り申し上げます。（住職　金子聡秀）

本堂全景（一階祈願殿・二階本堂）

長善山 浄祐寺

日蓮宗

本堂・書院造営

工期　一九九七－二〇〇〇
所在地　静岡県静岡市葵区沓谷一三三二－一
住職　武田真良

日限り地蔵尊で有名な寺院 参拝者の動線に配慮

【本堂・祈願殿】

日限《ひぎ》り地蔵尊で有名な寺院で、年一回一月の大祭には、数千人の信者が御祈祷を受ける。寺町の限られた区割りの中で、三つの問題点を解決した。

一つ目は一階が鉄筋コンクリート造の祈願殿、二階が木造の様式建築である。この地は一〇メートルの高さ制限があったが、幸いにして北側が墓地のため、日影規制をクリアーして一二メートルまでの緩和が受けられた。二つ目は、構造的な解決である。緩和を受けても仏堂の天井高や屋根の様式性が要求される。一階祈願殿は、中の間を逆スラブとすることで天井高を確保した。次に本堂の床組であるが、壁の少ない本堂において、床組と土台の一体化は好ましくない。一階の逆スラブ

外観スケッチ

本堂側面

のコンクリートの形状を生かし、側柱回りの土台を下げることで、床組に必要な伝統構法の床梁（足固材）と土台による、より強固な床組が実現できた。三つ目は大祭時の動線である。大玄関から導入、本堂での御祈祷、祈願殿での御札配布という動線を、本堂前両脇階段の工夫により解決できた。〔施工　平井工業、門奈建立、渡邊商店（瓦）〕

【書院・大玄関】

一階が大人数を導入できる大玄関、二階が本格的な書院造りの客殿で、この建物により既存庫裡と新本堂を連続させた。〔施工　平井工業、門奈建立、渡邊商店（瓦）〕

◎図版　本堂・書院一階平面図（二一一頁）、同二階平面図（同）、同正面図（二一二頁）、同桁行断面図（同）

一階と二階の設置面。
コンクリートの上に二階が乗っている

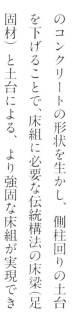

大玄関

本堂二階の張出庭

大玄関内部（上） 書院内部（下）

本堂内部

祈願殿内部

造営時の思い出

数千人の参拝者の流れをチェック

平成一〇年、本堂の建築が檀家総会で承認されました。かねてより檀家総代増井喜一郎氏の静岡高校の同級生、望月敬生先生に設計はお願いすることに決めておりました。さっそく細かな打ち合わせが始まりました。前もって一月下旬のご祈祷会の数千人の参拝者の流れを先生の目で確認していただきました。狭い場所でいかように人の流れをコントロールするか？　安全性は保たれるのか？　当時の助手、福原先生と数時間にわたり事細かくチェックしていただきました。「何かの調査ですか？　まさか税務署の人ではないでしょうね」。お寺の世話人さんが心配して尋ねてくれました。

八月の猛暑の中、宮大工の松塚棟梁の作業所でランニング一枚で大汗をかきながら原寸の破風板の監督をしておられた真剣かつ妥協のない仕事ぶりは忘れられません。仕事後の一杯が何よりの楽しみで、この上ない至福の時間を共有させていただけたのは、私にとっても忘れられない思い出でございます。人柄の溢れ出る優しい笑顔でした。

向こう側へ旅立たれた今では、早稲田大学の恩師先生と伝統建築の談議に花を咲かせておられることと存じます。（住職　武田真良）

小杉山 常圓寺

日蓮宗

本堂修復、檀信徒会館新築

工　期　一九九八－二〇〇二
所在地　東京都目黒区八雲一－二－一〇
住　職　古河良皓

伽藍に調和した檀信徒が集う会館

【本堂】

昭和三年に上棟、その後竣工したものの、長い間落慶式が挙げられなかったという、戦前とても苦労して建立された本堂。都内の日蓮宗本堂としては規模が大きく、また格式高く造られている。耐震補強工事を含む修理工事にて、軸組締直し、小屋組補強と耐震ワイヤー、本瓦に葺き替えを施工して、内部は彫刻欄間にて荘厳化がなされた。〔施工　金剛組、モトタテ（山形）、美濃瓦協業組合〕

【檀信徒会館】

高度地区の北側高さ制限を何とかクリアーして一階ホール、二階客殿を実現できた鉄筋コンク

小杉山 常圓寺［こすぎさん・じょうえんじ］

本堂屋根伏

本堂内部

本堂大棟鬼瓦

本堂正面

リート造の建築。急勾配の瓦屋根と軒先チタン葺きの処理により、現代的な外観が新たな寺観を生み出した。ロータスホールのステンドグラスが美しい。〔施工　金剛組、美濃瓦協業組合〕

檀信徒会館（夜）道路側

檀信徒会館（昼）道路側

壇信徒会館境内側外観

壇信徒会館一階ロータスホール

ロータスホールステンドグラス

第二庫裡

檀信徒会館二階一ノ間

造営時の思い出

和風かつモダンな雰囲気のホールが完成

望月敬生先生には本堂の屋根替え改修工事、及び檀信徒会館の新築工事の設計・監修をお願い致しました。ことに新設した檀信徒会館はお寺の境内の一角を占めるので、木造本瓦吹きの本堂や妙見堂、山門との調和を図り、外観は和風に設計していただきました。

一階に設けた小ホールはロータスホールと名付け、正面にはスリランカ伝来の釈尊像を奉安し、その後ろには後光が指すイメージで蓮の花をデザインしたステンドグラスをはめ込みました。そのデザインも望月先生が手掛けて下さいました。このホールは小規模ですが檀信徒の通夜、葬儀の式場として使用するとともに、多様な活動ができるように希望しました。そこで望月先生にはこうした目的を伝え、これに相応しい式場としての荘厳さと現代的感覚を兼ね備えるように設計していただきました。お陰様でこうした当方の思いを理解して下さり、和風かつモダンな雰囲気のホールが完成し、大変感謝しております。

このホールはヨガ・スクール、童話の朗読会、落語会、バザーの会場、また、檀信徒の新年会をはじめ各種会食・交流の場として、時には音楽の演奏会、外国人向けの邦楽の演奏会なども行われ、使い勝手の良い空間として様々な活動や発表の場となっています。（住職　古河良晧）

自得山 静勝寺

曹洞宗

本堂改修、弁天堂修復

工　期　二〇一〇-二〇一六
所在地　東京都北区赤羽西一-二一-一七
住　職　髙﨑直道（造営時）・髙﨑忠道

様式性・耐震性をもたせ よみがえった本堂と弁天堂

静勝寺を含めて当地域一体は、稲付城跡として東京都の史跡に指定されている。その稲付城を築城したとされる太田道灌公を祀る寺院。境内の道灌堂には、北区指定文化財である太田道灌像を祀る。

【本堂】

関東大震災後に、復旧のために出て来た北陸の宮大工が造った本堂。奥行の深い開放的な本堂であるが、柱の省略化が目立ち、耐久、耐震性を持たせるために柱や小屋組に筋交いなどを新たに入れて補強する。内陣・大間の天井は折上げ格天井によって荘厳化し、内陣折上げ部の鏡天井では、桧の無垢板に水墨画にて龍の天井絵を描いた。

〔施工　英社寺建築、白浪（天井絵）〕

本堂大間

本堂内部大縁

本堂正面の大玄関

龍天井

【弁天堂】
旧本堂の部材を再利用して建てられたと言われる、弁天堂兼座禅堂。老朽化が激しく、構造上の問題も解決して構造補強をするために、半解体修理を行った。当初向拝はなかったが、斑垂木を挟むように垂木を抱かせ、吹き寄せ垂木とすることで屋根を延長し、新たに向拝を付設した。〔施工 英社寺建築、戸田瓦工業〕

道灌堂正面

道灌堂内部

屋根の重なり

弁天堂正面

弁天堂廊下

上下とも弁天堂内部

造営時の思い出

大震災にびくともしなかった弁天堂と本堂

当山は、当初庫裡玄関の改築をお頼みしようと先生にお願いしました。全体をくまなく観てもらい、その結果まず本堂の補強した方がよいということになり、平成一二年春、小屋組み、床下土間のコンクリ打ち、通し柱を二本加えて頑丈な本堂となり、翌年は本堂玄関を改造し、使いやすくしました。平成二三年より本堂天井の改修をし、翌年弁天堂（旧本堂元禄八年築）を改修、歪んでいた建物を直し、床、床下、小屋組み補強、縋る破風の向拝を付けました。どの建物も新築ではなく改修でしたが、増築部分と在来部分のつながりも違和感なく、以前からそうであったかのように仕上がり、大満足です。

ちょうど、弁天堂の改修工事をしている時に東日本大震災が起き、当時なかなか建物の歪みが直せず、屋根瓦や壁を落とし、ジャッキアップした翌日に地震が起きました。お陰様で弁天堂は倒壊を免れ、本堂もびくともしませんでした。まったくもって、先生のおかげで、静勝寺が守られ生かされたと痛感いたします。

今後もいろいろお頼みしたいことはいっぱいあり残念でなりませんが、いつもおいしくお酒をお飲みになっていた先生を思いだし、一献を傾けつつ、謹んでご冥福をお祈りいたします。（住職　髙﨑忠道）

寶樹山 常在寺

日蓮宗

本堂・山門造営

工　期　二〇〇一－二〇〇三
所在地　東京都世田谷区弦巻一－三四－一七
住　職　駒野日高

地下に大規模な日本庭園と諸施設を実現

元禄期に建立された簡素な本堂の建て替えを機に、第二本堂や葬儀施設、そして日本庭園による伽藍整備が計画された。この地の風致を守るべく、旧来のように本堂と山門を回廊で回す形としながら、実は地下に大規模な日本庭園と諸施設を見事に実現した。大瀧からの流れを渡る演出は素晴らしい。全体監修と本堂、山門の設計を担当。

【本堂】

本堂は、常在寺の開創期に時代性を合わせて室町時代の様式とした。鉄筋コンクリート造の本堂であるが、丸柱は木で包み、向拝は木造で建築し、一見して木造と思われる。

内部空間は外観の穏やかさに対して、日蓮宗本

大玄関

本堂内部

本堂正面

堂にふさわしい大きな空間となっている。空間の秩序は天井で表し、中の柱を入れず一体の広い空間とした。

内陣と須弥壇、格天井の金箔による荘厳は実に見事である。〔施工　佐藤秀、水澤工務店、東京渡邊瓦店、岩城造園、翠雲堂〕

【山門】

旧伽藍のイメージもあり、間口は大きく確保し、なおかつ高くそびえないように平唐門《ひらからもん》形式とした。鉄筋造でありながら、純木造と思われる程に良く施工されている。山門から穏やかな回廊の広がりが美しい。〔施工　佐藤秀〕

造営時の思い出

兄のように親しみを感じた

先生はお顔を見るといつも笑顔で接していただき、兄のように親しみを感じておりました。まだまだ亡くなったとは気持ちの中では収まりがつきません。生涯忘れられぬ方です。お酒を召されると陽気に歌われたり、その人柄が偲ばれます。仕事に関しては、本当に熱心にされる方でございました。いつも見守ってくださっていると感じております。本当にありがとうございました。（住職　駒野日高）

本堂向拝

玄関ホール

ロビーからの庭園

釈迦堂（上）
祖師堂（左）

地階庭より一階を見る

地階に拡がる庭園

吹抜け見おろし。一階より地階を見下ろす

山門（平唐門）

萬年山 清岸院

曹洞宗

本堂造営

工　期　一九九九－二〇〇一
所在地　東京都港区愛宕二－八－七
住　職　川岸高眞

大規模再開発による新しい伽藍と庭園の整備

愛宕山の旧伽藍を全て建替える計画となり、愛宕山の急な斜面地を下から開発して、本堂、書院、庫裡が広がる。その境内にはエスカレーターで導入され、そこから上の展望所まではずっと日本庭園が続き、都市の高層化の中に安らぎを与えている。本堂を担当。

【本堂】

前面道路からは約三階分の高さの境内に建つ。茅葺き型小棟造の屋根はビル群の中で心を和まし、また下からの寺観としても屋根の存在感が十分に感じられる。内部の仏具は、旧本堂時に作った須弥壇を再用し、それに合わせて全ての仏具を新しく作り、本堂の内部意匠と仏具を同じ設計者

萬年山 清岸院［まんねんさん・せいがんいん］

エスカレーターで導入される本堂

境内の庭園

内陣

須弥壇と統一された仏具

折り上げ天井

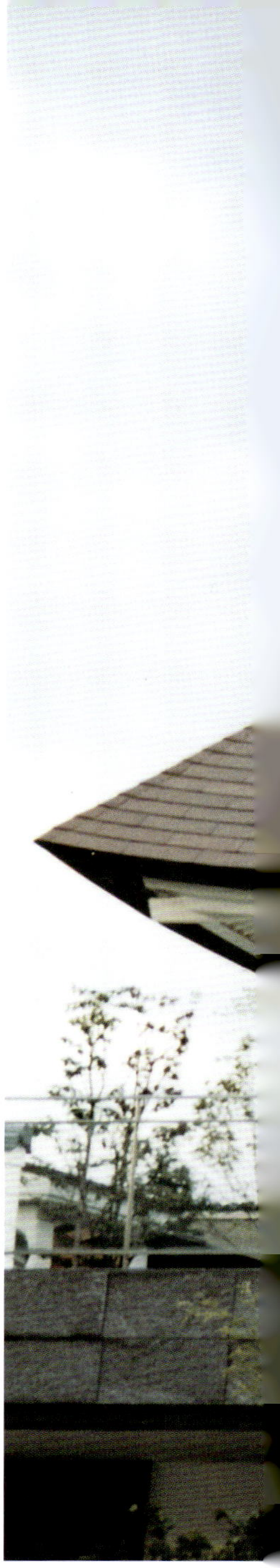

本堂全景

によって造り上げた統一感の取れた仏堂となっている。〔施工　竹中工務店、金剛組〕

龍澤山 満蔵寺

曹洞宗

大書院・庫裡造営

工　期　二〇〇一－二〇〇二
所在地　秋田県秋田市河辺戸島字上高屋七九
住　職　黒木泰丸

大書院の大きな切妻屋根で本堂屋根とのバランスを保つ

江戸時代中期の特長を伝える立派な本堂を、茅葺き型銅板葺きで現在に伝え、その前面左横に位牌堂が建つ。大書院に対して庫裡は二階建ての必要があった。そこで本堂との寺観を整えるべく、大書院の大きな切妻屋根で本堂屋根とのバランスを保ち、そして庫裡二階部をその屋根と一体化させた。背面の庭園の広がりも美しい。〔施工　石川建設、木村造園〕

大書院内部

本堂書院全景

大書院妻側

客殿より庭園を見る

庭園より方丈の間・大書院を見る

泰平山 最福寺

浄土真宗

本堂造営

工　期　二〇〇三－二〇〇四
所在地　神奈川県三浦市白石町六－一三
住　職　桑田廣隆

出内陣形式の組物と天井が特徴的な本堂

もと鎌倉にあったが、戦国時代に一向宗弾圧のために、現在地に移転した８００年の歴史を持つ寺院。

西本願寺の御堂に倣い、入母屋二軒向拝付きの本格的真宗本堂。内部は出内陣形式の組物と天井が特徴的で、そこに内陣の金箔等による荘厳が美しい。ご本尊が一般的な大きさに比べて立派であるため、それを十分に活かすべく、京都大谷本廟を参考に、お宮殿・須弥壇が別誂えで製作された。

三浦半島突端の高台に位置し、台風時の強風と雨水対策が非常に難しかった。〔施工　金剛組、美濃瓦協業組合〕

泰平山 最福寺［たいへいさん・さいふくじ］

全体伽藍（航空写真）

外陣

本堂正面

内陣天井

内陣

石龍山 勝平寺

曹洞宗

本堂・大書院・位牌堂・大玄関・庫裡造営

工　期　二〇〇三－二〇〇六
所在地　秋田県秋田市新屋南浜町一五－一七
住　職　髙柳髙城（造営時）・髙柳俊哉

同一設計士による統一された伽藍

昭和二九年開創の新しい寺院で、当時は井戸も近くになかったという。秋田市の市街化により発展し、隣接する勝平和観音を守る松林の一部が調整区域の中で許認可を得て、現在の檀家数にふさわしい伽藍が継続的に造営された。

【本堂】

向拝の屋内化を最初から取り入れた大間三間半、両序三間の規模を持つ。内部は内陣、大間、大縁部分を仏堂的に組物で荘厳している。完成後に付けられた内陣の龍の彫刻は驚きの一言である。〔施工　竹中工務店、しゃじ、アスカ工業（瓦）〕

石龍山 勝平寺［せきりゅうさん・しょうへいじ］

本堂背面にある庭園

雁木作り的導入路

本堂正面

【大書院】
間口四間の広い書院で、その廊下が大きな位牌堂へ庭を鑑賞しながら導入する。サービス動線は奥の一段低い道路から確保した。〔施工　しゃじ、アスカ工業（瓦）〕

【位牌堂】

鉄骨造二階建てで、一階が位牌場、二階が葬祭場である。日本海に面していてその夕陽の美しさは言葉に表せないが、冬は海からの風が想像を超える強風となる。そのために、木造の本堂と大書院をこの建物が守る形となっている。葬儀の後は夕陽を楽しむ御檀家が多いという。〔施工　竹中工務店、しゃじ〕

【大玄関・庫裡】

大玄関を入ったところの東司部分を鉄筋コンクリート造で造り、庫裡との防火区画とした。庫裡は二階建てだが、本堂側は土庇を回して雁木《がんぎ》造り的に大玄関への導入路とし、なおかつ本堂前に二階家が立ち上がらないように景観に配慮した。また寺への入口から直接この庫裡の前に出ることから、プライバシーと境内らしい景観との分離を考慮した。〔施工　しゃじ〕

◎図版　全体伽藍スケッチ（二一三頁）

本堂内部

本堂大縁

本堂内陣天井龍

造営時の思い出

熊本の清正公墓所へのお参り

それは、長時間にわたる聞き取り調査から始まった。ここは秋田市の端にある日本海沿いの小さな寺で、文献によれば七堂伽藍を備えた東北でも屈指の大寺院だったそうだ。それが平安初期の天長七年一月三日の大地震で伽藍が没し、一四〇〇年余の間幻の寺とされてきた寺院を、初代絶嶽高城大和尚が私財の全てと托鉢の浄財と地域のご寄進によって、昭和三九年七月に復興大願成就したものである。

時に日本は高度成長期に入り、人口増でお檀家も増え、期が熟したら本物の本堂を立て直したいと考えていた初代住職の元へ何となく改築の話が持ち上がり、二〇〇〇年二月厳冬のこの地に望月先生の姿があった。三時間余り、当山の歴史と今後のビジョンを聞いていた先生は、突然「僕がやりましょう、ぜひ僕にやらせて下さい」。その時のシーンは今でも鮮明に覚えています。先生の全身から漲る力強さとその言霊に、今ぞ機が熟したと初代住職が決断した瞬間であった。住職が「お金は無いけどいいかい?」先生は「お金じゃなく、この復興のプロジェクトに私を入れて欲しい、きっと役に立ちます」。先生の職人気質に火が付いた瞬間でもあった。この間三〇秒余り、この会話から始まってたった四年、二〇〇四年暮れに本堂、位牌堂、書院、檀信徒ホール、庫裡の全てを、一〇〇パーセント望月ブランドで落慶を迎えた。酔えば先生はよく言っていた、寺の屋根は女性が見て「あら綺麗なお寺」って言ったら成功だ、建物の動線は命の動き、大切な事だ。寺が寺であるための造りに妥協しない職人。酔って涙そうそうを歌った顔が忘れられない。（住職　髙柳俊哉）

位牌堂二階のホールより雄物川河口、日本海が見える

大書院二之間

大書院一之間

大書院（位牌堂へ通じる廊下）

位牌堂二階の葬祭場

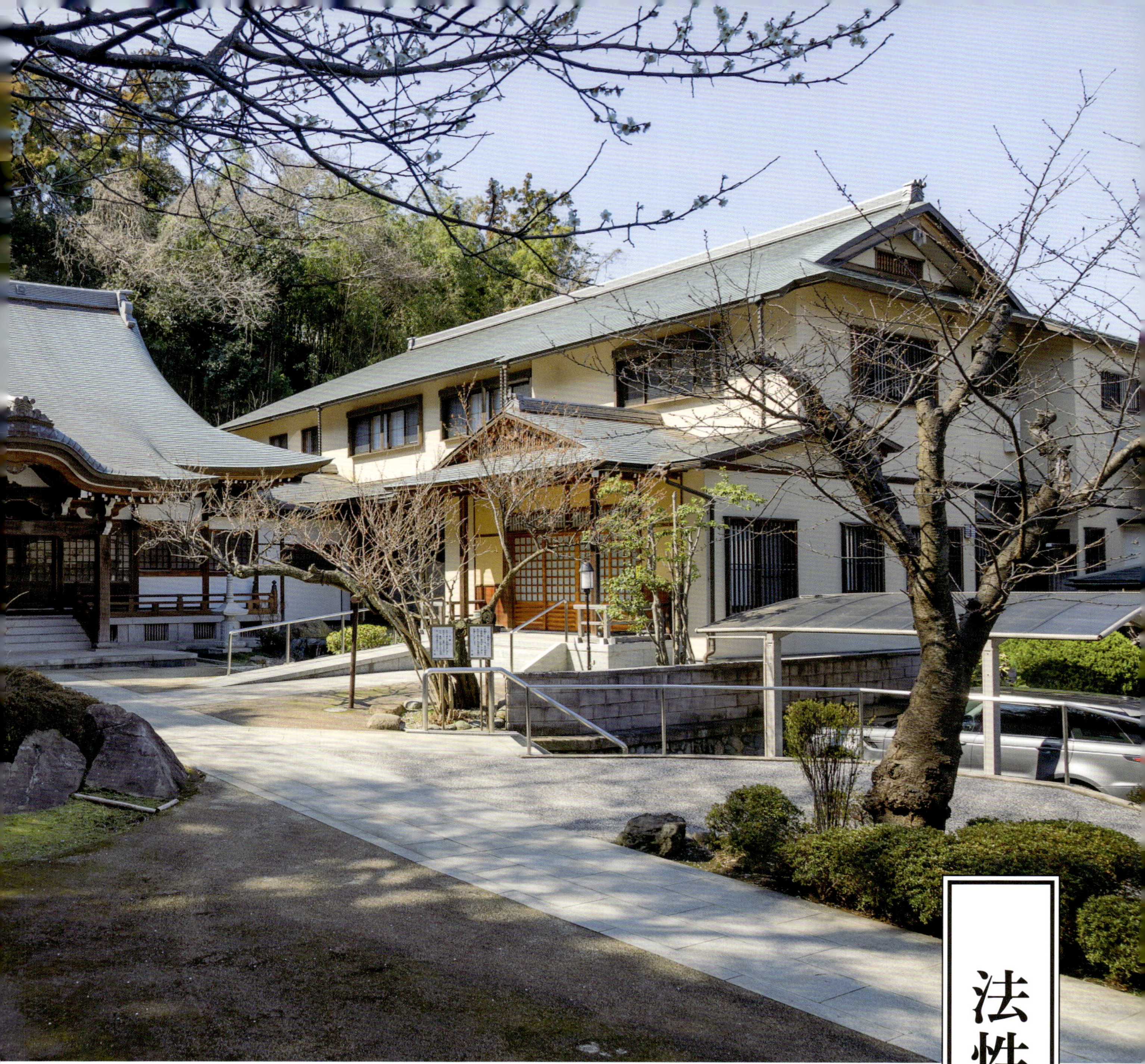

法性山 隨縁寺

日蓮宗

本堂改修、客殿・山門造営

工　期　二〇〇三－二〇〇六

所在地　神奈川県横浜市磯子区上中里町七三〇番地

住　職　佐久間泰秀（造営時）・佐久間泰裕（造営時副住職）・佐久間聖吏

限られた境内の中に広がりのある伽藍を実現

【本堂】

台地の切り立った崖の下に、江戸時代中期の小規模本堂が、静かに息づいていた。その本堂に対する当時の住職のこだわりから、半解体修理と、前面と側面に拡幅、正面に旧向拝柱等を再用して軒唐破風で本堂の様式性を高めた。増築による高さ関係の処理に工夫を要した。本堂前の庭は、本堂へ誘うような石組と刈込みが素晴らしい。〔施工　英社寺建築、石野瓦工業、玄庭園〕

【客殿】

限られた境内地の中で、ゆとりのある大玄関と

法性山 隨縁寺［ほっしょうざん・ずいえんじ］

全景スケッチ

本堂側面屋根

本堂・客殿外観

本堂内部

幼稚園児にお茶を教えることにも使用する書院を一階とし、二階は演奏会も開ける洋書院を鉄骨造で実現した。高さ制限と天井高確保が大きな課題であった。大玄関内の蹲踞《つくばい》が珍しい。〔施工　英社寺建築、石野瓦工業、玄庭園〕

【山門】

前面道路から寺の存在がわからないような状態であったところに、薬医門と袖塀、擁壁を設けて寺観が一新した。〔施工　英社寺建築〕

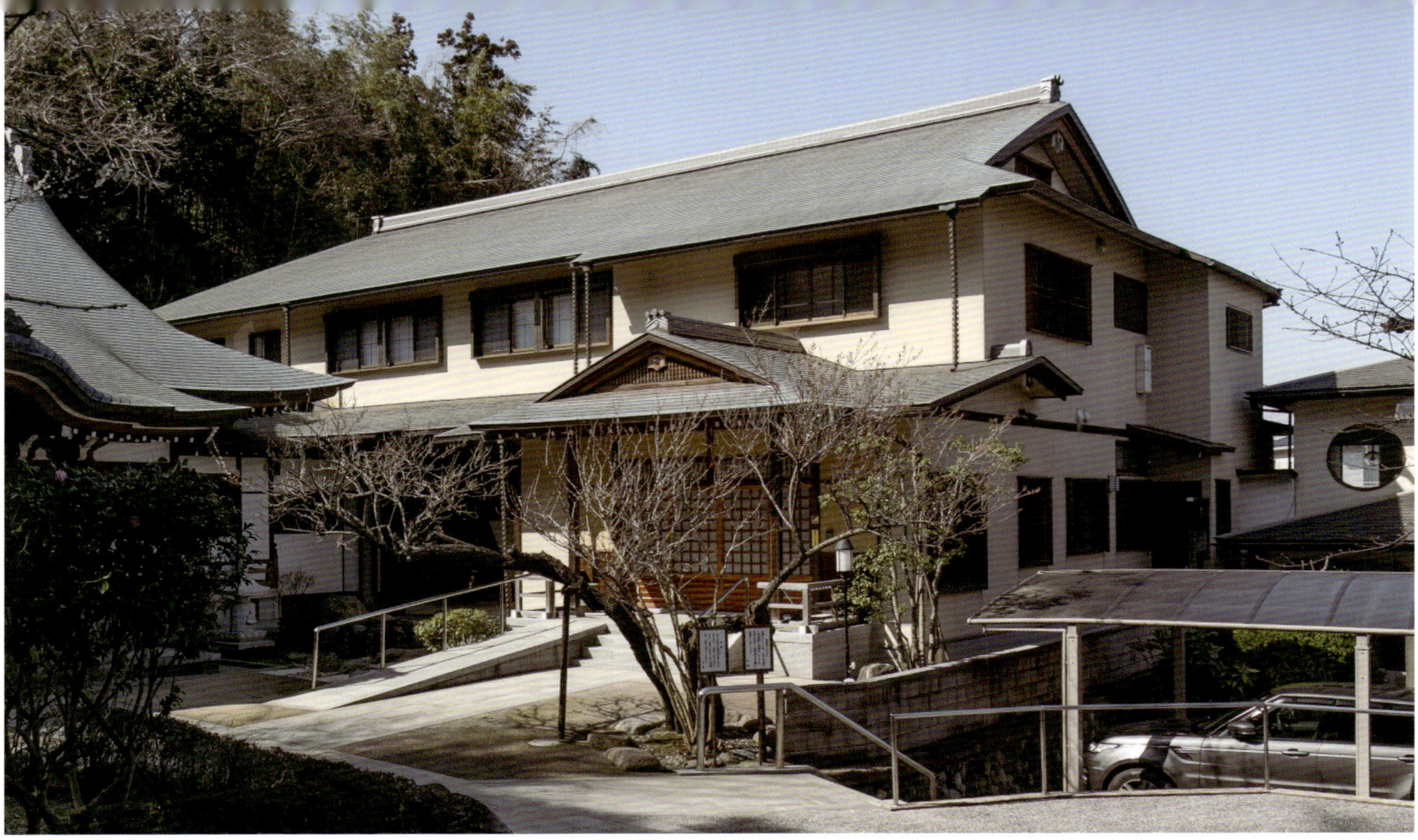

客殿外観

本堂・下屋の屋根重なり

本堂軒唐破風・客殿玄関

造営時の思い出

古いものを最大限に生かす

一番印象に残っているのは、望月先生と初めての打ち合わせをした時のことです。当山の本堂の天井裏に梯子をかけて登り、埃だらけ、ススだらけになりながら、隅々まで調べてくださり、「これならすべて壊しての建て替えでなく、これまでの本堂の基礎、柱などを生かしつつ、増改築という形で立派なものができる」とおっしゃってくださいました。

当山は一部を除き約三〇〇年前の古い本堂でしたので、初めは信じられない思いでありましたが、結果的に、このことが大変すばらしい選択となりました。すべて新しくするのではなく、古いものを最大限に生かす意味を、先生は大切に考えていらっしゃいました。本堂・客殿・山門と日本建築の決まりごと、美しさにこだわり、妥協なく取り組んでいただきました。特に本堂の格天井の格式、美しさはすばらしいものがあります。柱ひとつにもこだわりをもっていただき、お蔭様で心安らぐすばらしい本堂となりました。先生はいつも時間をかけ、根気強く、住職の意向や寺族の希望をじっくりと聴いてくださいました。真剣さの中にも、いつも明るく、朗らかで、打ち解けた雰囲気を醸し出してくださり、こちらも安心してこの大事業をお任せすることができました。また、当山の行事にもいらしていただき、雰囲気、墓参の人の動線などもよく考慮され、「随縁寺らしさ」を一緒に考えてくださいました。

当山がこのようにすばらしく発展することができましたのは、檀信徒の皆様、施工技術者、庭園管理者、関係者皆々様のお力あってのことではありますが、ひとえに望月先生との出会いが大変大きかったと深く感謝申し上げる次第です。(住職　佐久間聖吏)

客殿一階書院

客殿玄関内部の蹲踞

客殿二階洋書院

客殿二階ロビー

本堂側より見た山門

山門正面

玉峰山 龍門寺

曹洞宗

さいたま市指定山門修理

工　期　二〇〇二－二〇〇三
所在地　埼玉県さいたま市岩槻区日の出町九－六七
住　職　吉田静邦

元禄以前に建立された山門を守り、伝える

日光御成道の城下町岩槻にある名刹で、幕府側用人藩主大岡忠光の菩提所である。御成道に面した惣門から入ると長い桜並木の参道があり、その正面に山門が立つ。住職の強い信念と探求心により元禄以前と認められて、市の指定を受けた、小田原後北条氏重臣の佐枝若狭守館跡にある大きな薬医門。良く守り、伝えてくれたと敬意を表する。

〔施工　金剛組〕

玉峰山 龍門寺［ぎょくほうさん・りゅうもんじ］

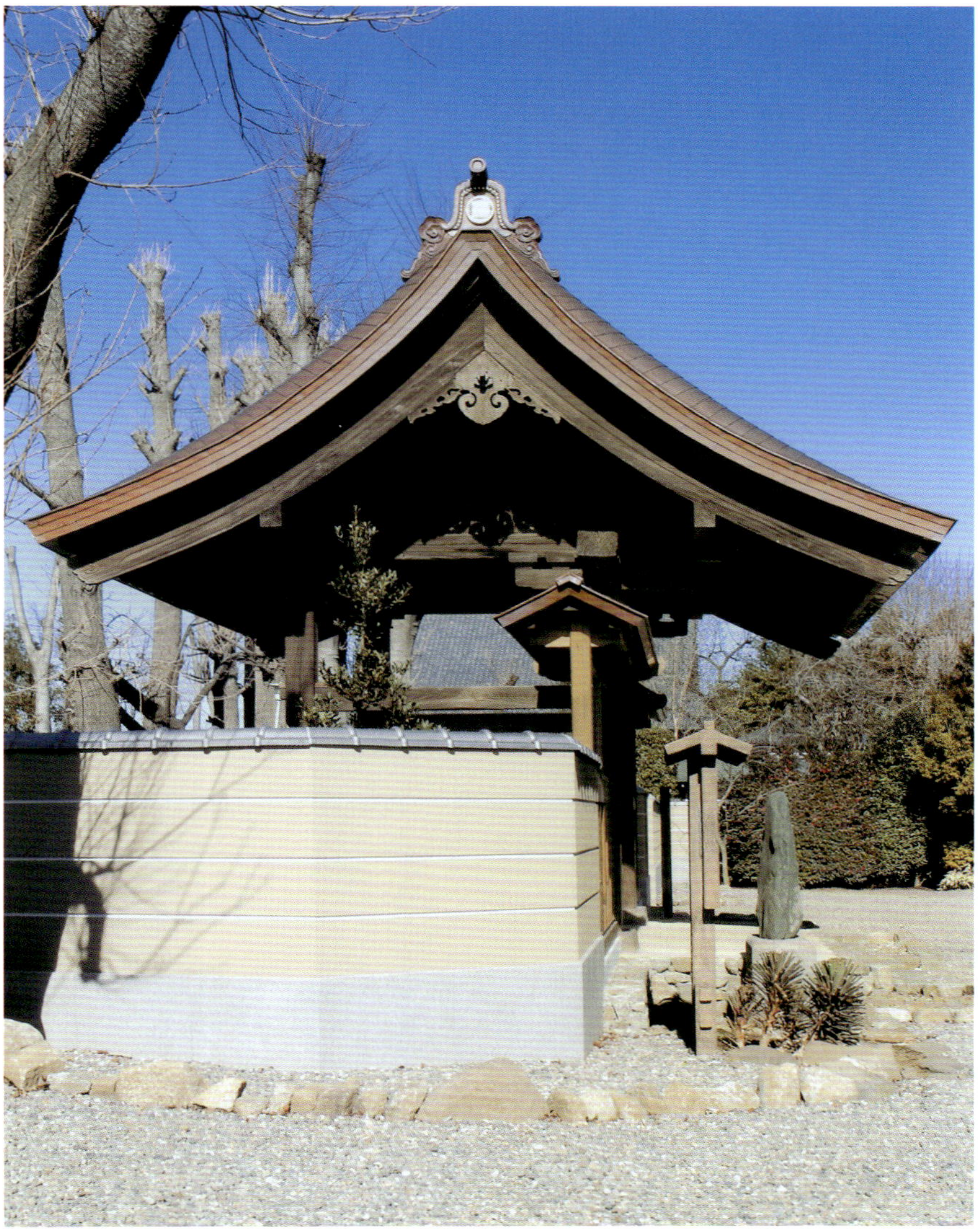
山門側面（修理後）

境内全景

山門正面（修理後）

山門正面（修理前）

最正山 覚林寺

日蓮宗

伽藍整備、港区指定清正公堂・山門修復、本堂諸堂再建

工　期　二〇〇一－二〇〇七
所在地　東京都港区白金台一－一－四七
住　職　平井瑞恩（造営時）・平井良昌

地盤を一・八メートル嵩上げし諸堂を再建

江戸初期に加藤清正公を祀るために開創された寺院。伽藍全体整備のきっかけは、前面の桜田通りが境内地より一・八メートルも上がってしまい、集中豪雨時には境内が水に浸ってしまうことと、地下鉄工事による地盤沈下であった。そのために境内全体を一・八メートル嵩上げする大工事が計画された。そして江戸期の清正公堂《せいしょうこうどう》と山門の銅板屋根が限界を超えていることから、その葺き替えと小修理、本堂と客殿の再建が同時に計画された。

【清正公堂・山門】

慶応元年（一八六五）上棟の清正公堂は、本殿、幣殿《へいでん》、拝殿から構成される。とても驚くべき

覚林寺全体伽藍スケッチ

清正公堂拝殿・幣殿内部

清正公堂拝殿正面

ことは、その建築的な価値の高さである。総ケヤキ造りの拝殿は、外観は禅宗三手先組物《みてさきくみもの》で、二軒扇垂木《おうぎたるき》、向拝に軒唐破風、千鳥破風付きの豪華さである。向拝の彫刻は複雑で繊細、実に目をみはるものがある。内部に入るとその彫刻の素晴らしさは更にその魅力を増すが、それ以上に感心させられるのがその架構である。拝殿内部は禅宗様の内室《うちむろ》造的に空間を高く確保し、内部の柱を省くために大虹梁を渡し、そこにまた虹梁組を架けており、良くこのような発想が出来たと、当時の棟梁にただただ感心するばかりである。本殿は土蔵造り置き屋根形式のさりげない外観であるが、内部は豪華な清正公像と厨子、多くの仏像を中心にして、内部全体を総漆塗りで、要所を金箔押しとした豪華な荘厳が施されている。修復後に港区有形文化財指定を受けたが、その価値は都内でも有数の建物であり、一見の価値は十分にある。

山門は安政三年（一八五六）に建てられ、右手に潜戸を設け、主柱を円柱、控柱を角柱とする。小規模ながら独自の雰囲気を持つ薬医門である。

〔施工　大林組、金剛組、翠雲堂〕

【本堂・客殿】

新本堂は庫裡の床高さに合わせたので、その下の客殿は半地下的扱いとなった。大屋根は法華堂にちなんだ茅葺き型の小棟造りが導入され、ビル街に和らぎを与えている。客殿からの庭園は墓参

山門正面

国道より本堂を望む

毘沙門堂（左）と稲荷社（右）

道に囲まれた斜面を利用して作られ、檀信徒に驚きと憩いを与えている。〔施工　大林組、金剛組、廣瀬庭苑〕

◎図版　清正公堂平面図（二一四頁）、同立面図（二一五頁）、同桁行断面図（同）、同側面図（二一六頁）、同梁行断面図（同）

造営時の思い出

熊本の清正公墓所へのお参り

先生と初めてお会いしたのは、改修工事の設計監理をお願いした時でした。今から二〇年ほど前のことになります。改修工事は落慶まで八年ほどの歳月を要しましたが、その間様々な場面でお会いし、話をさせていただきました。そしてその度に、先生の日本建築に対する愛情と造詣の深さに感銘するばかりでした。中でも印象に残っていることは、設計をお願いするにあたり、先生は自ら熊本の清正公さま墓所（熊本市本妙寺）にお参りをしてくださったこと。清正公堂の屋根ラインが過去の工事で銅板用になっていないことを一目で指摘したこと。新築本堂室内階段のステップ幅と高さの絶妙なバランス。新築本堂屋根の形を決める際に千葉のお寺めぐりをしたこと等々です。お陰様で「誰もが参りでき、ホッとする空間を作り出すこと」という改修コンセプトを具現化できたと考えています。先生の追善をお祈りいたします。（住職　平井良昌）

最正山 覚林寺［さいしょうさん・かくりんじ］

本堂正面

客殿内部

覚林寺庭園

本堂内部

海潮山 妙長寺

日蓮宗

本堂・山門造営

工　期　二〇〇三－二〇〇四
所在地　神奈川県鎌倉市材木座二－七－四一
住　職　塚本英憲（造営時）・神　和秀

日蓮聖人ゆかりの古刹
限られた境内に本堂を再建

【本堂】

日蓮聖人が伊豆配流《はいる》の時に船出をされた場所に開かれた寺院。関東大震災で被害を受け、その後応急的に建てられた本堂の老朽化が甚だしく、再建計画がまとめられた。墓地や旧客殿が迫る限られた場所で、何とか檀家規模にふさわしい本堂の平面と軒の出が最大限に確保できた。〔施工　松井建設、酒巻工務店〕

【山門】

いろいろな事情で山門前まで市管理の防火水槽が迫っている。しかしそれが奥行となって、新たに薬医門形式の山門と袖塀、そして境界塀の整備がなされ、寺観が一新した。〔施工　松井建設、酒巻工務店〕

海潮山 妙長寺［かいちょうさん・みょうちょうじ］

本堂側面

本堂内部

本堂正面

山門正面

本堂側より見た山門

鐘楼正面

吉祥山 西法寺

曹洞宗

鐘楼造営

工期　二〇〇五－二〇〇六
所在地　秋田県横手市平鹿町上吉田字吉田五一
住職　齊藤泰円

雪深い秋田の地に県内最大の鐘楼堂を造営

横手盆地中央南部の平野部に築かれた平城、吉田城に隣接する、応仁年間開基の五五〇年の歴史を持つ寺院。

雪深いこの地域で秋田県最大の鐘楼堂を造りたいという意向。径四尺五寸を超える大鐘を依頼するために、高岡、滋賀、京都の鋳造所に、住職自ら運転して回る旅に同行した。

本格的二手先組物、二軒と本格的様式で、木割も妥協の無い正式な木割を採用。正面の龍は武志伊八郎の正面龍を参考に、他の三面の彫刻は「波に宝珠」などの吉祥にふさわしいものとした。

ケヤキによる列柱は見事であり、独特の寺観を生み出した。〔施工　しゃじ、アスカ工業（瓦）〕

鐘楼と二本の虹

鐘楼側面（完成前）

龍彫刻・撞木・梵鐘

東日本大震災時に梵鐘が揺れて付いた傷

山門から本堂を望む

宝亀山 長寿寺

臨済宗

伽藍整備

工期　二〇〇四－二〇〇七
所在地　神奈川県鎌倉市山ノ内一五〇三
住職　浅見紹明

足利尊氏公開基の古刹
宿願の方丈形式本堂を再建

足利尊氏公開基の寺院で、北鎌倉から建長寺に入る手前の右手、石段上に茅葺きの山門が見える。鎌倉では珍しく境内に平地が広がり、何と言っても手入れの良い庭園と苔庭がとても美しい。明治以降本堂の再建がかなわなかったが、平成に入りようやくその宿願が達成された。

【本堂・大玄関】

最近は臨済宗本堂（方丈）でも内部の仏殿化が進むが、この本堂は方丈形式の本格的な仏堂で軒は二軒反り垂木である。高さ制限八メートルを守ったために屋根は緩い勾配の桟瓦葺きがとても穏やかである。内部は柱の片蓋形式を導入して柱を伸ばし、入側からの天井高を一段上げて、外部

本堂正面

本堂前庭園と本堂外観

大玄関外観

本堂内部より山門を望む

からは意外と思える天井高が確保できた。そして地形の段差を利用して背面からはバリヤフリーで入ることができる工夫がなされている。大玄関の禅宗様式が臨済宗らしさを表わしている。〔施工　鈴善工務店、神清（瓦）森田瓦工事、曽根造園〕

【小方丈】

建長寺吉田管長の御助言により、庭に面する廊下を省いて、二一帖の広い座敷を実現。床の間の原点である押板と出書院で格式を表わす。押板のヒノキ一枚板は実に見事である。故鈴善工務店社長の最後の建物となった。〔施工　鈴善工務店、曽根造園〕

本堂内陣

本堂内部

小方丈外観

本堂広縁

小方丈前の庭園

小方丈より庭園を見る

小方丈内部

裏山から見た屋根の重なり

造営時の思い出

優しく、熱心なお仕事ぶり

望月先生との出会いは当寺の本山、建長寺の隠寮建設で設計を行っていただいた時が最初でした。今から思うと平成八年、まだ四十代で私も若かったけど、先生も若く元気溌剌大きなカバンを持ち、何回となく建長寺に出向き管長さんと打ち合わせを行っておられ、その熱心さに感動を受け、当寺の本堂と小方丈の建設の設計をお願いすることにしました。何回となく打ち合わせを重ね、こちらの思いを聞いていただき、納得するまで図面を書き直し、設計に至りました。建築許可もおりて建設会社に出向き、二日間にわたり綿密に原寸検査と打ち合わせを行い、平成一七年八月より建設が始まりました。その間、何回となく当寺に出向き大工さんと打ち合わせ、優しく指導しておられました。その熱心さを嬉しく思いました。

平成十九年七月、本堂並びに小方丈が完成しました。また、作庭にもいろいろ指導いただき、開基足利尊氏公の寺として、ここ鎌倉にふさわしい建物と庭が先生のお力添えにより立派にできました。心より感謝申し上げます。

大変残念なことに平成二九年一一月六日、この世にさようならを告げ、旅立たれました。ここ当寺に尊氏公と一緒に眠っておられます。（住職　浅見紹明）

ルアン・パバーン公立保健学校

世界遺産

大教室棟修復

工　期　二〇〇五－二〇〇六
所在地　ラオス人民民主共和国
　　　　ルアン・パバーン

もと仏教寺院だった保健学校の大教室棟を修復

ルアン・パバーンは、メコン川とカーン川の合流地点に発展した山あいの王宮都市で、世界遺産に指定されている。ここには、文化財的価値の高い多くの寺院が建ち並び、ラオスを代表するコロニアルスタイルで建築されている。

その一画にある本建物は、もとの仏教寺院建築物を九〇年前にフランス軍が軍病院に改築し、その後アメリカ軍の病院になっていた。一九九三年には保健学校として開設され、現在も活用されている。

柱と壁はレンガ造りで、屋根の洋小屋が木造であるが、修理前はこの木造トラスの三分の二が白蟻の甚だしい被害を受け、屋根は粗末なトタン葺きであった。基礎補強とレンガ壁上の桁を補強し

教室内部

修復前の屋根

修復後の屋根

改修前の屋根

改修後の屋根

RESTORATION（修復）のプレート（上）
入口から見た教室棟（左）

教室棟外観（2019年現在）

て、壁はラオス古来の水牛のニカワを使った漆喰塗とした。屋根はユネスコの指導により伝統のルーフタイル、細部はコロニアルスタイルにて復原した。JICA（国際協力機構）の支援事業の一環で、パシフィック・コンサルタンツ・インターナショナルの委託。〔施工　三井住友建設〕

報恩山 善養寺

浄土宗

本堂造営

工　期　二〇〇四－二〇〇九
所在地　川崎市高津区下作延五－一三－一
住　職　古庄良我（造営時）・古庄良源（造営時副住職）・古庄良如

浄土の世界のように荘厳化された本堂

御先住が復員された時、川崎の中心部にあった寺の寺族は空襲で逝去、寺は不法占拠されていた。川崎市に要請して昭和二五年に現在地に移転したが、まだまだ全くの未開地で水道もない状態から伽藍造営が始められた。小規模な旧本堂は霊園内のために建て替えの許可が下りず、ようやくそれが実現し、戦後発展した寺の規模にふさわしい本堂と寺観が生まれた。建て替え前の本堂は増築の無理からずっと雨漏りに悩まされ続けていたことより、雨に強い寄棟作り銅板屋根が採用された。多くの御檀家を招じ入れるよう間向拝《ごはい》軒唐破風付、屋根は鴟尾を載せて格式を高くした。内部は高さ制限のある中、外陣には大虹梁を入れること

本堂外陣

本堂背面側鴟尾

蟇股内部の彫刻

本堂内陣

向拝彫刻（親子龍）

本堂正面

向拝龍のスケッチ

雲中供養菩薩（蟇股内部）

で内陣前の天井高を確保した。また、内陣は寄棟屋根の中で柱を伸ばすことで天井高を確保した。当時の副住職のこだわりにより、内部を浄土の世界に荘厳化を目指し、蟇股内部に雲中供養菩薩像、内陣格天井の浄土絵、仏壇、来迎柱回りと、美しい荘厳がなされている。向拝の彫刻親子龍は、先住と副住職の二代にわたってようやく実現できた造営の象徴である。〔施工　奥谷組、大阪大谷相模掾鋳造所〕

◎図版　本堂内陣外陣スケッチ（二一七頁）

楞厳山 海蔵寺

曹洞宗

本堂・山門修理、伽藍整備

工　期　二〇〇三－二〇〇七
所在地　秋田県能代市鶴形二三九
住　職　伊藤良弘

江戸期の姿を尊重し 現代に適応した荘厳と改修

【本堂・山門】

延享二年（一七四五）建立の曹洞宗本堂の特徴を良く伝える本堂だが、茅葺を鉄板葺きに替えた時の工事が余りにも拙く、雪国の本堂として危険な状態で、半解体修理が必要であった。特に土砂の流入を防ぐため約一五センチ基礎から立ち上げ、垂木を入れて軒を新たにした。正面からの雪の落下を防ぐため、ながれ向拝《ごはい》ではなく、本堂の規模にふさわしい大きな切妻の向拝を付設した。

内部は江戸期の姿を尊重しながら大間両脇の大虹梁や格天井等、現代に適応した荘厳と改修が行われ、内外共に寺観が一新した。山門は小規模薬医門であるが、過去に前に倒れたことがあり、その補強をした。（施工　しゃじ、大高建設、アスカ

工業（瓦）

【大書院】

駐車場に建つ椅子式の書院を持つ使いやすい会館。限られた予算の中、小屋組を含めて節約設計をし、大高建設の尽力により実現された。（施工　大高建設）

本堂

本堂内部

本堂玄関

大書院

山門

造営時の思い出

建築にたずさわる情熱と姿勢

建立から約二七〇年たった当寺は、腐朽により土台の一部が崩落したり、雨漏りの絶えない状況にあり、このたびの本堂・山門大修理及び伽藍整備工事は長年の念願でした。そうして、その設計と工事を指導していただいたのが望月敬生先生です。

雪国の寒い中、社員とともに床下や屋根裏に入り、懸命に調査・チェックされる姿が今でも目に浮かびます。また、鬼瓦の製作にも同行され、納得のいくまで形に関わってくれました。まさに、建築にたずさわる情熱と姿勢が反映された場面のひとこまです。設計についても、拙僧の意向に耳を傾けてくれました。きっと厄介な発注者だったに違いありません。

そして、平成一四年の調査から四年後の平成一八年に完成を迎え、翌年九月檀信徒はじめ多くの有縁の方々とともに、落慶法要・先住忌を厳修できました。今はただ、「感謝」の一語に尽きます。（住職　伊藤良弘）

広澤山 正洞院

曹洞宗

本堂・山門改修、築地塀新築

工　期　二〇〇五－二〇〇七
所在地　東京都台東区下谷二－六－二
住　職　仲井哲應（造営時）・戸谷秀幸

鉄筋コンクリート造本堂
陸屋根に本瓦葺屋根を設置

【本堂】

戦後、昭和三〇～五〇年代に全国各地の戦災地の寺院では、新しき寺と称する鉄筋コンクリート造の本堂が造られた。

この寺はその典型で、独立柱で屋根のない陸屋根《ろくやね》であった。そのため屋上スラブの防水の維持が必要であったが、その解決から本瓦葺の入母屋造りの屋根を木造にて設けて本堂の様式性を持たせ、寺観が一新した。これでコンクリートの壁は瓦屋根で守られることになり、耐久性を増した。この本瓦は奈良瓦宇工業所に依頼し、故小林章男氏の鬼瓦が屋根を飾っている。〔施工　金剛組、瓦宇工業所（奈良）〕

本堂妻側屋根

本堂玄関

鬼瓦（瓦守・小林章男氏作）

本堂正面

山門正面・築地塀

【山門・築地塀】

戦災での焼失を免れた山門で、この地域では珍しい。本堂と同様本瓦葺きで修復。築地塀は旧石塀の基礎を利用して積み直し、寺観が整備された。

〔施工　金剛組〕

山門妻側

山門瓦

山門注意書き

国指定名勝

貞観園

貞観堂・茶室など修復

工　期　二〇〇五－二〇〇九
所在地　新潟県柏崎市高柳町岡野町五九三
所有者　公益財団法人貞観園保存会

雪深い山村の名庭園　その本来の姿を取り戻す

村山家は江戸初期に帰農した豪農で、江戸中期からの代々の当主は文化意識が高く、江戸や京都の文化人との交流も盛んで、雪深い山村において見事に文化が花開き、今に受け継がれている。庭園は幕府の御庭師を招いて作られた奥深い景観を持ち、高低差のある瀧石組みや幾筋かの流れ、築山、池からなる。そして、何といっても苔がとても美しい。この豪雪地帯でよくこれだけの庭が作られ守られてきたのかと思うが、主石賓木（庭園において石は主であり、木は客である）の考え方が成功している例である。

戦前の昭和一六年に当時の主の大英断により、財団法人貞観園保存会を設立し、建物を含む指定庭園部を全て寄贈した。それが、農地解放や

貞観堂。真之玄関

貞観堂全景

貞観堂土間

相続時に貴重な文化財を守ることにつながった。

【貞観堂】

貞観園内の主屋を「貞観堂《ていかんどう》」と称している。江戸時代後期、当地方の教育者藍澤南城により名付けられた。天明四年（一七八四）の建築で、同県の笹川家住宅、目黒家住宅、長谷川家住宅より古い歴史を持つ。

大正年間に茅葺きから瓦屋根腰屋根付に変えられていたが、今回の修理では茅葺き型カラーステンレス葺きで復原された。本物の茅葺きは維持管理上困難であること、また周囲全体が指定庭園で貴重な石組や美しい苔があることから、緑青の出る銅板は使用できなかった。

また、戦後の衰退期に維持管理上の必要から各面の下屋庇《げやびさし》が撤去されていたが、それを復元し、庭園との空間が本来の姿に戻った。

内部は、向かって左端の真の玄関と上段の間へ続く書院は、凍結保存の如く良好に守られてきたが、向かって右側の行の玄関から入る大きな土間とその他の部屋は、大きな改造が見られた。この書院は、造作の杉材に拭漆を施し、数奇屋風を取り入れた斬新な造りで、とても質が高く、襖絵なども見事である。土間部分とそれに続く板ノ間は、その梁組が見事で、特に土間部は内部柱を省いて見事な内部空間を造り上げている。

周辺庭園は詳細な実測の後に復旧したが、下屋

三之間

広間

二之間

真之玄関トコ

広縁と土庇

上段之間

庇を復原した箇所は、この石組が見事に下屋と一体になり、驚きと同時に本来の庭園の美しさが取り戻せた。〔施工　加賀田組、坂上建設、日本庭園協会新潟県支部〕

【茶室等三棟】

貞観堂の修理工事後、園内整備の継続事業として、貞観園本園内に複数ある建物の中で、特に歴史的価値および園内の景観上重要と思われる建物三棟について、修理工事を行った。以下にその建物の特長を示す。〔施工　大高建設、中嶋建築、柳工務所、日本庭園協会新潟県支部〕

月華亭

貞観園内には真行草の茶室があり、真の茶室が月華亭《げっかてい》、行の茶室が玄隆斎《げんりゅうさい》、草の茶室が奇嶂庵《きしょうあん》となる。月華亭は、天保・弘化年間頃の建立とみられ、裏千家第十一代玄々斎宗匠に建築の指導を受けて建てられた本格茶室である。茶室の構成は、坐礼式小間、二畳台目本勝手、水屋を付設し、扁額は小堀遠州のものとされる。解体修理中の痕跡調査より、切妻置き屋根は後世の改変であることが判明し、当初の片流れ屋根にて復原した。また、庭園工事では、寄り付きである流水牀《りゅうすいしょう》より月華亭への苑路整備として、素晴らしい延べ段が復元された。

広縁から庭園・抱月楼を望む

抱月楼二階より庭園を望む

抱月楼外観

抱月楼

月華亭の西側には、抱月楼《ほうげつろう》と呼ばれる茶室兼浴室がある。建築年代は明治期で、村山家十代正純翁（抱月翁）が建てたものである。木造二階建て一間半四方の数寄屋造りで、一階は土間に浴槽を置いた浴室、二階は二畳台目向板の茶室となっており、箱階段的な階段を登り、トコ脇の地袋下から席入りするなど、一風変わった設計がなされている。二階の茶席からは庭園や貞観堂が見渡せ、眺望が見事である。入口の土庇屋根は景観に沿うように杉板「とち葺き」にて葺き替えた。

環翠軒

抱月楼の西、貞観堂より心字池を挟んで向かいの高台に建つのが環翠軒《かんすいけん》である。環翠軒は三畳に一尺の脇板を付け、織部トコと茶碗棚を配した茶室である。周辺庭園とともに作事指導したのは、裏千家第十二代又妙斎宗匠とされる。このことより、建築年代は天保から明治中期の間に建てられたものと考えられる。心字池を挟んで貞観堂の縁側から良く見える建物であるため、なるべく当初の木羽葺きに近く耐久性を持った仕様を検討した結果、杉板三分厚による「とち葺き」にて屋根を葺き替えた。雨落ち溝自然石で形成し、庭園と一体化させるなど、庭と調和の取れた建物となっている。

◎図版　庭園配置平面図（本園のみ）（二二〇頁）

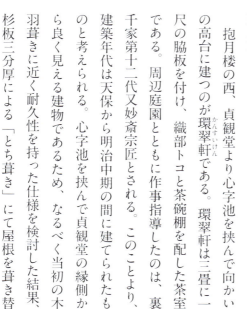

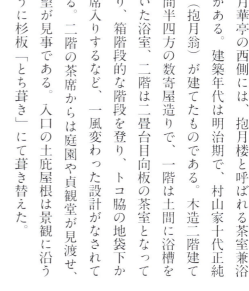

月華亭西側土庇

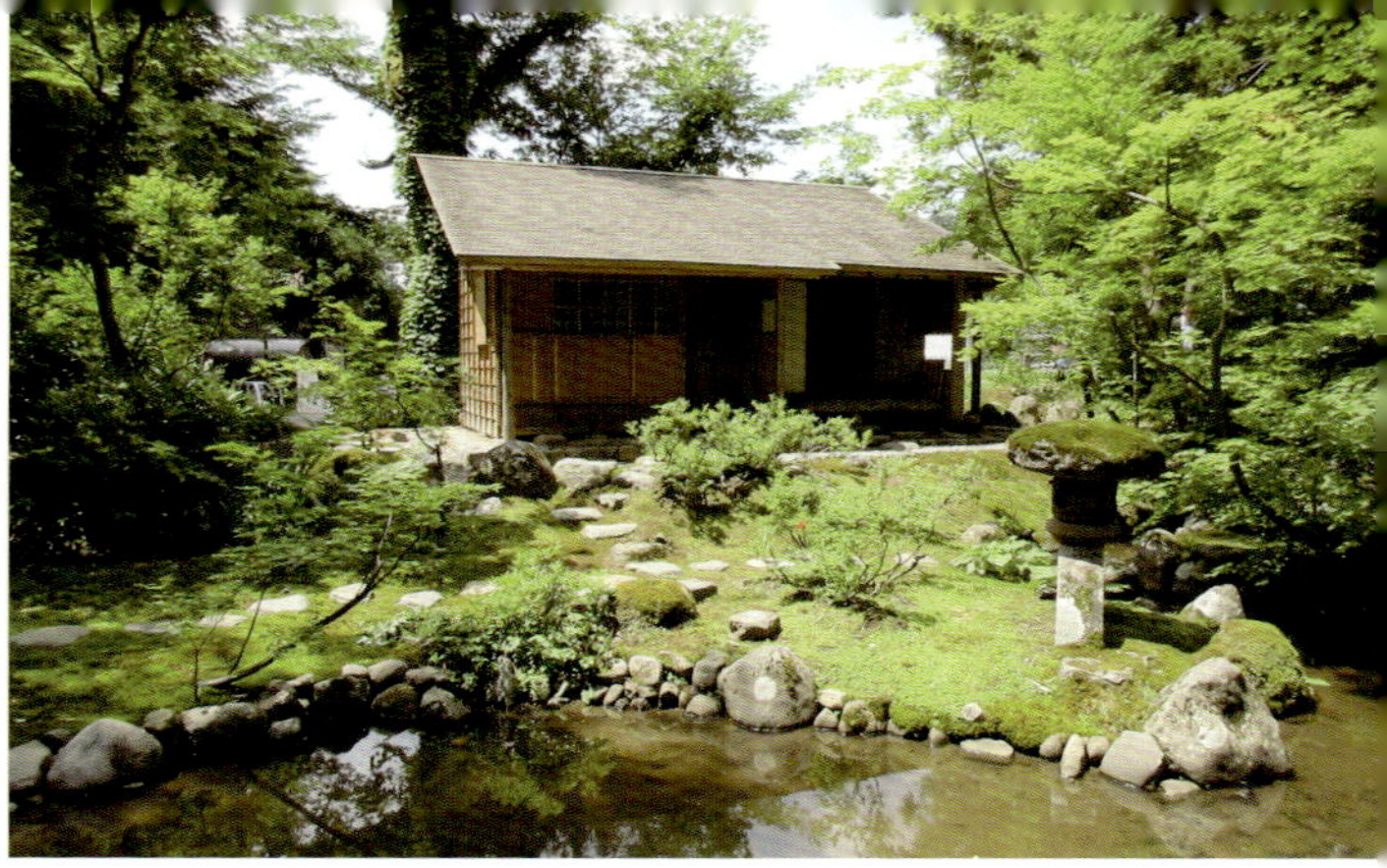
月華亭外観

月華亭茶室入口

月華亭茶室

月華亭水屋

心字池と環翠軒

環翠軒正面

環翠軒遠景

環翠軒前の石組（猿岩）

環翠軒内部トコ

四時庵外観

造営時の思い出

豪雪地帯での難工事をやり遂げていただく

名勝貞観園は雪深い新潟県柏崎市の山の中にある、庄屋村山家が作った庭園です。この庭の中心にある天明四年（一七八四）に建てられた建物「貞観堂」が傷み、修復のための調査を望月さんにお願いしたことで、貴重な建物であることを見つけていただき、平成一七年からの国庫補助金での修復に道をつけていただきました。名勝庭園の中心で、豪雪地帯のため半年しか工事のできない難しい工事をやり遂げていただいた結果、後世の改変が取り除かれ、建てられた当初の姿を目にすることができ、感激したことを思い出します。

修復の結果、庭の核がしっかりしたため、他のところも手を加えたくなり、園内茶室三棟、さらに別園の整備も担当していただき、一五年間で格段に良い庭になりました。一連の工事も、二〇一九年度で完工する予定です。以前に比べ格段に良くなった貞観園で望月さんがおいしそうに地酒（特にお好みだった純米酒）を飲む姿を見ながら、完工を祝えないのが非常に残念です。（公益財団法人貞観園保存会理事長　村山義朗）

業平山 南蔵院

天台宗

苔庵・奥書院移築

工　期　二〇〇四－二〇〇六
所在地　東京都葛飾区東水元二－二八－二五
住　職　日吉聖順

取り壊される建物を移築 生まれ変わった茶室・書院

関東大震災の後に都心の墨田区業平から水元に移転した寺院で、大岡裁判で有名な歴史ある「しばられ地蔵」を祀るが、境内には戦後復興の建物のみが造営されていた。

【苔庵】

この茶室苔庵《たいあん》は明治期の建物で、世田谷区二子玉川にあった不二サッシの迎賓館「幽篁堂《ゆうこうどう》」の庭園茶室と外腰掛である。苔庵は境内の奥にある曼荼羅の庭を境にして、昔流れていた小川を再現し、境内側を彼岸、茶室側を此岸《しがん》として、そこに茶室を移築し、茶庭を整備した。その外観は広間の上に小さな萱葺きの寄棟屋根を設け、その周囲に柱を省いてとても開放的な空間の土庇を設けて

苔庵妻側

苔庵正面

苔庵待合側面

苔庵待合正面

いる。それに小間と勝手が付属するという田舎屋風の珍しいものである。内部は、六畳縁座敷付きの広間と四畳台目切り中柱付きの小間を廊下と水屋でつなぎ、勝手と炉の間が付く、とても使いやすい茶室である。建築技術的にも、空間的にも質が高い。ここより早く幽篁堂より移築した杉並区眞盛寺の暁雲庵とともに、良い茶室二棟を解体から守ることができた。〔施工　英社寺建築、柴田造園〕

【奥書院（旧川瀬家客座敷）】

もと鳥居坂にあった三菱の大番頭豊川邸の客座敷を、成城学園の川瀬家が大切に保存使用されていた建物の移築改修である。建物の移築は、それが現代においてどれだけ価値ある素晴しいものであるかの判断と、解体して組み立てる高度な技術が必要である。さらに、その建物を寺院がいかに大切に活用してくれるかによって、新しく造るより安価な予算で実現できる。

この奥書院は茶道の施設という機能も必要となることから、中に廊下を通し、トイレや厨房の増設、さらに茶室苔庵への導入口として、広い土間と土庇を増設した。このように施主の意向を十分に反映させたが、もとの客座敷の雰囲気は全くそこなわれず、移築改修の好例と言える。葛飾水元の地に、新たに数寄屋の建物と庭による景観が生まれた。〔施工　英社寺建築、鈴木造園〕

小間水屋と小間躙口

四畳台目切り、中柱付き小間

広間縁座敷とトコ周り

六畳縁座敷付広間

苔庵前庭園と待合

柱二本で支えられた土庇

奥書院全景

奥書院二之間

奥書院一之間

奥書院茶室

奥書院土間（立礼席）

新埼佛会館

会館造営

工　期　二〇〇四－二〇〇六

所在地　埼玉県さいたま市浦和区高砂四－一三－一八

木造の唐破風玄関に宗派を超えた意匠を

（一財）埼玉県佛教会は、日本で唯一の土地と建物を所有する仏教会で、その会館の老朽化による建て替えである。一階に大ホールと貸店舗、二階が事務局と会議室、三階が貸事務所と貸会議室である。できる限りの耐久性を持たせるために、少しでも軒を出して瓦葺きとし、一階部分の外壁はタイルで守った。正面の唐破風は木造で、仏教会らしいシンボルとなった。虹梁《こうりょう》の絵様《えよう》は宗派を超えるため古代宝相華紋《ほうそうげもん》を参照した。〔施工　大成建設、岩井建装、英社寺建築、埼三瓦工業〕

新埼佛会館［しんさいぶつかいかん］

外観スケッチ

玄関唐破風正面

正面外観

二階会議室

多目的ホール

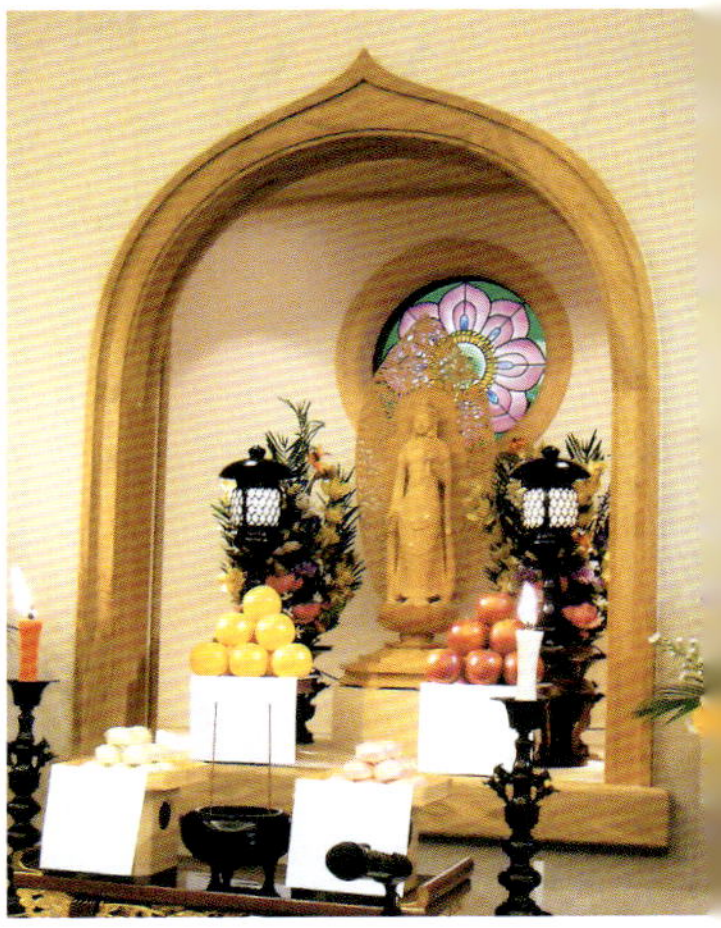

多目的ホールのステンドグラス

本堂正面

鳳臺山 少林寺

臨済宗

本堂・書院造営

工　期　二〇〇七－二〇〇九
所在地　静岡県静岡市葵区沓谷一三四四－七
住　職　伊藤俊昭

均整のとれた入母屋造りの本瓦葺き本堂

【本堂】

静岡市の寺町にある臨済宗の寺院で、寺町移転後の本格的な伽藍造営、既存の鉄筋コンクリート造書院と墓地に囲まれた中にはめ込むように本堂、書院、納戸、そして本堂前庭園と茶庭をうまく配置できた。本堂はバランスの良い入母屋作りの本瓦葺きである。内陣と室中（外陣）は、虹梁と組物で荘厳化することで仏殿化し、外観としては円覚寺舎利殿などに使われている古い形の花頭窓を付すなど、臨済宗本堂としてまとまっている。
〔施工　平井工業、門奈建立、渡邊商店（瓦）〕

【書院】

大玄関から本堂へ入る広い廊下からうまく分か

本堂内部

道路から見た本堂

書院内部

位牌堂

露地

れて、奥の書院と東司への廊下を確保。その廊下から見える坪庭を書院奥の茶室の躙口から入れるように蹲踞《つくばい》のある露地とした。非常に狭い場所であるが、とても落ち着く庭園となった。〔施工 平井工業、門奈建立、渡邊商店（瓦）、玄庭園〕

祥高山 東禅寺

曹洞宗

大書院・庫院・境内伽藍整備

工　期　二〇〇九－二〇一六
所在地　東京都西東京市住吉町一－二－一二
住　職　中野良教

仏教伝来の歴史をふまえ建物と庭を作る

昭和五四年建立の本堂と本玄関、第二庫裡、土蔵、そして山門から本堂前の庭園を残して、新伽藍と境内庭園をきめ細やかに再整備した寺院。計画を進める上での特徴は、住職夫妻、設計者、工務店、庭師がそれぞれの立場で意見を出し合い、まとめあげた造営ということである。第一期工事は小方丈(旧方丈之間）の曳家改修と大書院、庫院造営、第二期工事は本堂の改修と小屋組みの補強、第三期工事は東司と、画期的な出会いにより滋賀県上野神社の解体した本殿と唐門の移築である。それに伴い、大書院庭園、庫院庭園、小方丈庭園が作られた。

【大書院・庫院】

禅宗寺院を象徴する大きな切妻造りの庫院と坐

大きな切妻造りの庫院

大書院一階の接賓

庫院、中雀門、袖塀

禅堂、その奥に一階が接賓《せっぴん》（書院）と茶室、二階に御檀家用の客殿と二之間、庫裡、地下に鉄筋コンクリート造の駐車場という大規模な建物である。建築確認申請の前年に市条例の改正により高さ制限が厳しくなったが、大書院にふさわしい天井高が確保できた。全体構想を練ってからの第一期工事のため、庭側に土庇を設けて茶室に入る飛石を配した。この土庇と軒内土間が、接賓の床高さと庭園との高低差を緩和して庭園への連続感を出すことに成功している。〔施工　金剛組、芝江組、アスカ工業（瓦）、鈴木造園〕

【本堂】

昭和五四年の本堂には、軸組は良材が使われたが、当時盛んに使われた合板の床材や建具材が寿命を迎え、また、小屋組も現在の基準に適さないために、修理と補強工事を行った。本玄関は現在の用途に合わせた改修、廊下は軒をそのままにしながらの拡幅工事が成功した。〔施工　英社寺建築、芝江組〕

【東司・外腰掛】

本玄関からの回廊を延長する形で、墓地境に東司を増築し、更に外腰掛を延長して、大書院庭園を囲う形が整った。

坐禅堂

大書院一階の廊下より茶室

大書院二階の客殿

京間の茶室

【祈祷殿（弁天堂）】

大書院庭園の地形が決まった頃に、京都木澤工務店より、滋賀県近江八幡市の上野神社本殿と唐門の解体材を保管しており、移転先を探しているという話が持ち上がった。本殿は貞享四年（一六八七）の総ケヤキ造りで、間口七尺五寸の一間社流れ造り、建築技法、彫刻、建具もとても質が高く、保存状態も良かった。これを旧弁天堂の復興ということでこの庭園の中心建物にする方針で移築が決定した。もとの柿葺《こけら》き屋根に倣って軒付けまで椹《さわら》の板を積み、重要文化財の修理工事と同仕様の移築復原工事が完成した。〔施工　木澤工務店〕

【三庭園】

①小方丈庭園　小方丈の廊下にそって作られた庭で、禅宗が海を渡ってインドから中国に伝えられた「仏教東漸」を達磨大師や慧可《えか》大師の逸話でまとめられた枯山水庭園。②庫院庭園　本堂前庭園の仕切りとして、上野神社の唐門を中雀門《ちゅうじゃくもん》（曹洞宗の呼称）として移築復原し、軽快な瓦葺きの板塀を回す。この仕切の内側はあたかも別世界であるが、ここに旧庭園があったことから、その原型を生かし、隣地の住宅地は植栽で目立たないようにした。それにより大庫院の庭園として新しい寺観が生みだされた。③大庫院庭園　三方が建物で囲まれ、その奥に祈祷殿を復原することで、自然らしい参道を兼ねた庭園を目指した。本堂玄関

曳家した小方丈（旧方丈之間）内部

移築した唐門（中雀門）

小方丈庭園

中雀門から見た庫院庭園

脇で庫院との渡廊（鉄筋コンクリート造の防火区画）の下を新祈祷殿参道への入口とし、排水用の枯池を弁天池に見立て、それを渡ってお参りする。梅樹や松樹は寺にあったものの移植である。

また、外腰掛は祈祷殿参拝用の控所であるが、同時に大書院茶室の外腰掛の役割を持ち、腰掛前の蹲踞には水琴窟を設け、清澄音を聞かせてくれる。（施工　鈴木造園）

造営時の思い出

卓越した専門知識、豊富なご経験

「望月先生来山」の文字が、平成十七年の拙僧の手控え帳の二月の欄に書かれていました。先生とのご縁の始まりです。爾来、ご他界されるまでの間、当山の伽藍整備計画に対し、言葉では言い尽くせない程のご尽力をいただきました。

当山の伽藍整備計画は、大庫院（書院・坐禅堂・茶室等）の新築に始まり、本堂玄関客殿改修、小方丈（直鈎庵）移築、本東司新築、祈祷殿移築等と庭園造営改修までに及びました。その主眼とするところは、単なる日本の伝統的建築ではなく、当山の歴史や地域の特徴を念頭に置きながら、歴史的建築を現代の布教に生かすことのできる建物を造ることでした。建築では基礎石から鬼瓦まで、改修工事では施工業者泣かせの難工事まで、先生は卓越した専門知識と豊富なご経験とアイデアを駆使して、本気になってその主眼を実現させるために努力してくださいました。今でも先生の優れたご見識とお人柄が偲ばれます。（住職　中野良教）

水琴窟

弁天堂

土庇と茶室への飛石

大庫院庭園と弁天堂

渡廊。俗世間から仏の世界へ

弁天池に見立てた枯池

東司外腰掛

外腰掛。欄間の透かし彫

本堂本玄関

ホールより庭を望む

大庫院二階より見た屋根の重なり

覺王山　髙願寺

浄土真宗

新潟古民家・旧北白川宮書院移築改修

工　期　二〇〇七－二〇〇九
所在地　神奈川県川崎市中原区宮内四－三－一二
住　職　宮本義宣

古民家を移築改修し浄土真宗らしい講堂に

【講堂　至心学舎《ししんがくしゃ》】

最初は古民家を二棟移築して会館と書院にしたいという、古いものを愛する住職からの依頼であった。しかし、新潟県柏崎市にあった田村家住宅は明治一七年（一八八四）の建築で規模が大きく、この広い土間部分を講堂に改築すれば、一棟で目的が果たせるということで解体移築が決定した。保存状態がとても良く、柱や差鴨居は拭漆で美しく輝き、座敷もとても良質な書院造りであった。驚くべきは小屋組の繋ぎ梁で、長さ一八メートルの松材が四本も使われており、移築の際に切断することなくこれも再現できた。講堂

講堂正面玄関

礼拝堂内部を入口から見る

講堂全景

部分は広い土間部分の三方にバルコニー的に中二階を回し、他を吹き抜けとして高い小屋組を見せた。それにより、西洋風ホール的な雰囲気を持つ独特の空間となり、それが浄土真宗の講堂らしさともなっている。

外観は、新潟の柏崎地方独特の妻飾りを持つ長大な切妻造りの瓦屋根と下見板張りで、武蔵小杉の市街地に和やかながら異彩を放っている。〔施工　金剛組、エンデバー（瓦）〕

【旧北白川宮書院　幽篁堂】

旧北白川宮《きたしらかわのみや》書院は、世田谷区二子玉川にあった不二サッシの迎賓館「幽篁堂《ゆうこうどう》」にあった、大正期頃の数寄屋風書院である。幽篁堂庭園売却に伴い、眞盛寺の茶室「暁雲庵《ぎょううんあん》」、南蔵院の茶室「苔庵《たいあん》」などとともに、価値の高い建物として解体保管し、高願寺境内に移築復原された。高床式の広間には一間の廊下が周っており、ほとんど壁を持たず、室内から庭の方々を望めるような作りとなっている。建具や棚など細部意匠が非常に凝っており、部材選定でもこだわりが随所に感じられ、旧宮家の建物として気品を持つ本格的な数寄屋建築である。移築前の玄関に「幽篁」の扁額があったことから、移築後は幽篁堂と名付けられた。

◎図版　講堂平面図（二一九頁）、同梁行断面図（二二〇頁）、同桁行断面図（同）

講堂礼拝堂を壇上より見る

講堂小屋組繋ぎ梁

講堂茶の間より中ノ間・仏間・畳廊下

講堂奥の間

幽篁堂外観

幽篁堂内部

幽篁堂外観

幽篁堂の上下に別れた廊下

幽篁堂茶室

幽篁堂玄関

造営時の思い出

古建築の技術、意匠のすばらしさを熟知

二〇一〇（平成二二）年秋、高願寺では多目的の施設として、古民家を移築しています。およそ三年をかけて竣工しましたが、移築の縁を取り持ち、設計をしてくださったのが望月敬生先生でした。望月先生に最初にお会いし相談したのは二〇〇六年の秋でしたが、当時、新潟の柏崎市にある貞観園の修復を行っておられました。翌年初春、同じ柏崎市によさそうな民家があるということで、すぐに現地捜査に行っていただきました。床下天井裏まで調査した結果、「造作もすごいが、梁がすごい！　一〇間の梁が一本物で乗っかっていて、それも四本乗っている。これにしましょう」という報告でした。その家の当主も引き受け先を長年探していたこともあり、お寺でこの建物をこういう使い方をしたいと話すと話はすぐにまとまり、移築が決まりました。

望月先生のすばらしさは、古建築の技術、意匠のすばらしさを熟知し、それをこよなく愛していたことで、古建築の修復、再生の仕事に先生の凄さがあると私は感じております。（住職　宮本義宣）

高和山 性海寺 福智院

真言宗

神戸市文化財 庫裡・山門修理

工　期　二〇〇八－二〇一一

所在地　兵庫県神戸市西区押部谷町高和一三一六

住　職　十時秀全（造営時）・十時永幸

時代の風雪に耐えた建物を次世代へとつなぐ修復

【庫裡】

文化財修理工事は、その工事仕様の決定が重要で、それによって工期や工事費に影響し、所有者負担が重くかかってくる。この建物も同様で、半解体か屋根替え部分の解体かで検討が必要であったが、保存状態の良さから部分解体で施工することができた。この地方は梁間が二間と二間で、上下に八畳間が二室並ぶ。このような規則が江戸期にはあったと思われるが、この建物は外観は梁間四間だが、内部は奥が二間半の座敷を実現した珍しい例で、小屋組にその工夫が見られる。白蟻の被害も見られたが、特に状態の悪いのが軒先であり、地震被害後に行われたと思われる修理工事

大玄関正面

庫裡

山門と庫裡

がかえって軒先を大きく傷めていた。屋根は軽量化のために、本瓦葺型の一体瓦を使用した。文化財修理工事ではその導入は早い例となる。〔施工 木澤工務店、瓦滝工業〕

【山門】

屋根替え修理工事であったが、薬医門の主柱二本が下から五尺程御影石に取り替えられており、もとの姿に復原して良い景観となった。〔施工 木澤工務店、瓦滝工業〕

◎図版 庫裡桁行断面図（二三二頁）

庫裡東面の妻

庫裡庭園より山門を望む

十畳之間より座敷部を見る

二之間より庭園を見る

板之間（旧土間）

一之間トコと違棚

山門正面

造営時の思い出

毎晩杯を重ねての文化財講義

我が家の番犬ポンタがまだ子犬だった頃の初仕事は、床下にもぐっての庫裏の基壇調査でした。しばらくして望月先生は「この子が顔をなめてなめて」と笑って外に出てこられました。福智院は遠くから見ても、すぐお寺とわかる大きな屋根が自慢です。先生は横に一直線の棟瓦を見て、「少しだけ両肩を上げて、かっこ良くしましょう。上げすぎてはいけません、上品にわからないくらいで。良くなりますよ」。予算の都合上、設計事務所は台所の隅っこでかび臭くゴキブリの巣だらけの誠に申し訳ない空間でした。そこを先生は磨きあげ、仕上げにジャワ風の素敵な版画を飾られました。質素な事務所から素晴らしい文化財修復の気配と志を感じました。「僕は古い建築が大好きなんです」と、毎晩酒の肴の文化財講義。いくら杯を重ねても旦那様のまま、にこやかにご機嫌でしたね。お掃除をして花を活け、香をたき、日々美しい庫裏に感動して暮らしております。ありがとうございました。（住職　十時永幸）

庫裡大玄関（修理前）

山門正面（修理前）

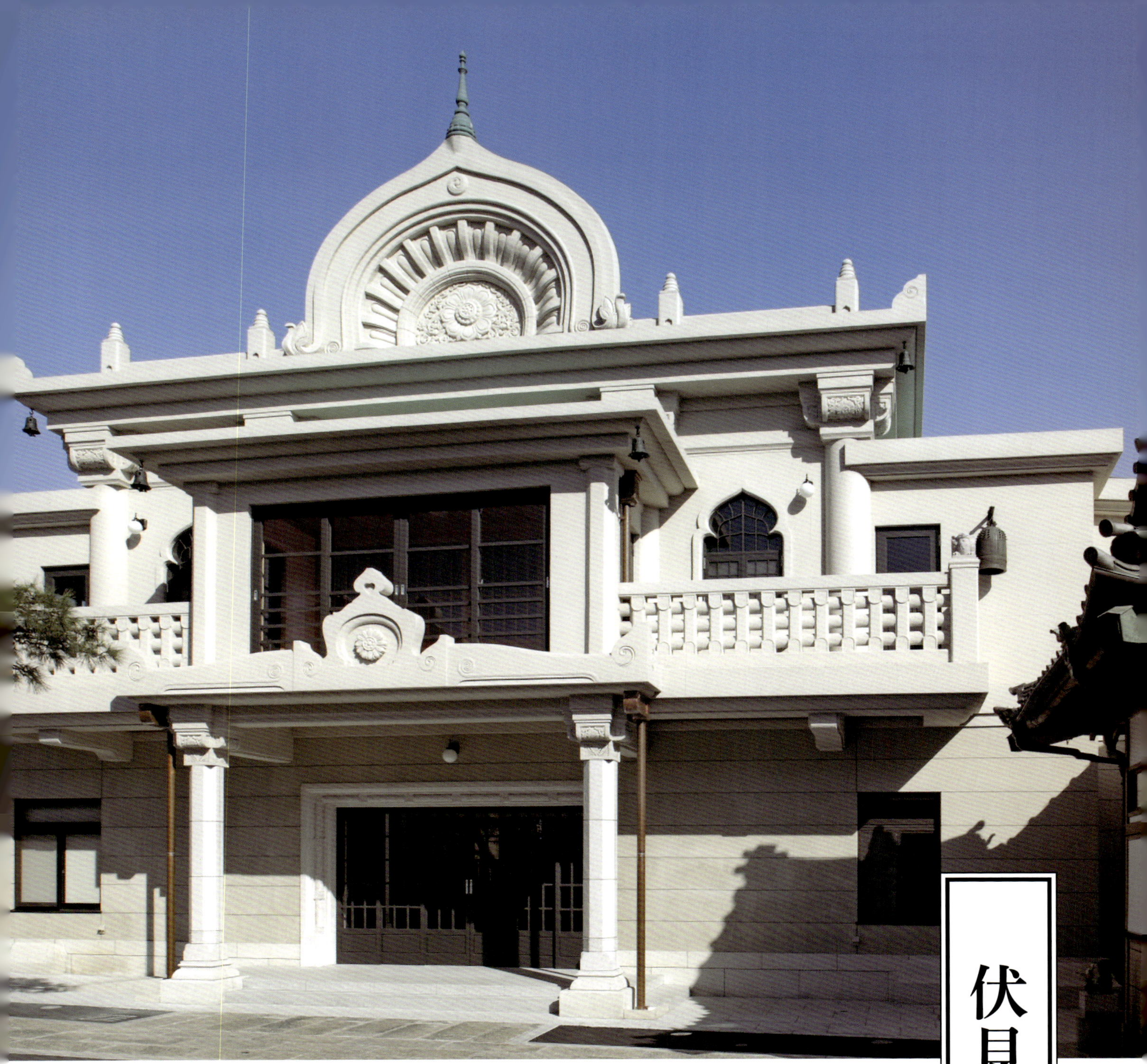

伏見山 正法寺

浄土真宗

本堂・書院造営

工　期　二〇一〇－二〇一二
所在地　東京都世田谷区松原五－四三－三〇
住　職　白川淳敬

築地本願寺インド様式を本格的に導入した本堂

【本堂】

徳川第二代将軍秀忠の時代に京都市伏見で創建され、以来四〇〇年に及ぶ歴史を持つ寺院。

代々の住職が築地本願寺の伊東忠太博士設計によるインド様式の伽藍をこよなく愛した。旧本堂も簡易ながら、その様式を採用していた。新本堂は鉄筋コンクリート造二階建て、本願寺の約三分の一に相当する大蓮華紋の妻飾りを中心に、各所に柱頭飾り等の装飾を、現地を何度も実測しながら忠実に再現した。それによって新たにまとめあげられた新本堂は、まさに築地本願寺インド様式を本格的に導入した建物が実現したといえる。一階がバリアフリーの下足利用のホール、二階が真宗独自の内外陣の様式を木による造作で荘厳化し

伏見山 正法寺［ふしみざん・しょうぼうじ］

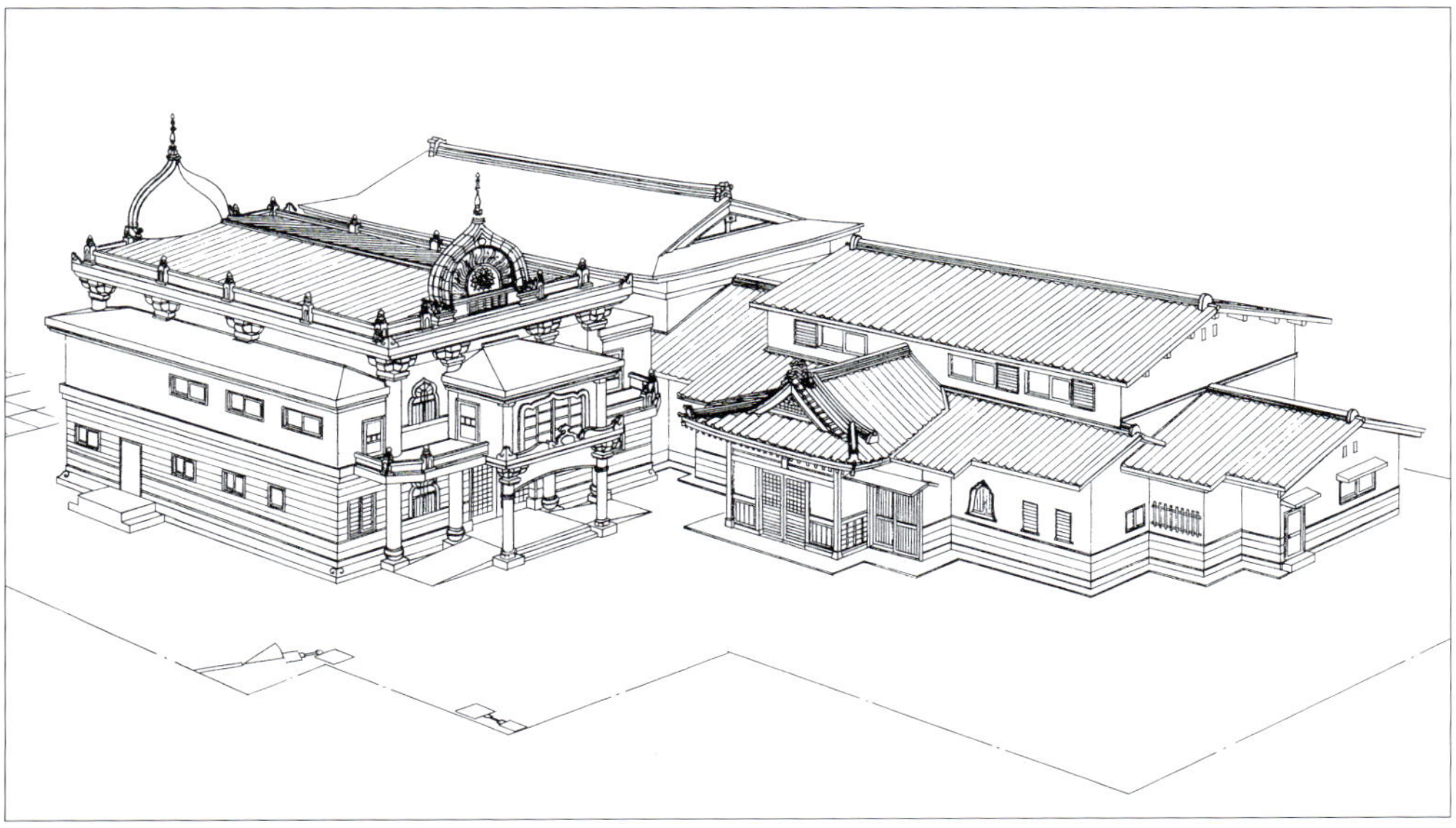

全景スケッチ

書院と本堂背面

本堂

ている。特に注目は階段で、耐火構造が要求されないことから、インド様式の欄楯《らんじゅん》を木造の洋ザクラ材で作ることができた。〔施工　松井建設〕

【書院】

木造の庫裡と直接繋がる書院は、鉄骨造二階で、内部は無垢の造作材で作られている。旧書院で使われていた違棚回りの部材や古いガラスをこの書院に再利用することで、寺の歴史を新たな形で伝えている。〔施工　松井建設〕

本堂柱頭飾り

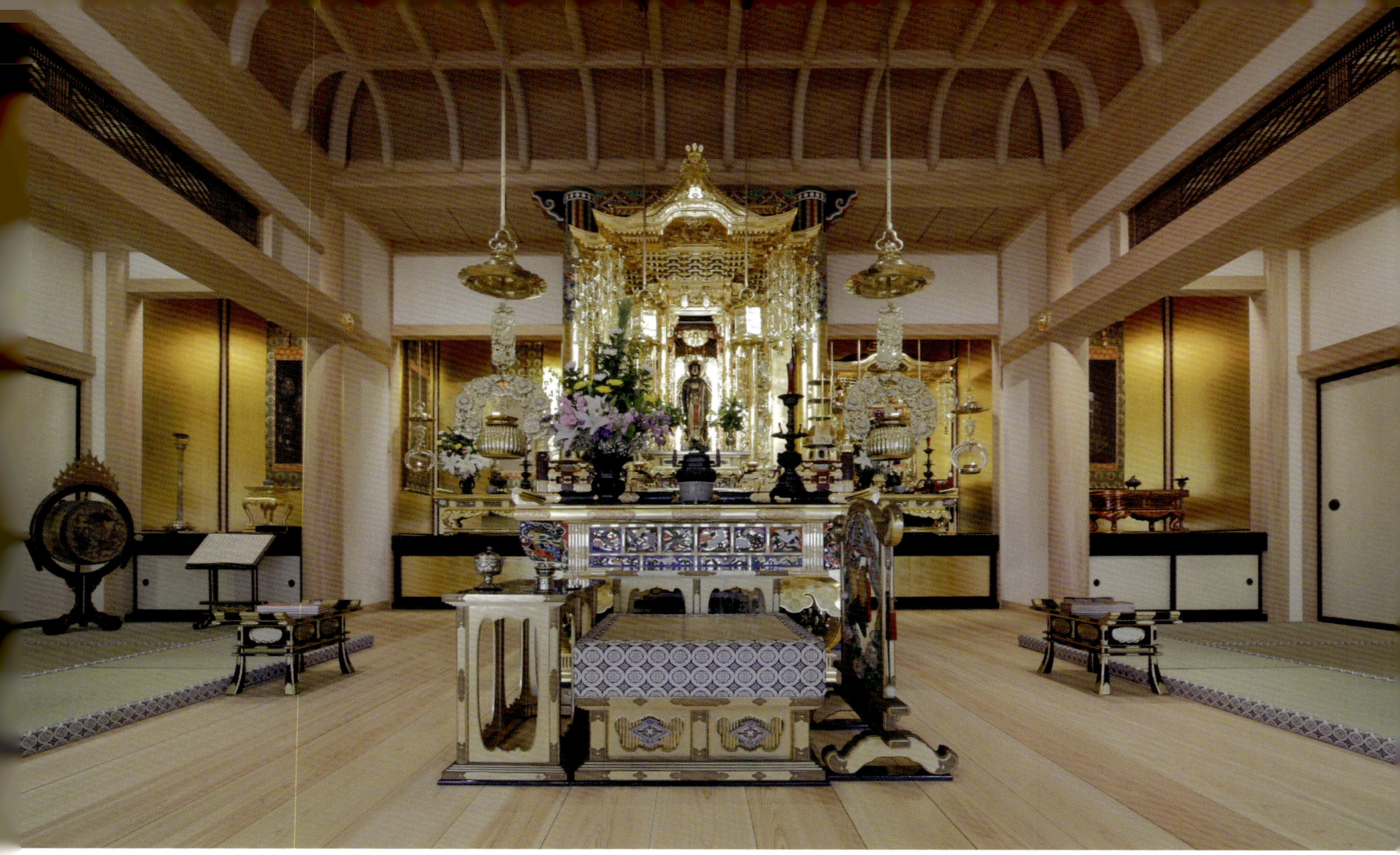

本堂内陣

階段（上）
インド様式欄楯（下）

本堂外陣

本堂壇信徒ホール

伏見山 正法寺［ふしみざん・しょうぼうじ］

本堂火燈窓

本堂から書院に通じる廊下

書院廊下。古いガラスを使った障子

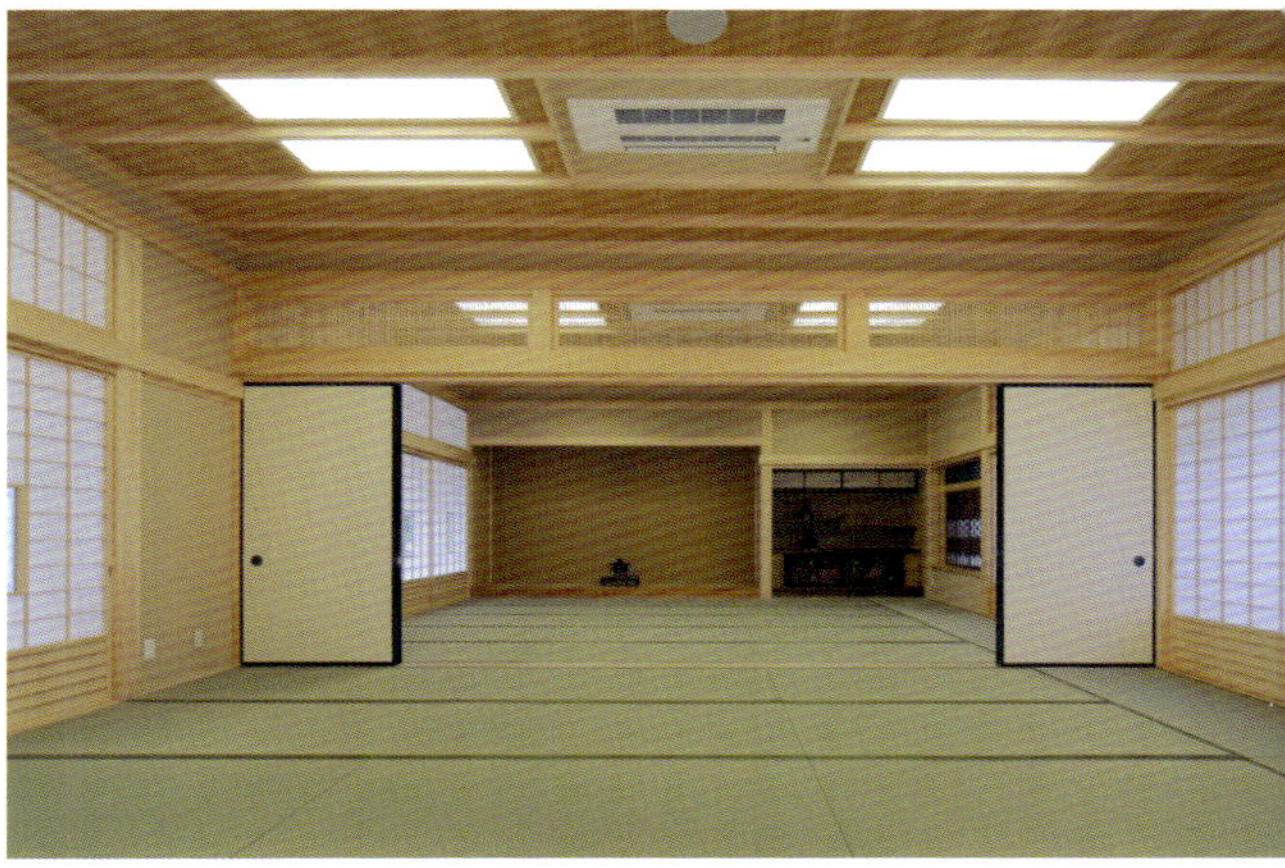
書院一階。二之間から一之間

庭から書院を見る

造営時の思い出
最高だったインド旅行

拙寺本堂庫裡は望月先生の設計監理のもと、二〇一〇年から二〇一二年の二年をかけ、見事に完成いたしました。私の「築地本願寺のようなインド風外観の本堂を」という希望から、先生には大変ご苦労をおかけしました。中でも、築地本願寺の彫刻や意匠の実測調査は大変な作業でした。特に中央ドームの調査は細密で、その数値データを持っているのは望月先生だけだと思います。それにもまして、先生にはインド旅行にもご同行いただき、石窟寺院群の調査をしていただいたのは、最高の思い出となっています。本隊を離れ、先生と二人でムンバイの東、カルラ、ベドーサ、バージャの石窟寺院を訪れたときは忘れ得ぬ時間でした。とても暑い日でした。石窟寺院は山の上にあり、四〇〇段以上の階段を大汗をかいてひたすら上り、たどり着いた石窟寺院の彫刻の数々はとても素晴らしいものでした。先生は「これを使いましょう」とおっしゃられ、実際、そのデザインが本堂入り口の柱に施されています。もちろん、山を下りてドライブインで食べたカレーと冷えたビールは最高でした。（住職　白川淳敬）

龍澤山 永昌寺

曹洞宗

本堂改修、大書院造営

工　期　二〇一二-二〇一六
所在地　神奈川県茅ヶ崎市室田 一-一五-四四
住　職　桑山弘隆

木を大切にする住職が こだわり築いた一大伽藍

昭和五五年建立で、柱や虹梁などの軸組材は良材が使われて良好であったが、斬新にも床組に鉄骨梁が使われており、腐蝕などが進んでいた。この床組の木造による改修、正面は禅宗方丈建築に倣って舞良戸《まいらど》構え、側面はアルミサッシを撤去するなどの改修工事を行い、大書院との廊下をバリアフリー増築した。〔施工　中島工務店〕

【大書院】

本堂と並んで奥に控える大書院の正面性を作るために醍醐寺三宝院書院の中門造りにならった。入母屋造りの妻側屋根から一体となって、正面に切妻造りの屋根を突出させ、それに旧書院の唐破

本堂内部正面（上） 本堂内部大縁（下）

伽藍全景（本堂・大書院・庫裡）

風を付けて、まさに大玄関となった。

木材をこよなく愛する住職が長く保存していた境内の伐採木のケヤキや、使用しない座卓の天板などを、妻飾りや床の間回りに有効に利用できた。本堂と大書院、新庫裡が並び禅宗らしい新しい寺観が整った。〔施工 中島工務店〕

本堂・書院繋ぎ廊下

本堂浜縁

大書院大玄関と本堂側廊下

大書院畳廊下

大書院大玄関内部

大書院玄関より畳廊下

大書院二之間と竹ノ節欄間

大書院一之間

大書院妻側（左は奥書院、右は本堂）

奥書院廊下と東司

造営時の思い出

花咲いた禅・歴史などの談義

望月敬生先生との出会いは平成一八年四月、埼玉県飯能市の大河原木材（株）専務・大河原章吉氏のご紹介でした。当初は拙寺の庫裡を新築するにあたり、将来展開としての大書院の建築位置間取りを境内図に落とし込んでいただく依頼でした。その上で本堂・大書院・庫裡のそれぞれの凡その接点を見出し、接する位置のずれを最小限にした庫裡建築を、とのものでした。

図らずも拙寺役員会で大書院も一緒に建て直そうとの衆議となり、それからは先生との二人三脚となっていきました。伝統的な書院造りをモチーフに、湘南らしい明るさをコンセプトにと考えてくださいました。

先生との談義は楽しく、禅・歴史・建築文化等さまざま花を咲かせて、気が付けば日暮れを迎えるのが常でした。

竣工なしえれば設計士としての役割は終了ではないとすれば、願わくば黄泉寂静中、手掛けられた建造物を幾久しく見守りくだされば、天職とされた先生にとっても私どもにとっても、これにすぐる鴻福安寧は他ないと存じます。感謝洪恩、合掌。（住職　桑山弘隆）

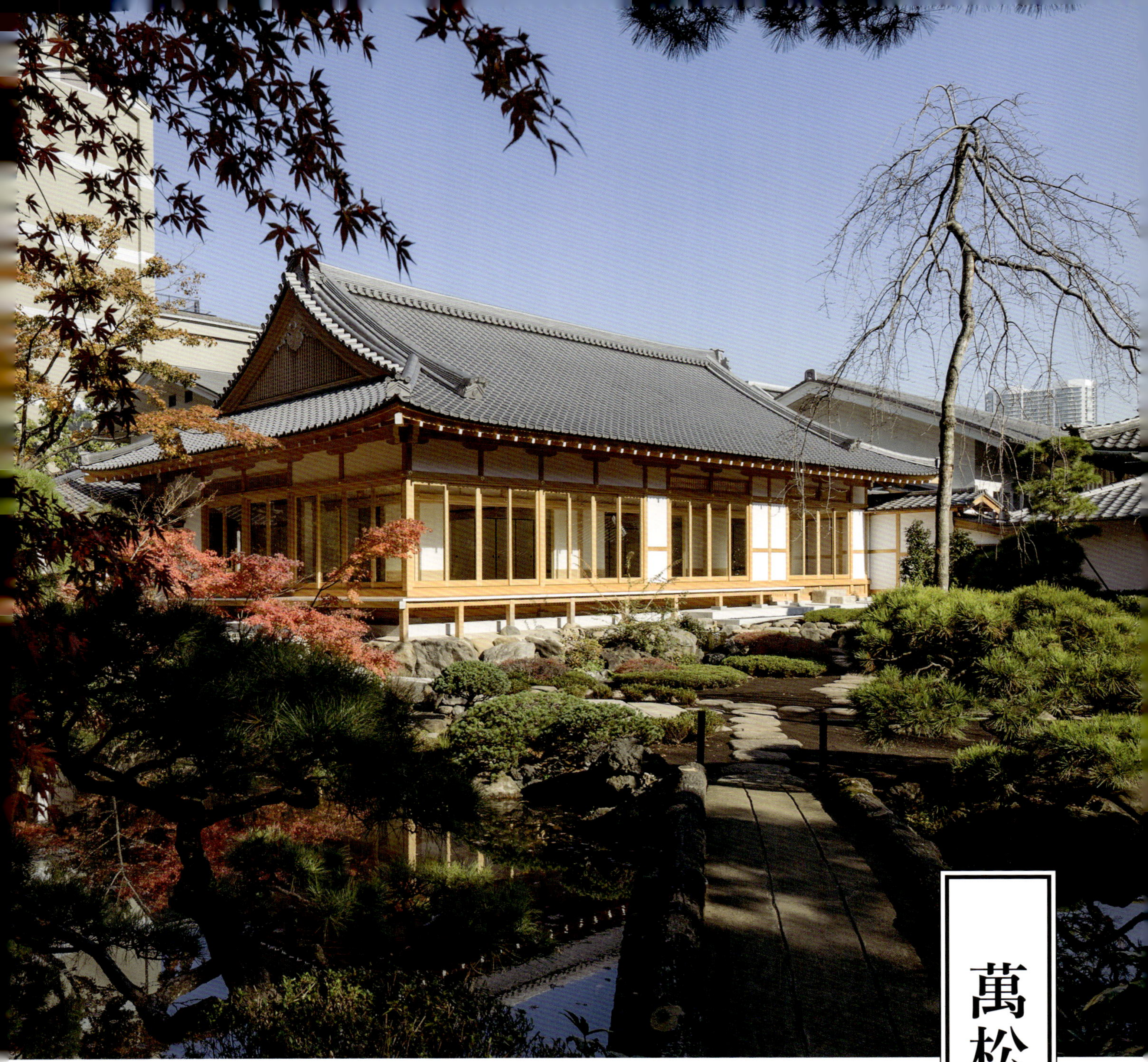

萬松山 泉岳寺

曹洞宗

新書院造営

工　期　二〇一二-二〇一四
所在地　東京都港区高輪二-一一-一
住　職　小坂機融

赤穂義士たちが眠る寺の庭園を望む新書院

泉岳寺は昭和二〇年五月の空襲で、総門、山門、講堂を残して全てを焼失した。その後なんと昭和二五年には、本格的なケヤキ造りの現本堂建立に着手している。これは、東京でも最も早い本堂の再建例と思われる。その後、昭和五八年には庫院、書院が建立されて、復興事業が進んだ。そして、この念願の新書院の建立がその最終となった。

【新書院】

本堂奥には、江戸期の庭を明治期に整備したと思われる池泉回遊式の泉岳寺庭園が広がる。この池の辺り近くまで書院が張り出すために、もとからの流れや庭石を尊重して、それぞれになじませる形で軒内土間や雨落溝に変化を持たせた。その

書院妻側

畳廊下

書院外観

濡縁と庭園（上）　一之間トコ廻り（中）
書院内部（下）

結果、石橋からは龍に見立てた松樹越しに書院が見え、また、書院が水面に映る姿が美しい。

内部は一八畳三間で、一ノ間は奥書院として尊宿（徳高い僧侶）を招く格式高い座敷とした。川越喜多院書院を参考にした持ち送り式の折上げ格天井とし、本格的な江戸初期書院造りのトコ構えを設けた。また、義士忌のために、舞台装置的な設えが取り入れられている。

庭園に面した二方向の畳廊下により、庭園への開放感と庭園との一体感が実現し、新たな庭園鑑賞の場が生まれた。〔施工　佐藤秀、フジイ瓦工業、大野造園〕

◎図版　書院内部スケッチ（二一二頁）

客殿正面

天照山 良忠院 勝願寺

浄土宗

客殿・小書院造営

工　期　二〇一三－二〇一六
所在地　埼玉県鴻巣市本町八－一－三一
住　職　藤田得三

新客殿の建立により寺観を格式高く一新

【客殿】

徳川家康公の祈願によって再興された寺院で、格式高く三〇石の朱印状を拝領した。鴻巣市の宗教的な中心寺院で、お十夜《じゅうや》には近在より多くの人が集まり、楽しんでいる。明治一四年（一八八一）に総門を残して全山焼失、その後の復興で現在の伽藍が成立した。中でも客殿の老朽化は甚だしく、用途的にも現在の使われ方に適合しないことから、修復ではなく、建替えが決定した。外観や大玄関は江戸初期書院造りの様式を導入し、それに旧客殿の玄関を再用して歴史性を残せた。内部は現代に合わせてイス式の書院造りとしたが、外観の様式性との融合性に成功したといえる。とても規模の大きい本堂に対して、この新客殿の建立

大玄関から庭園を見る

大玄関（旧玄関を再用）

椅子式客殿

客殿玄関内部

客殿接賓（上）　小書院一之間（下）

によってまさに寺観が格式高く一新されたが、江戸期と異なり、まさに寺院と檀家の力によってそれが実現したといえる。〔施工　中島工務店、島村工務店、アスカ工業（瓦）〕

【小書院】

本堂への長い回廊の一画に造られた書院で、客殿を通らずに本堂と一体として使用が可能であり、本堂使用時には不可欠な書院となった。和室一五畳および一二畳半二室で構成され、一間廊下にて客殿・本堂間の渡り廊下に接続する。主に僧侶控室として、お十夜や各種行事の時には背面側から入室することもでき、伽藍全体における各建物の使いやすさが向上した。〔施工　島村工務店、アスカ工業（瓦）〕

三時知恩寺

浄土宗

土蔵修理

工　期　二〇一〇－二〇一一
所在地　京都府京都市上京区新町通今出川上ル上立売町四
住　職　伏見誓寛

白蟻被害の小屋梁を内側から木組みで補強

創建は、室町時代の応永年間（一三九四－一四二八）、浄土宗知恩院派の門跡尼寺として、歴史上価値ある伽藍を現代に継承している。依頼を受け、本堂、書院、大玄関・控之間、庫裡・奥之間、憩の間、奥座敷、土蔵、中門・袖塀の概略調査を行った。

【土蔵】
境内の土蔵として派手な飾りはない簡単な作りだが、総二階の本格的な土蔵である。小屋組みの梁二本が、白蟻の被害で危険な状態にあった。修理のために収蔵品を運び出したところ、長持ちに入った江戸初期の掛軸など全て保存状態が良く、

土蔵入口

土蔵外観

大玄関・控之間

軸組補強（小屋梁）

軸組補強（母屋・束）

土蔵入口庇

改めて土蔵の保存環境の素晴らしさに感心した。外部を全くいじらない修理工事であったが、極力金物は使わず木組みにて思い切った補強工事を行った。将来必要となる本格的な修理工事までは、十分にその耐久性が確保されたと考える。〔施工 奥谷組〕

大隆山 法福寺

臨済宗

本堂造営

工期　二〇一一－二〇一三
所在地　千葉県安房郡鋸南町勝山四〇九
住職　吉田正道

臨済宗方丈様式でまとめた本堂

大本山建長寺直末《じきまつ》の寺院で、この辺りには建長寺派が多く、海上交通時代には鎌倉に近かったかが伺える。基本設計の委託で、玄関、書院、水屋を含む形で臨済宗方丈様式の本堂にまとめ、その本堂にこの地域の宮大工の装飾が加えられた。寺院と檀家、そして地元の棟梁による努力の結晶により新伽藍が完成した。〔施工　藤倉建設〕

本堂内部

大隆山 法福寺［だいりゅうさん・ほうふくじ］

全景スケッチ

長谷寺境内より本堂（右の建物）を見る

本堂を海側より見る

落慶時の本堂

長谷寺観音堂

本堂正面

妙法華経山 安国論寺

日蓮宗

観音堂造営

工　期　二〇一二―二〇一五
所在地　神奈川県鎌倉市大町四―四―一八
住　職　玉川覺祥（造営時）・平井智親

床下に遺構を保存し 松葉ヶ谷の歴史を伝える

安国論寺は広大な寺域を守る日蓮宗の名刹である。山門を残してその伽藍は、昭和三七年に焼失後に再建された本堂を中心に、御小庵を除くその多くが戦後の建物と思われる。明治期に建立の書院と玄関に接続する形で観音堂が計画された。敷地は借地にしていたためにとても荒れて、景観を損ねていたので、その改善も含めて選ばれた。ところが発掘調査の結果、ここから南北朝期の非常に珍しい鉄器類、そして鎌倉初期の屋敷跡から井戸が発見された。さらに驚くべきは、住職がその遺構を埋め戻さずに保存すると決めたことである。基礎の変更申請をして、完成後にはそれを床上と床下から見学できるような装置を作った。観音堂は鉄骨造二階建ての大きな建物で、一階が観

公道に面した観音堂の外観

唐破風玄関正面

発掘跡から見られる装置

一階観音像をまつる多目的ホール

大書院と廊下

二階大書院

御硯水覆屋と化生窟

観音堂全景

音像を祀る檀家用の多目的ホール、二階は大書院となっている。特にホールは最新の技術を導入した照明装置が付けられた。公道に面した外観は穏やかな寄棟《よせむね》造り瓦葺きであるが、まさに新しい寺観がここに生まれた感覚である。〔施工　佐藤秀、フジイ瓦工業〕

妙光山 真浄寺

日蓮宗

本堂・書院・庫裡造営

工　期　二〇一三―二〇一六

所在地　東京都港区麻布台一―三―一八

住　職　大島久明

正面

側面

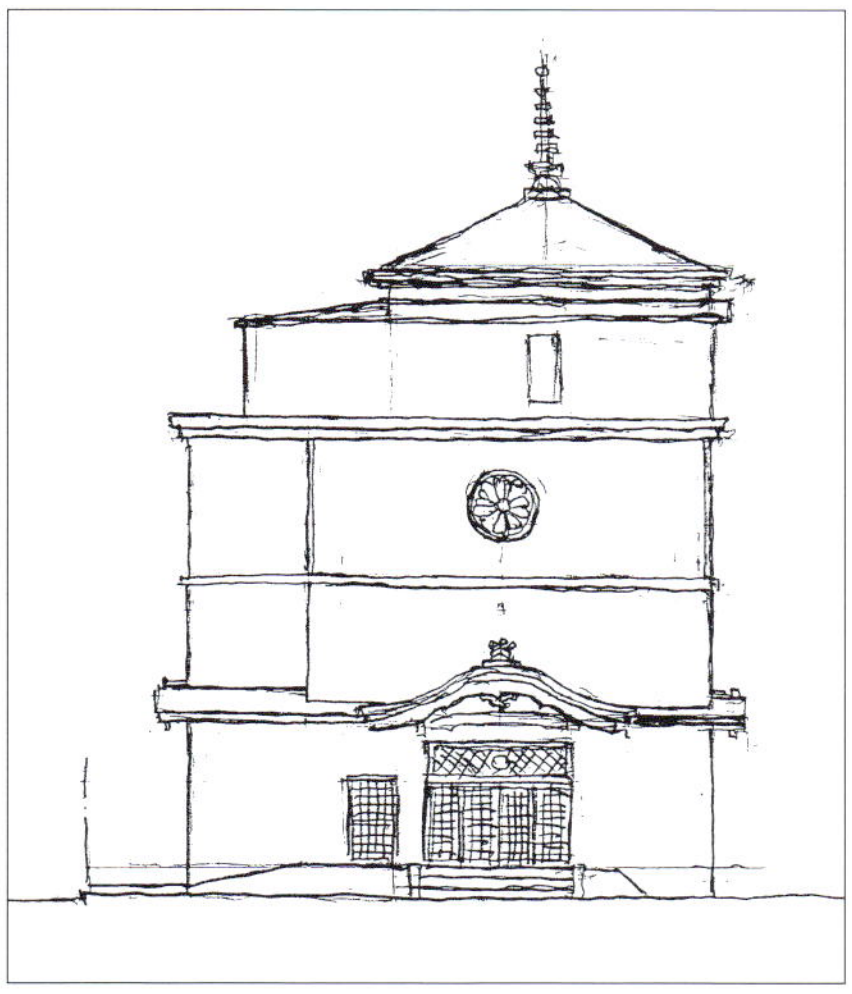

正面スケッチ

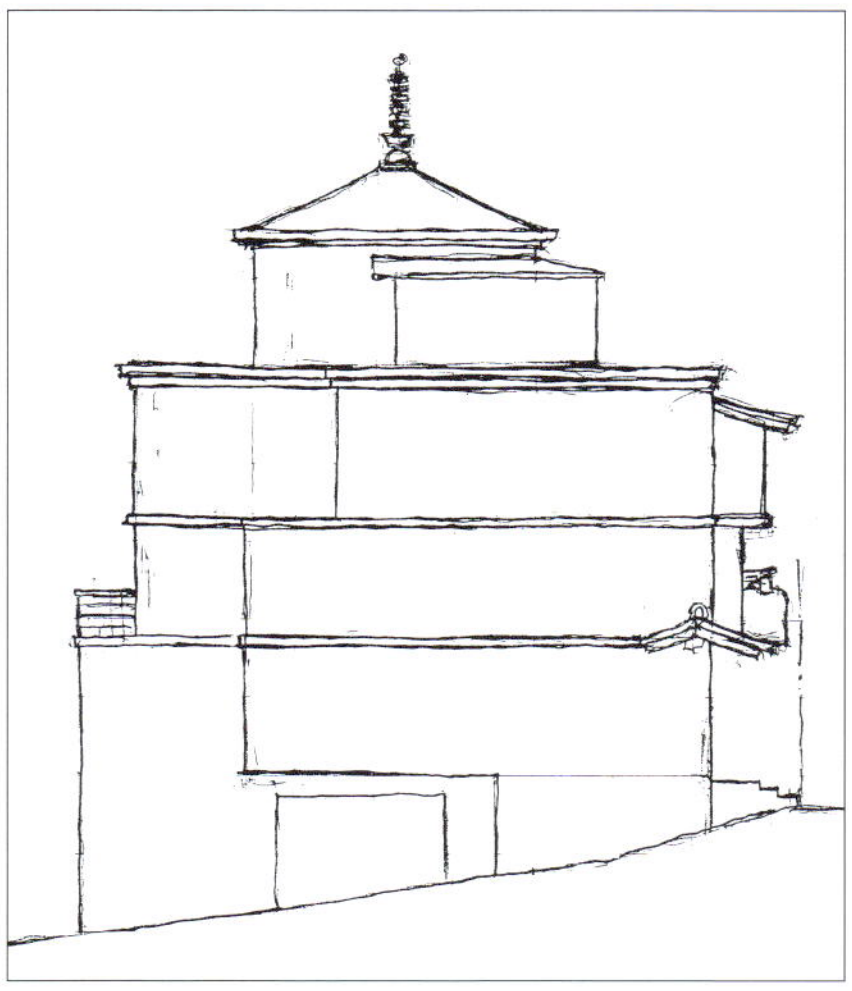

側面スケッチ

都心の限られた敷地に垂直方向の伽藍を建築

まさに空襲の惨状の跡に粗末な仮本堂から復興した寺院で、本堂、庫裡と墓地が渾然一体の状況であった。

最初に墓地整理をして敷地を明確にした。そこに一階駐車場、二階大玄関・書院、三階庫裡、四階本堂、五階控え室と倉庫という鉄筋コンクリート造五階建ての、垂直方向の伽藍が完成した。角地による高さ制限が複雑であったが何とかクリアして、鉄筋コンクリート造を守る方形《ほうぎょう》屋根を付けた。寺院を象徴するように相輪《そうりん》の飾りを付け、正面には唐破風《からはふ》屋根を設けることができた。正面道路から側面道路が急な下り坂のため、正面大玄関が二階になるが、自然な形で解決された。

書院のトコ回りには、旧書院のトコ柱などを再利用した。欄間飾りは椅子式のため、仏教発祥の地インド様式を取り入れた。

本堂で特筆すべきは、内陣の丸柱と大虹梁の中に、御宝前と両脇陣を途中までにすることで、一体として納めることに成功したことである。〔施工 芝江組、土屋金属工業〕

本堂内部

欄間

工夫された須弥壇

方形屋根と相輪

二階書院

唐破風玄関正面

玄関内部

唐破風玄関側面

造営時の思い出

当寺のシンボル、相輪をご提案いただく

望月先生との出会いは、港区白金台の覚林寺の清正公さまが結んでくださいました。このお寺の本堂落慶の際、偶然先生とお知り合いとなり、数年後私のお寺の建て替えの折、連絡をしましたら快く建築の相談に応じてくださいました。

都心のお寺で限られた敷地しかとれないこと、その敷地もかなり急坂に沿った傾斜地にあることなど、設計にとりかかる前から問題山積でしたが、傾斜を利用した最下階の駐車場利用や、建物を五階建てにすることによって、広さを確保していただけました。

付近には大使館も多く、外国人も行きかう場所柄でしたので、先生は「ここにお寺があることを示したい」とおっしゃって、銅板敷の屋根中央に相輪をつけることを提案してくださいました。国の重要文化財で、関東最古といわれる大田区池上本門寺の五重塔の相輪を参考にされて、見事なお寺のシンボルを建ててくださいました。（住職　大島久明）

天心山 神勝寺

臨済宗

旧建長寺禅堂・旧賀陽宮邸表門移築

工期　二〇一二－二〇一四

所在地　広島県福山市沼隈町大字上山南九一番地

住職　小堀泰巖

多くの修行僧を育てた建長寺禅堂の移築・復原

【禅堂（旧建長寺禅堂）】

京都建仁寺派の末寺で、広大な境内地に諸堂、諸施設が点在するが、新たに国際禅センターを造営することになり、この移築が決定した。

文化一三年（一八一六）建立で、室町後期から江戸期を通じてようやく建長寺に再建された禅堂である。史跡内建物としての価値があるため、文化庁の指導もあって、西和夫博士が解体工事の監督となった。土台、壁、小屋組を構造補強して、屋根は二重梁に萱葺きの痕跡が残っていたので、古絵図のように復原可能であった。建長寺で多くの修行僧が育ってきた建物が、ここ福山の地で新

禅堂聖僧壇

禅堂内部

表門軸組意匠

神勝寺庭園

禅堂外観

しい営みが始められている。〔施工　ツネイシクラフト&ファシリティーズ、カワキタ建築〕

【旧賀陽宮邸表門】

京都御所にあった旧賀陽宮《かやのみや》邸表門が、神勝寺旧国際禅センターの山門として移築されていたものの再移築。現在でも御所で見られるようなケヤキ造りの最大級の薬医門で、袖塀、築地塀と合わせて雄大な門構えの寺観が整った。山門内には、中根史朗氏の設計による大きな池泉回遊式庭園が美しく広がり、禅センターへと導く。〔施工　ツネイシクラフト&ファシリティーズ、宮原建設〕

旧賀陽宮表門正面

旧鴇田家住宅

千葉県指定有形文化財

災害復旧

工 期　二〇一三－二〇一五

所在地　千葉県習志野市実籾二－二四－一　実籾本郷公園内

南関東では例が少ない曲家の震災からの復旧

鴇田家は江戸時代東金街道沿いにあった実籾村の旧家で、南関東で現存している例が少ない「曲家」である。同家に伝えられている「大工手間日記」により、享保一二年（一七二七）に建てられたことがわかっている。

東日本大震災による液状化現象で基礎に大きな被害を受け、建物は床の不陸、木部の一部破損、土壁の大半に亀裂が生じた。発見したことは、扠首《さす》に固定されている屋中竹《やなかだけ》の六～七割の荒縄が緩んでいたことで、ここで地震力が吸収されていたと判明した。近代的な剛構造の基礎と柔構造の木造民家の組み合わせにより、この現象が助長されたとも考えられる。〔施工　佐野工務店、藤井造園〕

旧鴇田家住宅［きゅうときたけじゅうたく］

液状化による不同沈下

基礎修復のための曳家

土間部分（復旧後）

外観（復旧後）

緩んだ荒縄

庭園（復旧後）

木舞より剥落した土壁

震災被害（外壁亀裂）

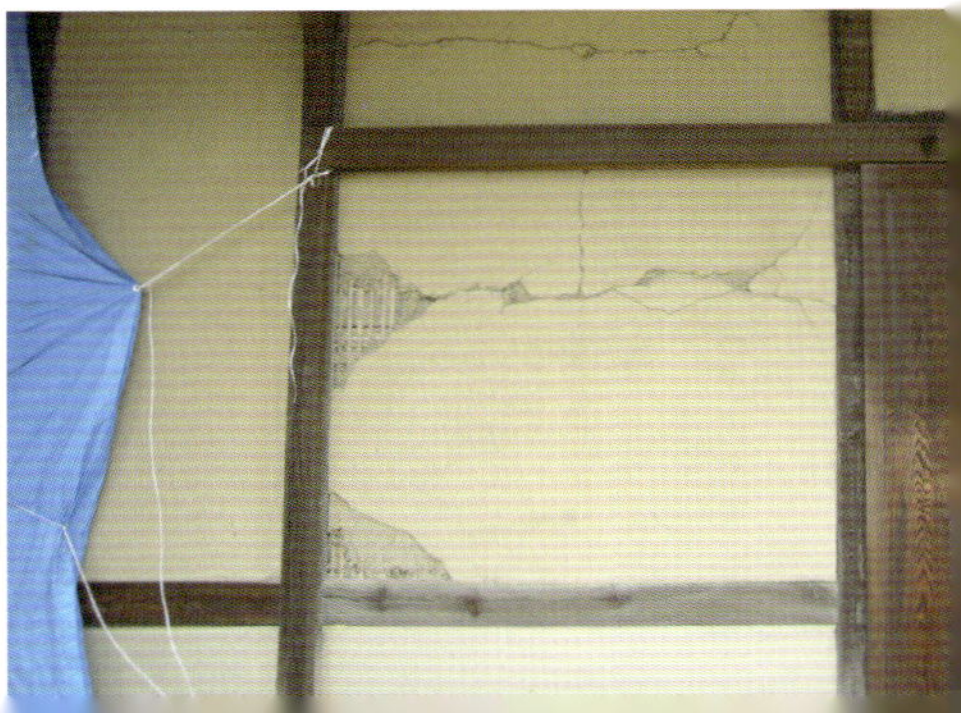

山門正面

白津山 正法院

曹洞宗

山門建立、鐘楼堂基本設計

工期　二〇一六-二〇一七
所在地　秋田県北秋田市鎌沢家ノ南四五
住職　清水忠道（造営時）・清水道広

茅葺きの優しいむくりを伝える銅板葺き山門

古くは秋田県北部、白津山の山岳修験に発する正法院は、北秋田市鎌沢の地にて明暦三年（一六五七）に開創された曹洞宗寺院。山内には「鎌沢の大仏」として知られる丈六仏と、それを安置する大仏殿が建つ。

【山門】

左右一対の仁王像を安置する幅三間の規模で計画された。穏やかな姿でとのご住職の希望から、屋根は起りの付いた寄棟とし、参詣者の通る中央間には落雪しないようにと正背面ともに軒唐破風を設けた。化粧垂木には力垂木を疎らに打ち、新しい表現を試み、反面、両脇間には花頭窓を配して、伝統的な禅宗寺院らしさを感じてもらえるようにした。

鐘楼

寺側から見た山門

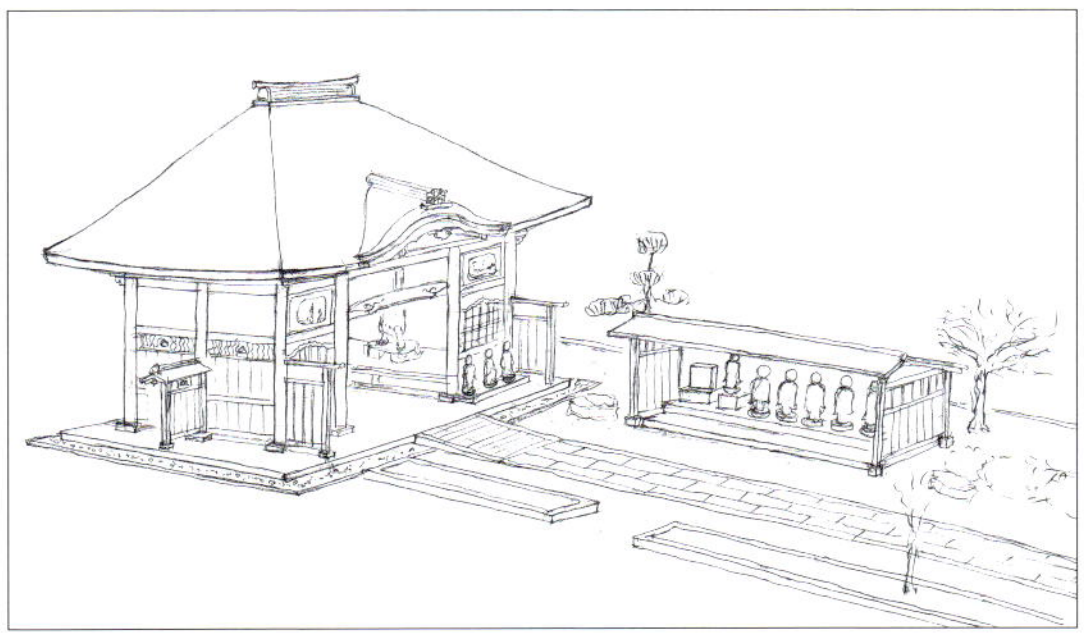

山門スケッチ

山門内部と鐘楼と大仏殿

造営時の思い出
温かみのある美しい「むくり山門」

望月敬生先生とのご縁を賜りましたのは平成二五年から五年余りの短い期間でありましたが、その間に鐘楼堂と山門を手がけていただきました。

　山門は、先生がお受けになった最後のお仕事と聞いております。体調が優れない時にご無理なさったなと思い起こされます。打ち合わせにおいでの節は、いつもと変わらなく穏やかに接してくれました。私の地域は以前、農家の大半は茅葺き屋根の優しい「むくり」造りでした。今はなくなったむくりの姿を山門に表し、残したい。先生は意をくんで笑顔でうなずいて、「銅版のむくりの形は手がけたことはなかったが、いいかもしれないね」。

　次の朝驚くことに、境内の伽藍と周囲の木々に至るまで綿密に描かれた中に、「むくり山門」の完成スケッチができていました。昨夕は結構お酒も進み、お疲れもありすぐ休まれたのではと思いながら伺いましたら、「朝少し早く起きて」と笑顔で答えてくださいました。温かみのある線の美しい山門が完成しました。

　後日奥様が訪ねてこられ、ご逝去されるまでの仔細を伺い、意志の強さにただ驚きと敬意を述ぶるのみです。賜りましたご縁に感謝申し上げ、ご冥福を心よりお祈り申し上げます。（東堂　清水忠道）

一乗山 究竟院 教安寺

浄土宗

本堂建立

工　期　二〇一四－二〇二〇（予定）
所在地　神奈川県川崎市川崎区小川町六－二
住　職　野呂幸忍（前）・野呂幸裕

鉄筋コンクリート壁式構造で木造とみまがう本堂に

ＪＲ川崎駅から歩いて五分に位置する寺院で、旧東海道に面している。焼失をまぬがれた木造の山門と鐘楼、そして奥にある本堂と樹木によって、この一画だけが、ビル街の中で穏やかな景観を提供してくれる。この本堂は昭和三五年建立で、戦後早い時期の復興である。鉄筋コンクリート造でありながら、軒から上は木造で造られ、地下には納骨堂を設けるという、当時としては斬新な建物であった。しかし、耐震上の問題や木造屋根部の老朽化から建替えが決定した。

新本堂は、防火地域のため鉄筋コンクリート造であるが、正面は旧本堂が丸柱に吹き放ちの空間であったため、それにならって正面に裳階《もこし》を設け、吹き放ちとした。木造の緩和により主構造ではな

教安寺全景（上棟式）

旧本堂

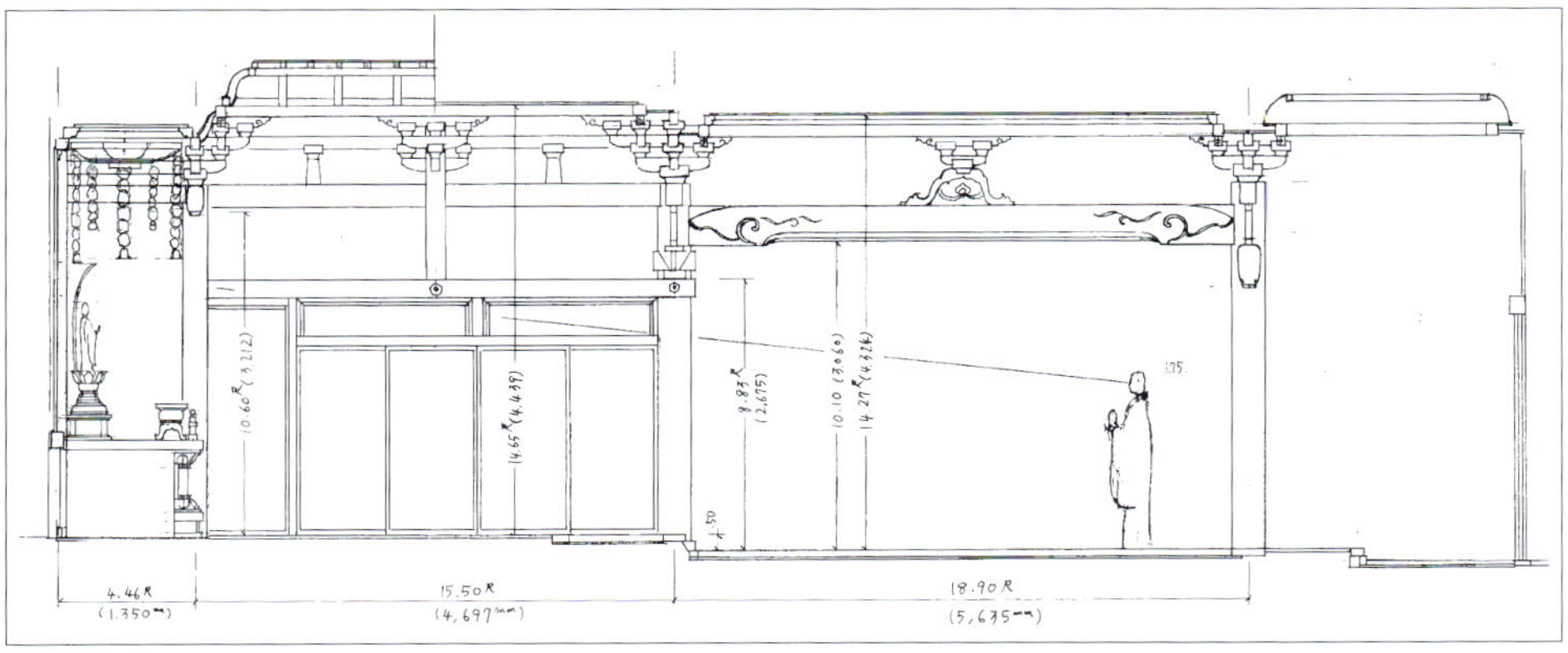

内陣外陣断面スケッチ

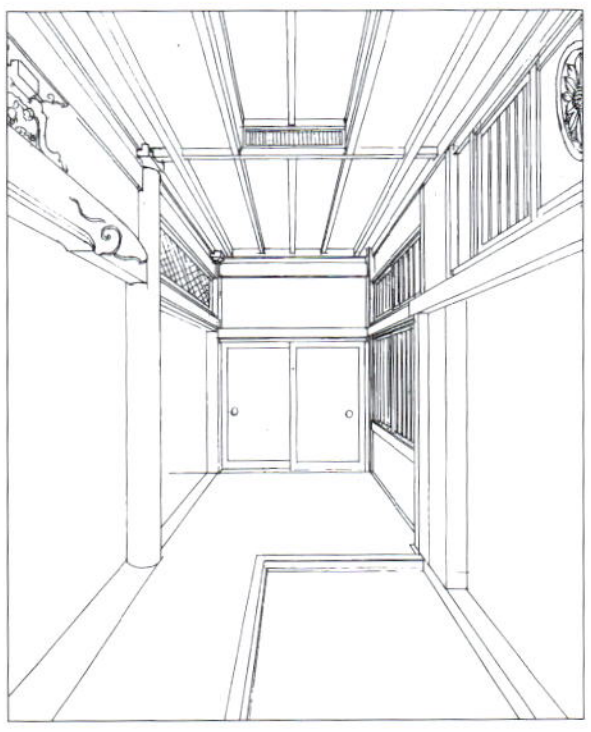

広縁スケッチ

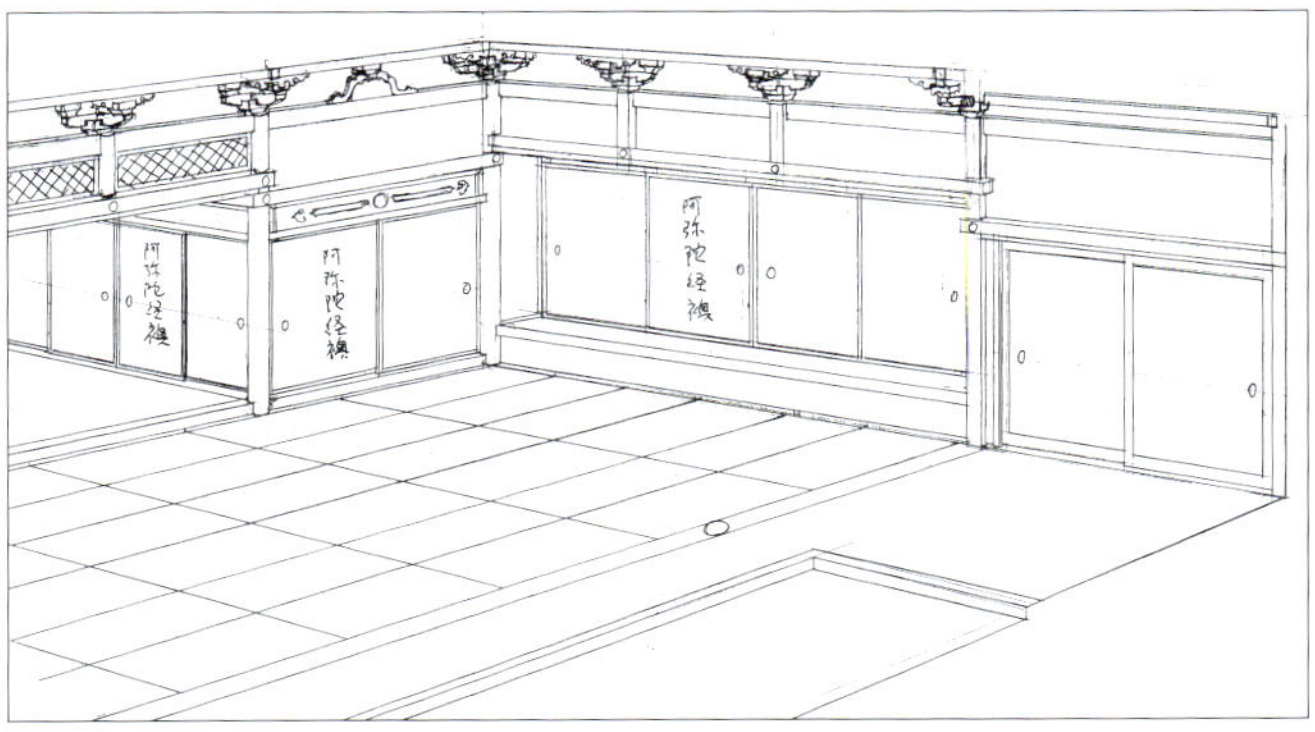

外陣スケッチ

教安寺新本堂完成予想図

いことから、この裳階は屋根以外木造で造ることが可能となった。内部は、やはり旧本堂の間取りが機能的に使いやすいことから、その平面形式を踏襲した。内部空間は現在よりも格式高い宗教空間の大きさにして、虹梁や組物で荘厳化した。

画期的なことはその構造で、鉄筋コンクリート造の一階と地階であるが、柱を立てずに壁式構造にて実現できたことである。それによって柱型を隠す必要がなくなるという、鉄筋コンクリート造の本堂としてはそれまでに例を見ない建物となった。

◎図版　本堂平面図、同正面図（二一三頁）

本堂の梁（上棟式）

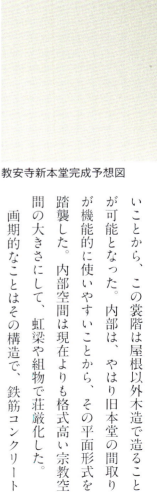

建築部材名称（建長寺大徹堂）

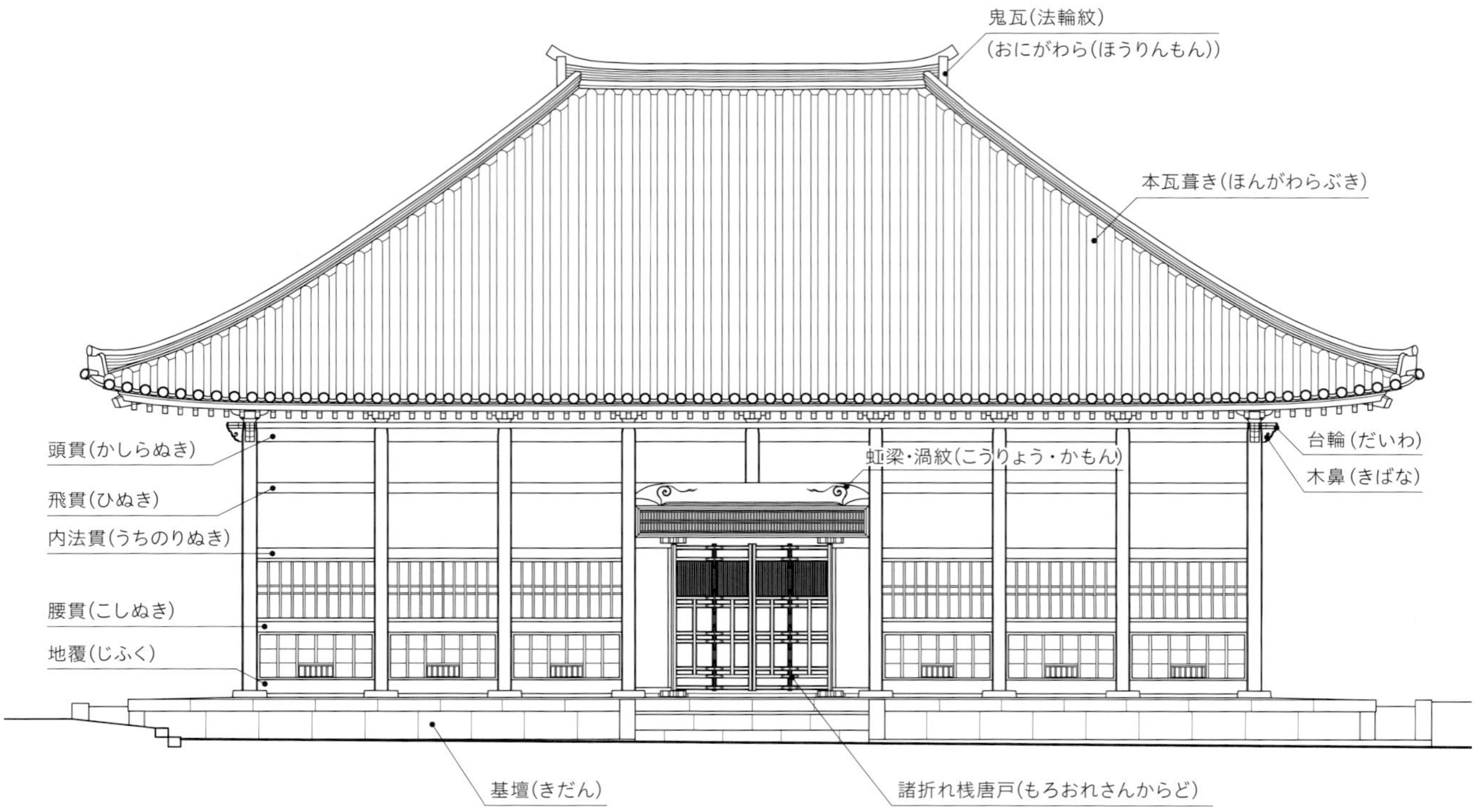

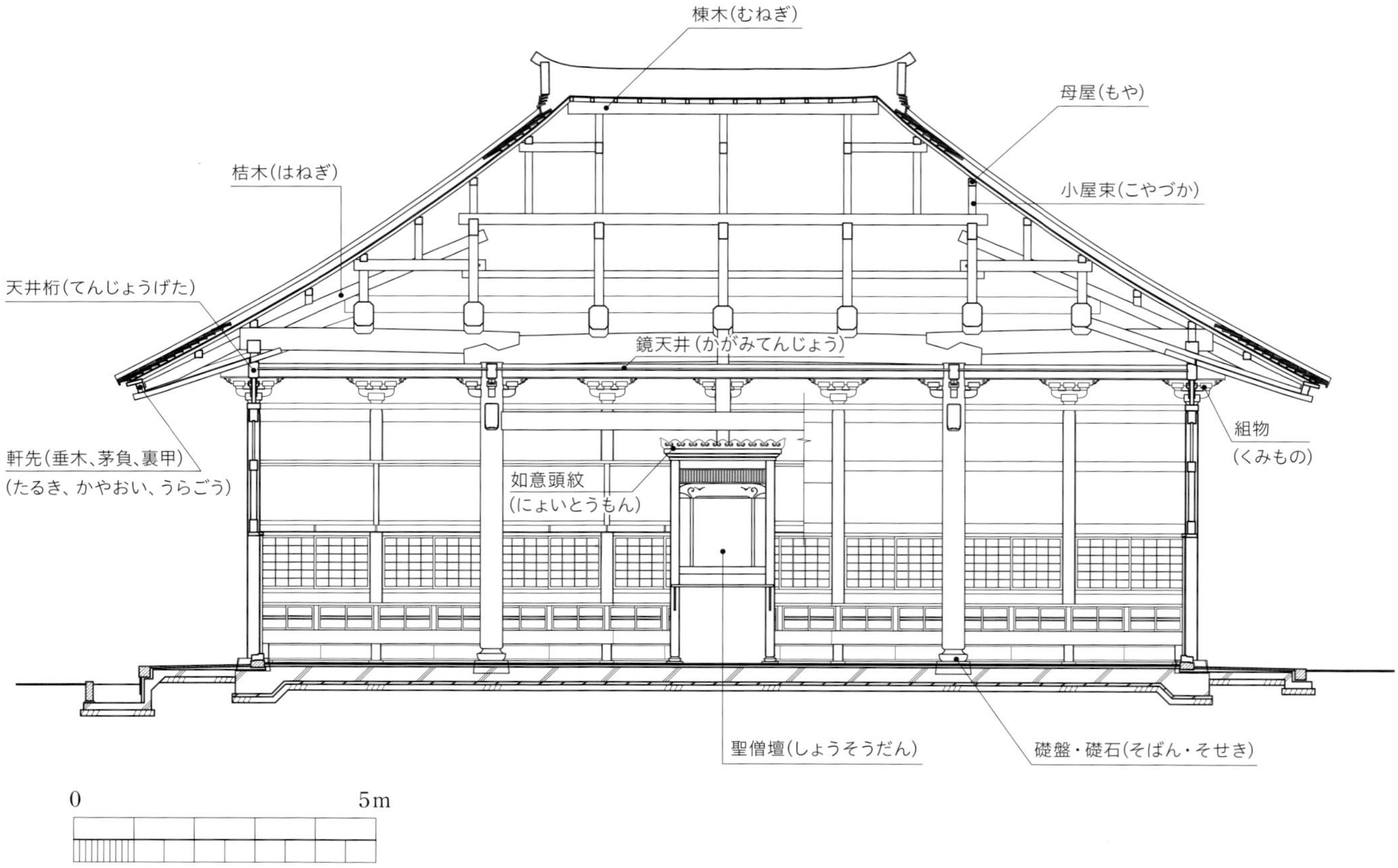

第二章

庭と建物は本来一体である

――日本建築と日本庭園を守り、作る

はじめに

建築史学者であり、文化財建造物専門審議委員であられた早稲田大学名誉教授・渡邊保忠先生のもとで一二年間、日本建築の設計の修行をし、平成元年よりは文化財庭園専門審議委員であられた龍居竹之介先生のもとで日本庭園を学ぶことができた。日本でもこだわりで有名な両先生から教えを受けたことは大きな財産となっており、設計業務の根幹となっている。その視点から日本庭園と建物について考えてきたことを伝えたい。

一　建築と庭園の一如について

古来より様々な時代に多くの庭が造られてきたが、そこには必ず建物がある。建物が主体の庭も、庭園の中の建物も、その両者が不即不離か、またそれ以上の関係を保ちながら千数百年の歴史を伝えてきた。その中でも我々が身近に感じ影響を受けているのは、室町期の禅宗庭園および書院造り庭園、桃山・江戸初期の数寄屋（茶室）の庭園、江戸中期以降の大名庭園や豪農豪商の庭園、江戸後期の庭文化普及による庶民の庭や茶庭であると考えて、建物との関係を分析していく。

日本建築には庭を取り込み、鑑賞するための装置が備えられており、最も代表的なものが縁（縁側や濡れ縁など）という半外部空間である。これは日本建築の特徴である深い軒の出や庇の内側に、吹き放ちの板の間を設けた空間であるが、この縁と軒の水平線によって庭の上下が切り取られ、庭に額縁効果が得られる。また庭を観賞するためのこだわりや技術として、縁の先の柱を省略する構造や、視線を隠すための脇障子、庭に下りるための沓脱石なども庭と建物の中間の存在として取り入れられている。日本建築を特徴としての柱・床・鴨居・長押・天井で構成された壁の少ない建物は、開放的な空間となり、庭の観賞に適している。また室内から座して庭を見るため、床の高さなども考えて作られている。また庭からの景観も圧迫感のある姿ではなく、軒先の反りや屋根の曲線によって、周辺の自然と限りなく調和する。

次に日本庭園が持つ鑑賞装置であるが、借景を助ける樹木（都市部では周辺構想ビルを隠す遮蔽木）、建物へと誘う変化に富んだ延段・敷石・飛び石、主要室からの景観構成として池泉や築山や石組み、夜の景観を演出する各種灯籠などが挙げられ、これらの装置によって庭園がより演出され、鑑賞者を楽しませる。

二　日本建築と日本庭園の作り方の違いについて

庭作りと建築とは、その作り方が正反対と言ってよいくらいに異なる。建築は、平面寸法を決定し、それから高さ関係や部材寸法などすべてを決め、それから木材を加工して組み上げる。一度加工し、組

南蔵院奥書院（土庇、茶室への園路）

貞観園貞観堂（左側より庭、縁、座敷）

み上げたら、変更や修正は容易ではない。

庭作りでも全体基本構成は決めるが、前もって細部まで決めることはできず、工事にあたっては手に入った石や樹木などの材料によって、その場で判断して最もふさわしい形に整えていく。まさに当意即妙である。完成後の改修は、石組みであれ、池の護岸であれ、比較的容易であり、施主の好みや樹木の変化、維持管理の方針などにより形も変えられる。

つまり改修に際しては、金銭的にも工期的にも建築は難しく、庭は容易といえる。その意味で、文化財建造物は当初の姿をよく保ち、また復原も可能であるのに対し、文化財庭園は龍居竹之介先生の言われるように、時代と共に変化していくので、復原には限界がある。

三　庭と建物が一体となる理由

（一）材料の共通性

日本建築は、近代以前はほぼ自然の材料で作られてきた。その外観を特長づける屋根は、板葺き・桧皮葺き・柿葺き・茅葺きなどの植物系の材料か、瓦葺きの瓦は土である。そして柱や梁は木造、壁は土壁か漆喰壁、建物の脚元は石かたたき土、床は板床か畳、天井も板や植物系のものである。これらの材料はすべて庭作りでも使われている共通のものであり、数寄屋建築などは、庭の一部のように溶け込んでいる。

（二）木造軸組工法という構造

日本建築は原則として、礎石の上に柱・桁・梁などを組み合わせて建ち上げる軸組工法であり、その工法の中で時代や用途に応じていろいろな建物を作っている。その大きな特長は、柱とそれをつなぐ横架材があれば、あとは全く開放的で壁は必要とせず、外部との間仕切りは建具や障子である。このために、庭の景色を室内に取り入れることがとても容易である。そして庭との間にあって視線をさえぎる細い柱さえも極力なくすような工夫が棟梁たちの手によってなされてきた。設計例として、南蔵院奥書院や貞観園貞観堂にて、庭と建築とが一体となった空間を見ることができる。

●庭と建物の一体化を前提とした建築設計の例

- 長寿寺―神奈川県鎌倉市山ノ内
- 泉岳寺―東京都港区高輪
- 真盛寺―東京都杉並区梅里
- 能仁寺―埼玉県飯能市
- 東禅寺―東京都西東京市住吉町
- 少林寺―埼玉県上尾市西門前
- 南蔵院―東京都葛飾区水元

●望月敬生が関わった文化財庭園建物修理・復原業務

一　小石川後楽園内庭東・西の石橋修復工事設計監理（平成六年度）。

二　小石川後楽園唐門・通用門・袖塀基本設計、実施設計（平成三年度、四年度）。

長寿寺本堂（工事前）

長寿寺本堂（竣工後）

三　小石川後楽園外周部改修設計、監理補助（平成六年度より約七年間）。
四　六義園正門、染井門、通用門修復、復原設計、監理補助（平成一三年度）。
五　新潟県柏崎市国指定名勝貞観園貞観堂（豪農の館）修復、復原工事、設計監理（平成一七〜二〇年度）。同名勝貞観園内茶室三棟修復工事。

四　日本建築と日本庭園を守り、作るために

庭は、本来農業・林業がその原点としてある。大自然そのものであり、生活の場である農作業の延長として庭作りが行われてきた。そこに後世では、祭祀や鑑賞の面から文学的な要素が見出され、庭作りに美学として取り入れられる。もののあわれ・幽玄・侘び・情緒などをもとに、その場で判断して作られるようになる。

一方建築は、原点は神殿・寺院・政庁舎などであり、特殊な技術の駆使により自然災害から食糧や財産、人命を守ることが条件であるため、工学的な要素が強い。求められるのは様式的・形式的美学であり、寸法に置き変えることで、正確な加工や組立てが可能となる。

自然の庭に対しての人工の建築、すなわち大自然を前提とした庭の中に、人間の社会や生活を成立させるための建築（人工物）を作ることが出発点であった。

この相反する二つの要素を、両者ともに美しさを備えさせて一体化するという美意識のもと、建築及び庭園の設計に取り組んでいる。

現代における庭作りの問題点として、建築確認申請が必要なために建築設計者が最初に敷地整備を決定することや、建築基準法により木造建築において耐力壁などが必要であり、庭鑑賞にふさわしい開放的空間が実現しにくいことなどが挙げられる。また、緑化条例により、緑化面積と中・高木の指定も建築設計者が行い、そこには庭師が不在となる。

庭園と建物の一体化のためには、施主の見識、設計者の庭への理解、庭師の建物への理解と技術、これらが三位一体となって、取り組むことが必要である。そのまとめ役は設計者にあるのかも知れないと思っており、その実現のためには大学教育において、建築と庭の両面を教える必要があると考える。

（平成二八年一一月一六日　於・緑と水の市民カレッジ、望月敬生最後の講演より抜粋）

泉岳寺（工事前）

泉岳寺（竣工後）

第三章　資料

――図面及びスケッチ

能仁寺

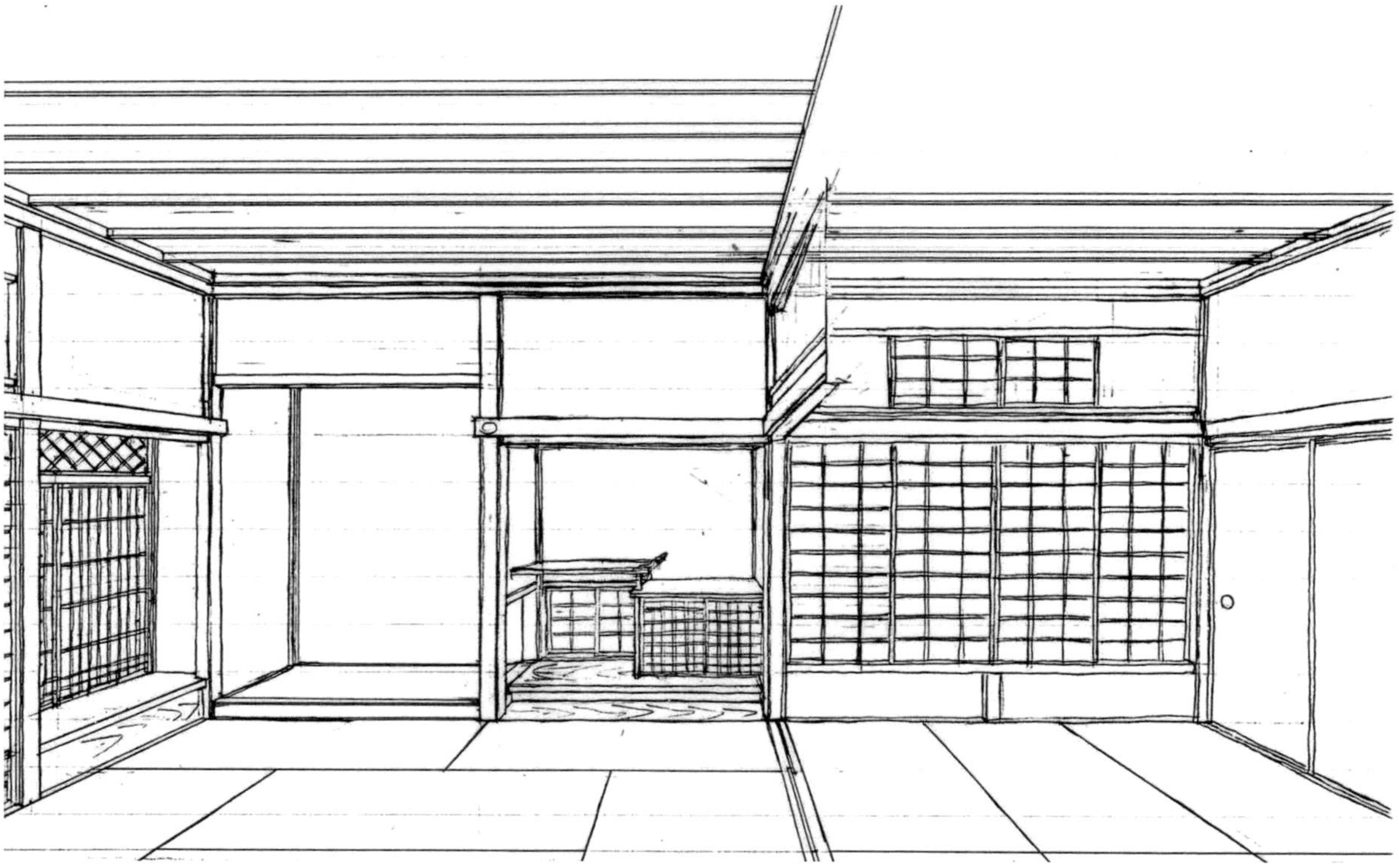

奥書院内部スケッチ

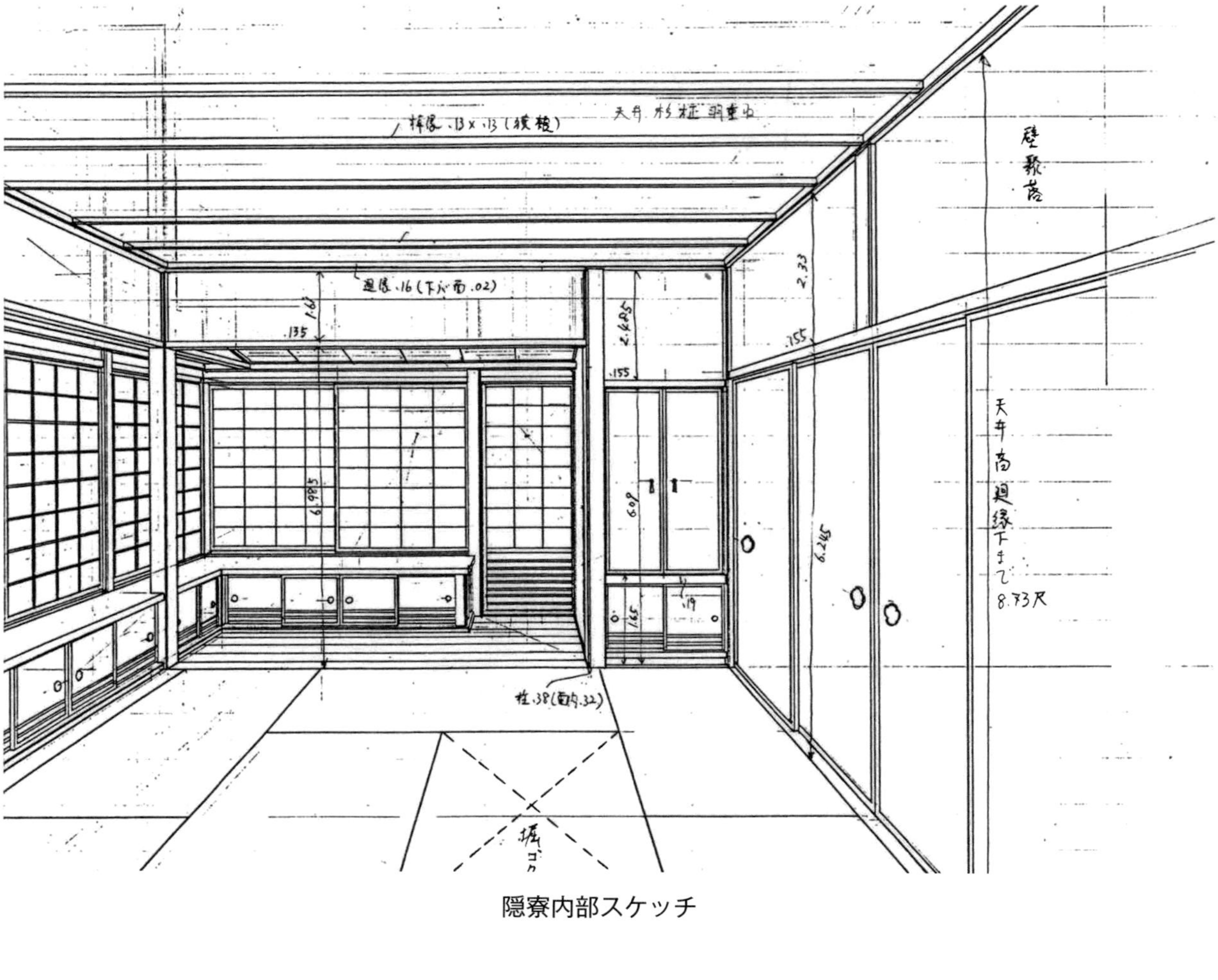

隠寮内部スケッチ

松月院

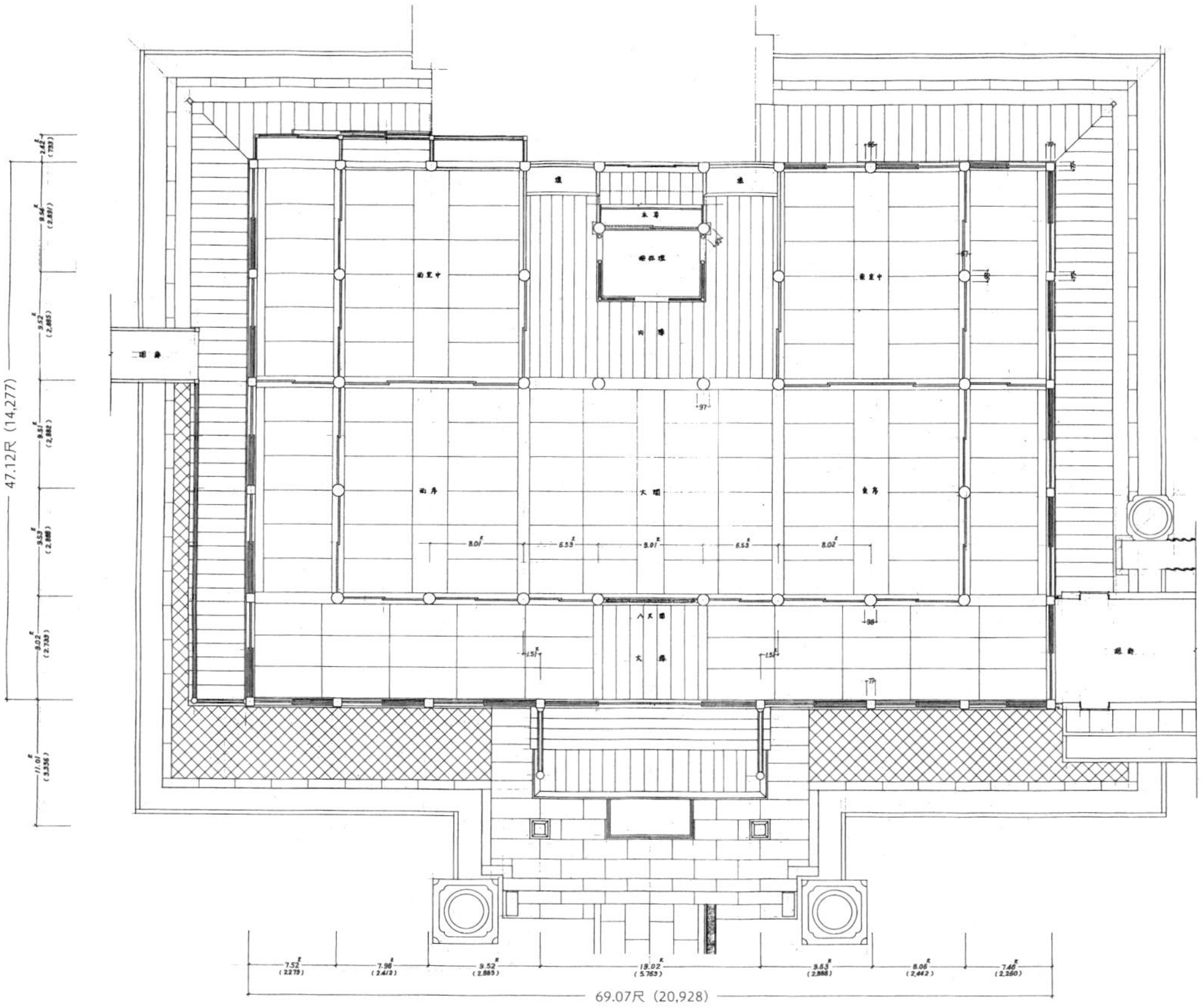

本堂平面図

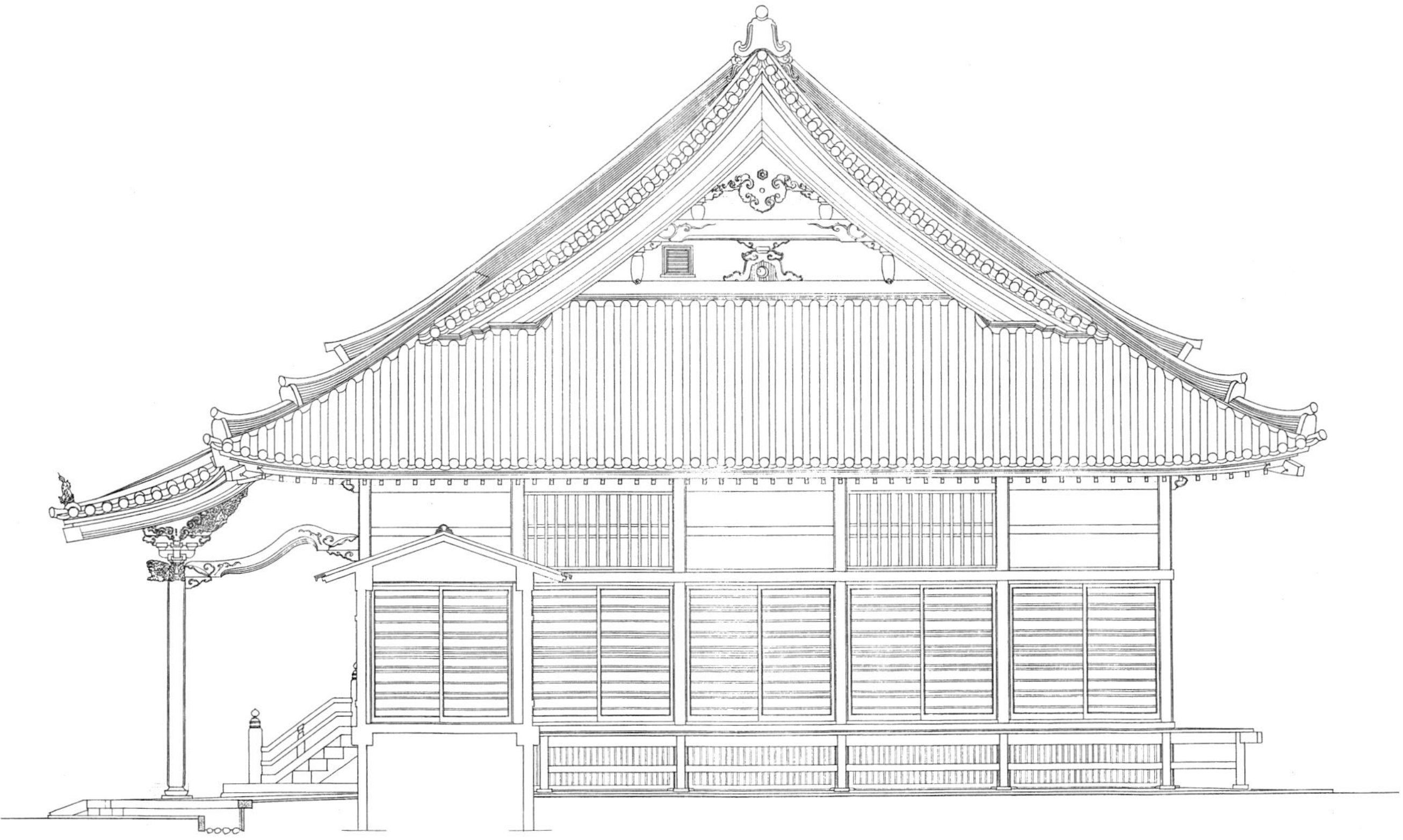

本堂側面図

眞盛寺

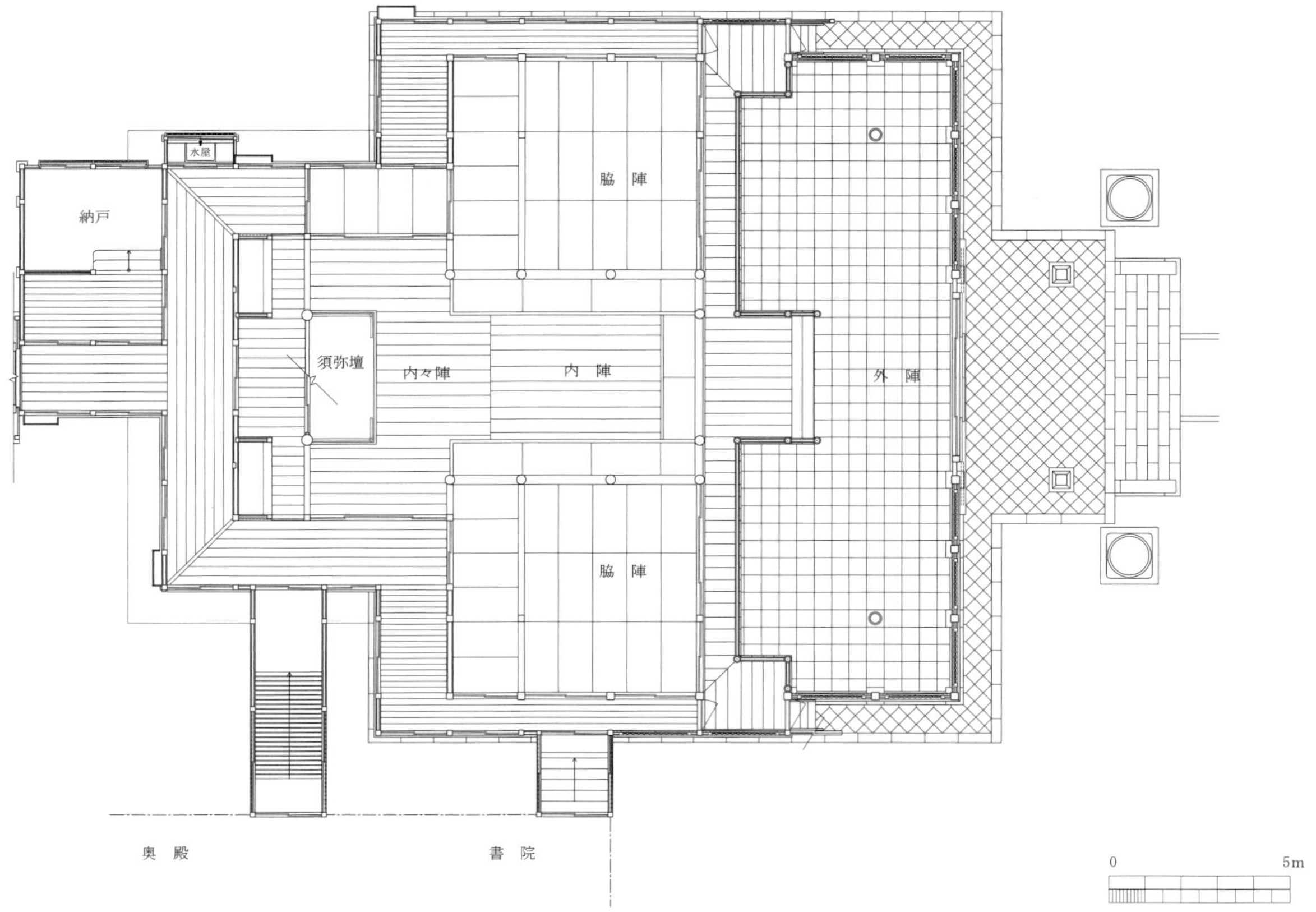

本堂平面図

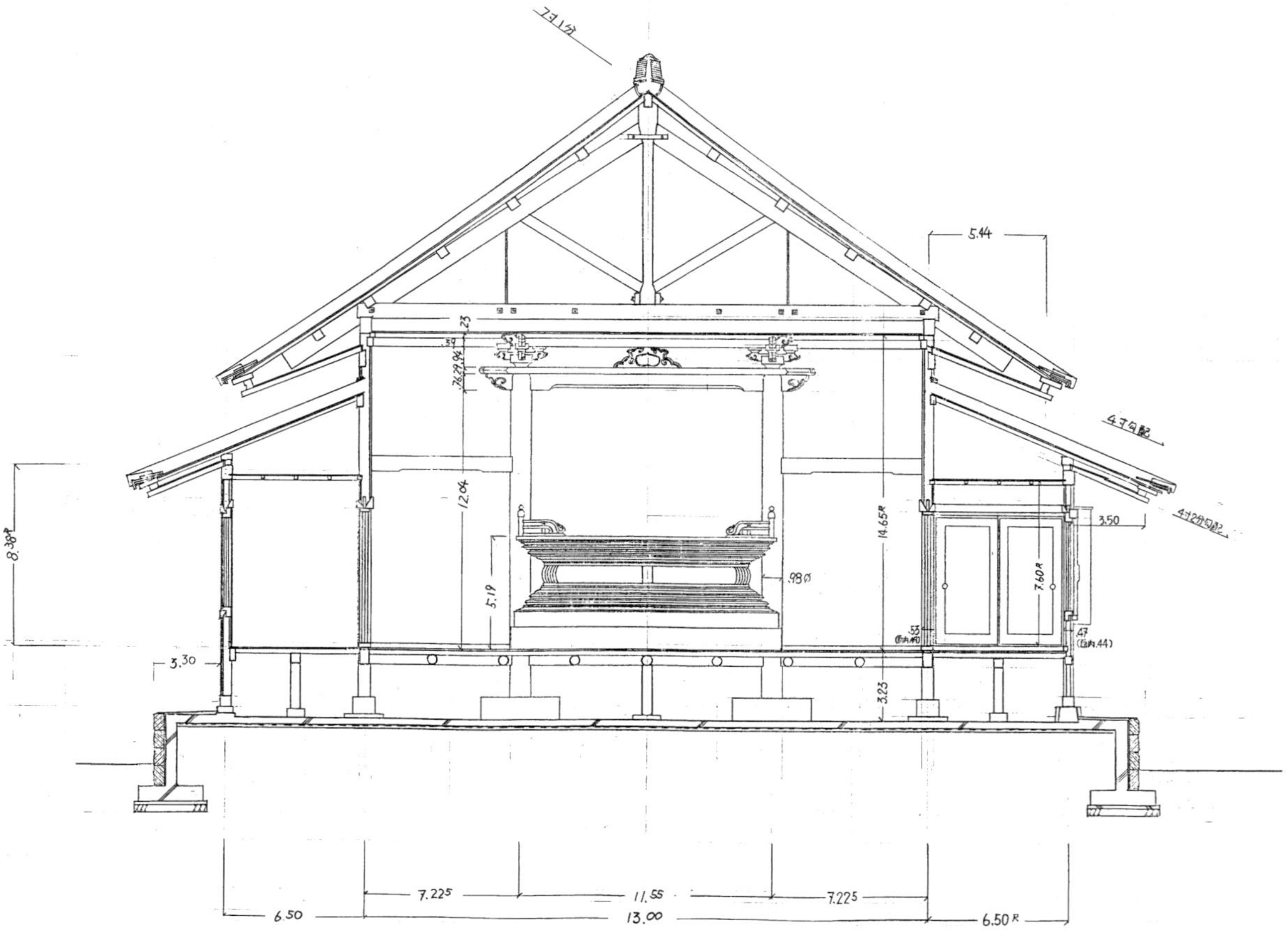

本堂内々陣梁行断面図（洋小屋）

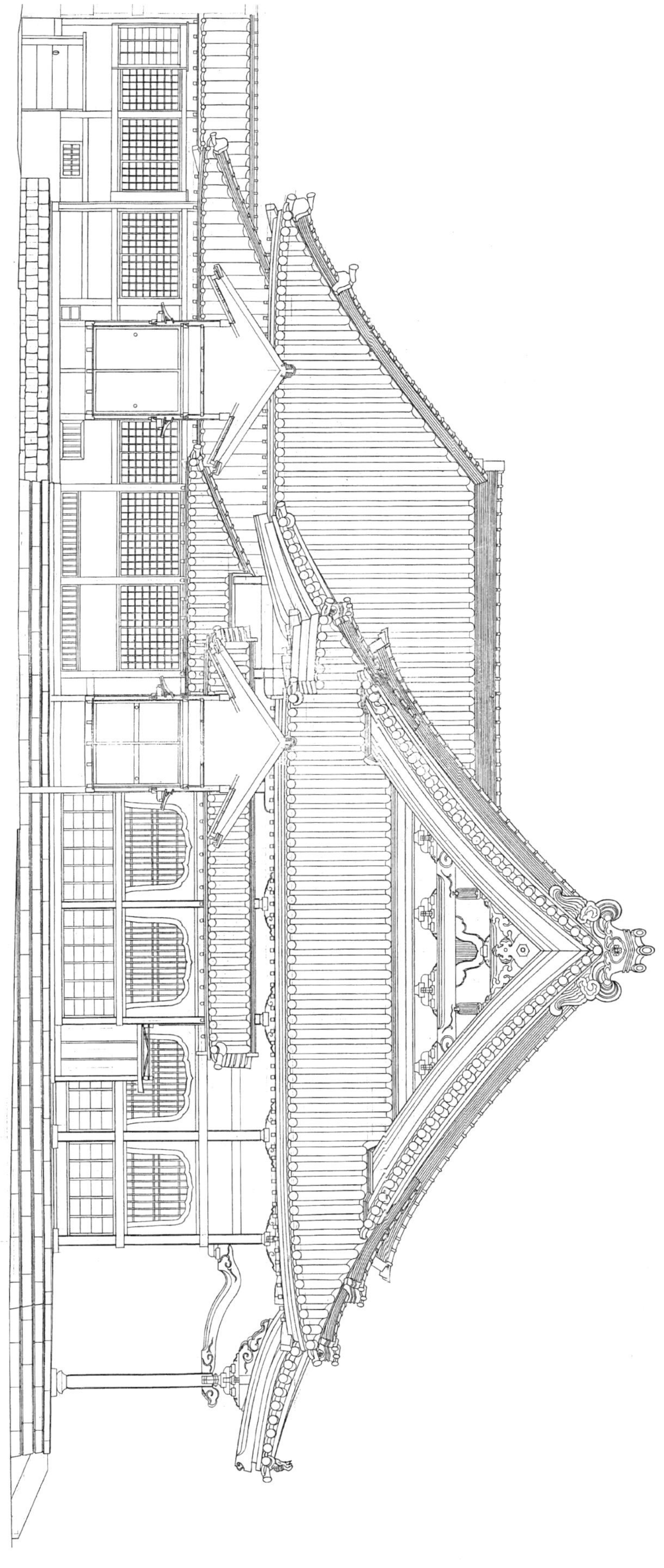

本堂側面図

観音寺

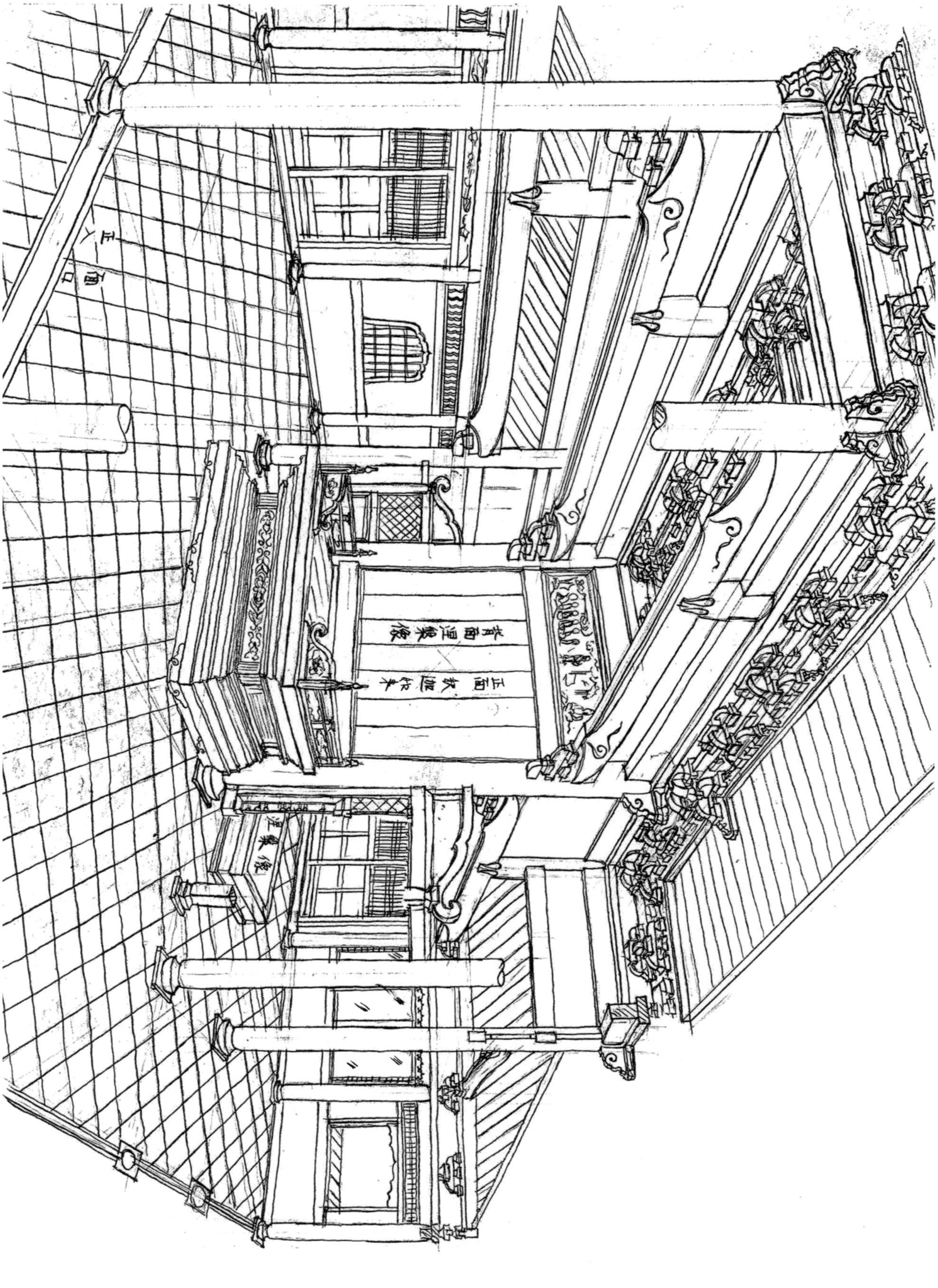

仏殿内部スケッチ

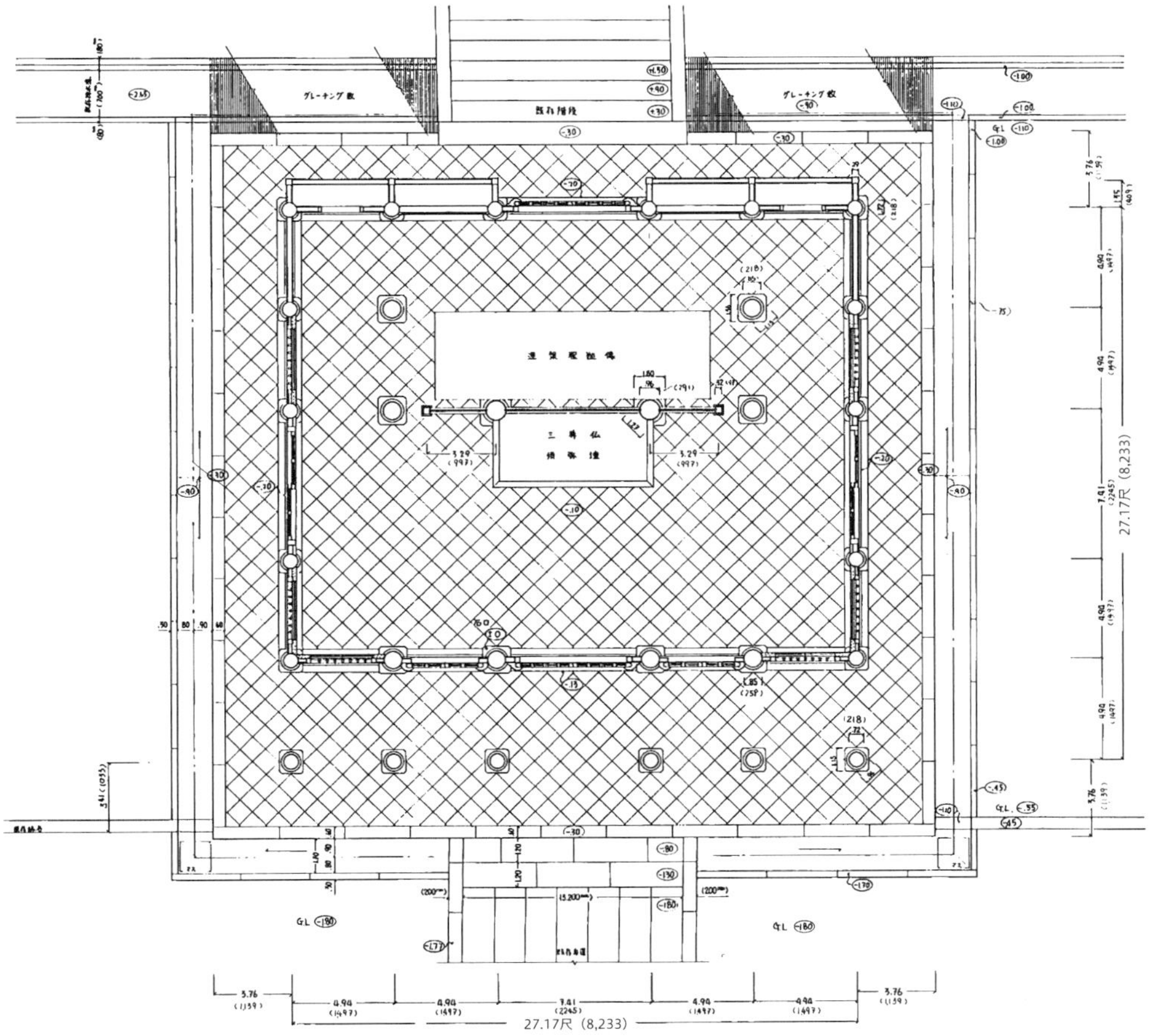

仏殿平面図

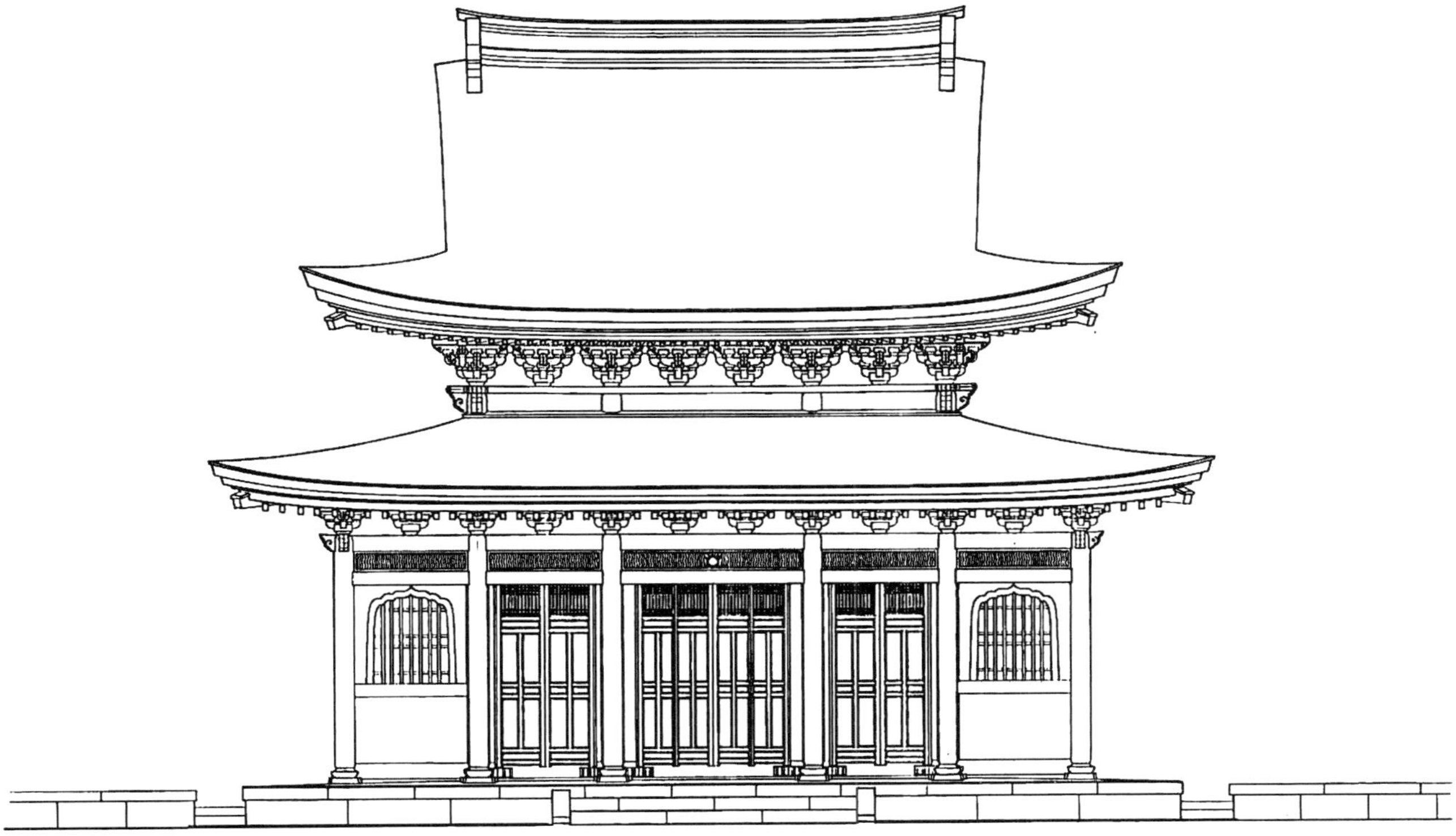

仏殿正面図

寶琳寺

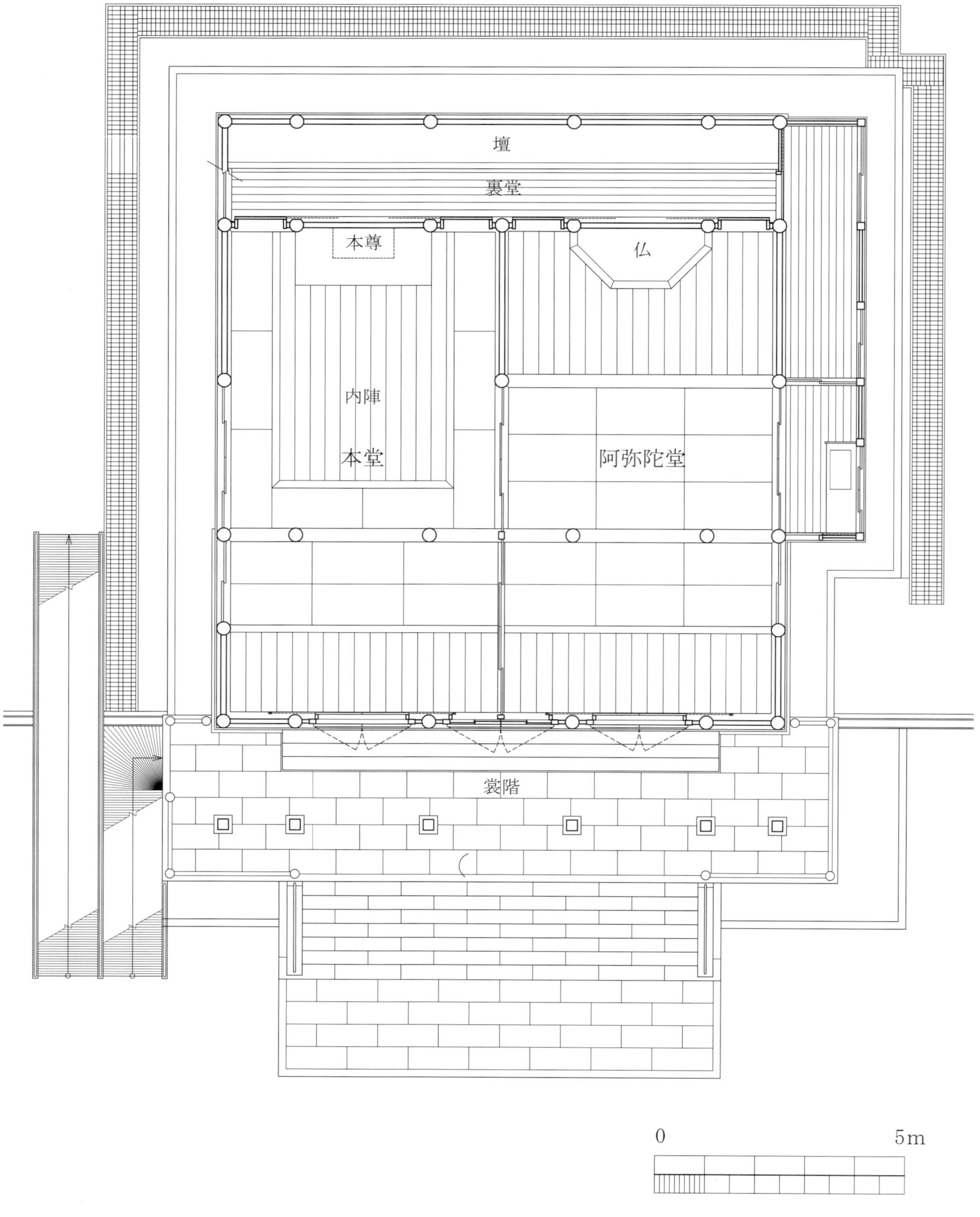

新本堂平面図

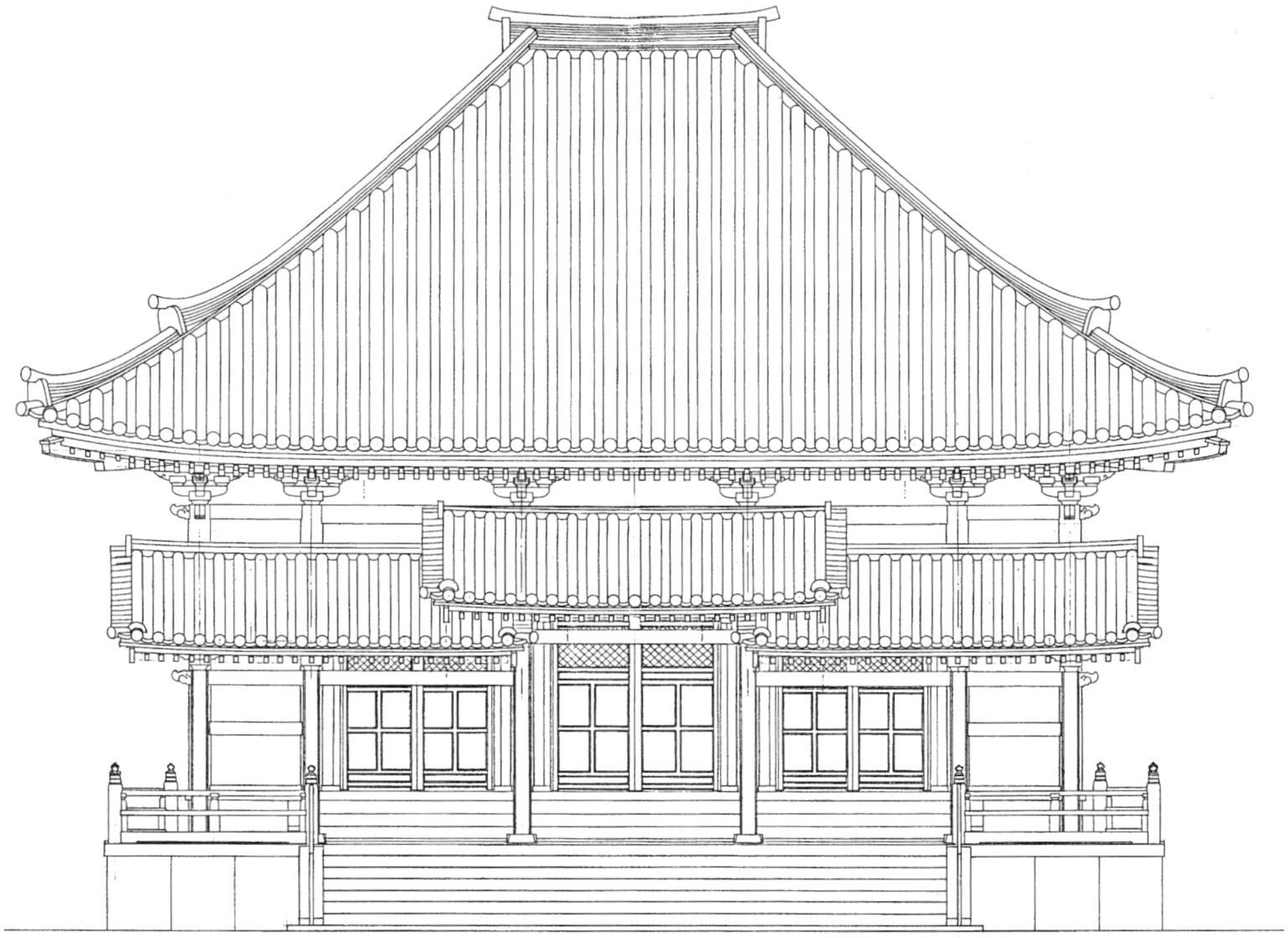

新本堂正面図

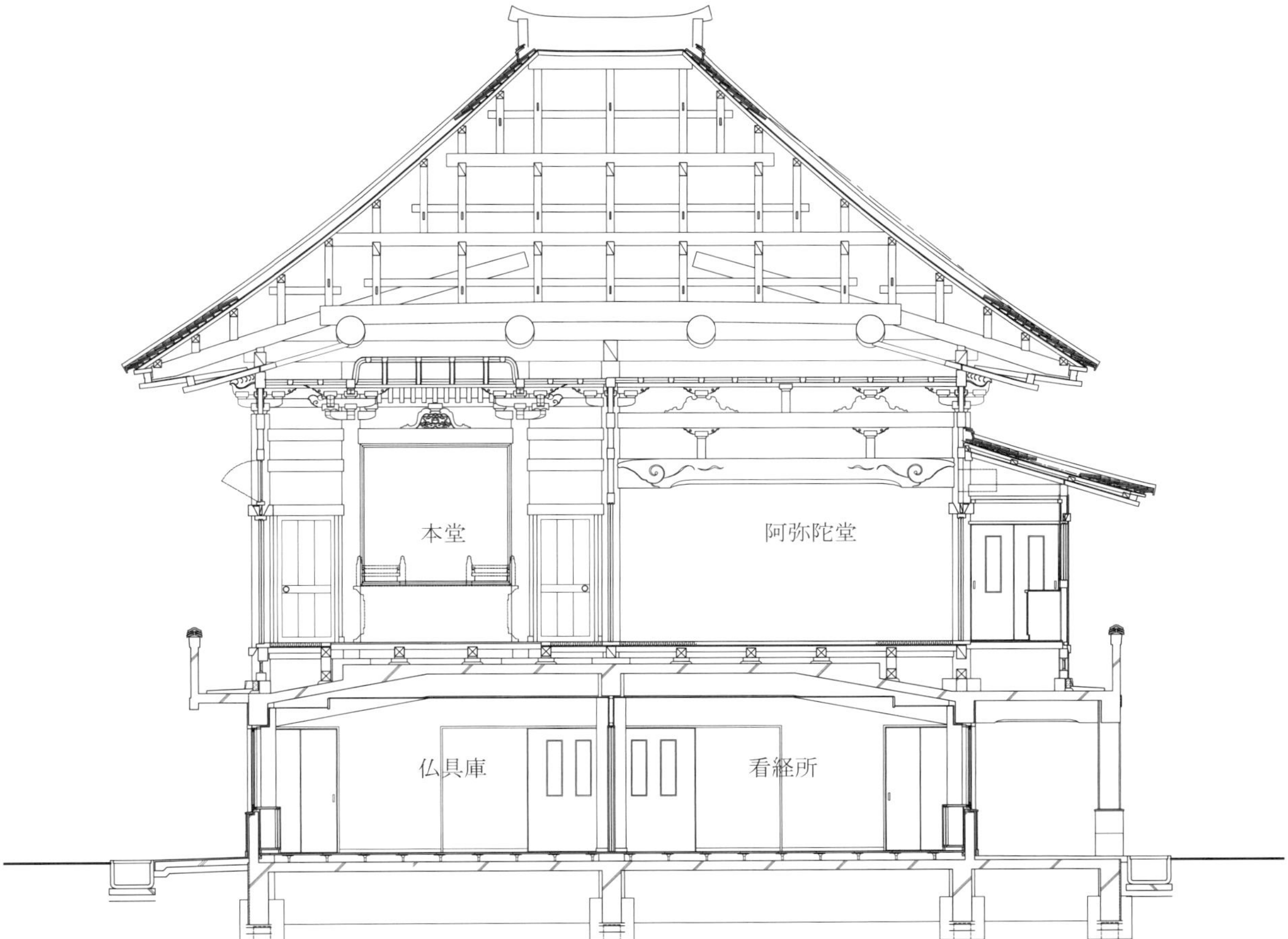

新本堂桁行断面図

建長寺

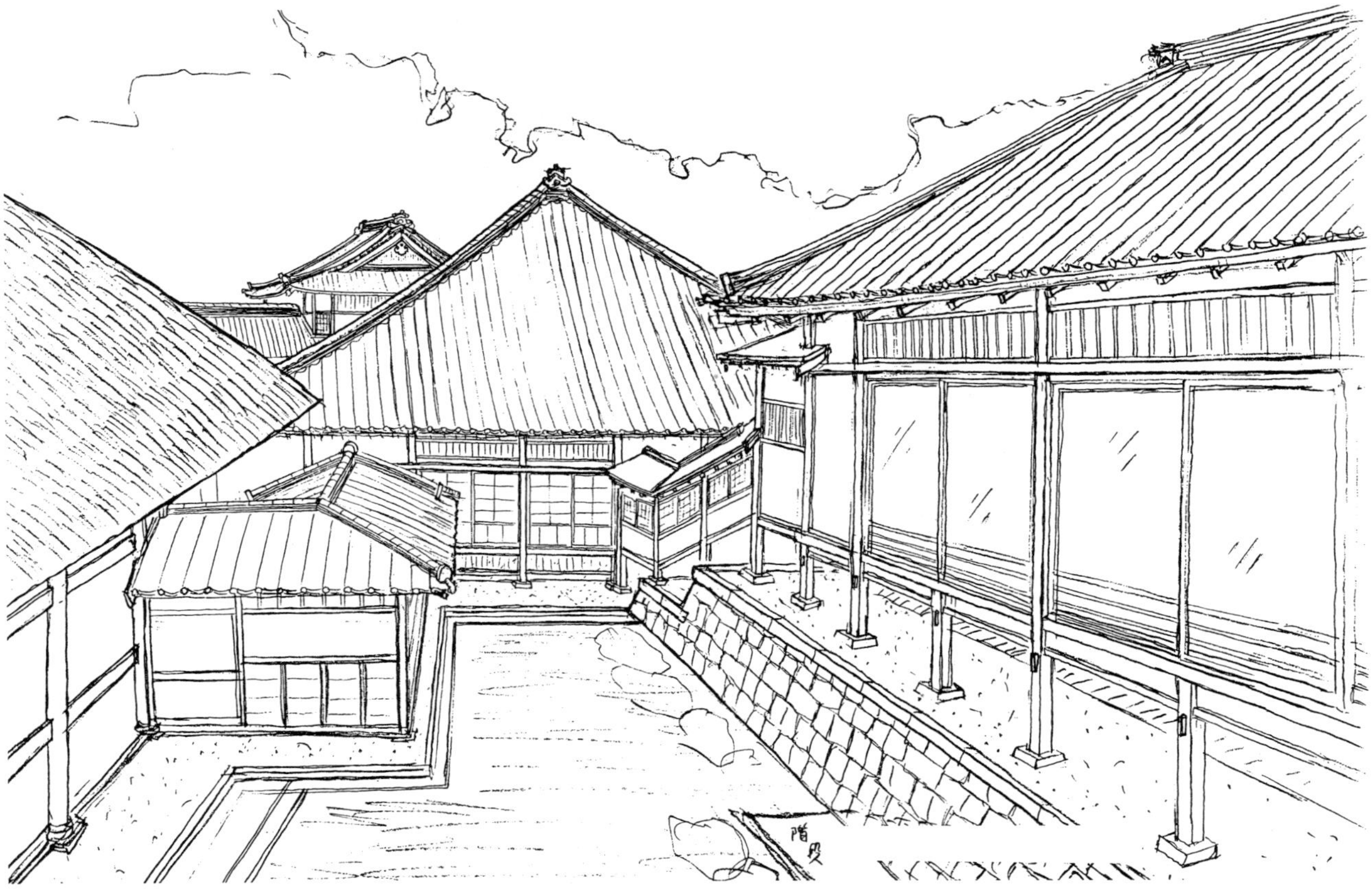

隠寮外観スケッチ

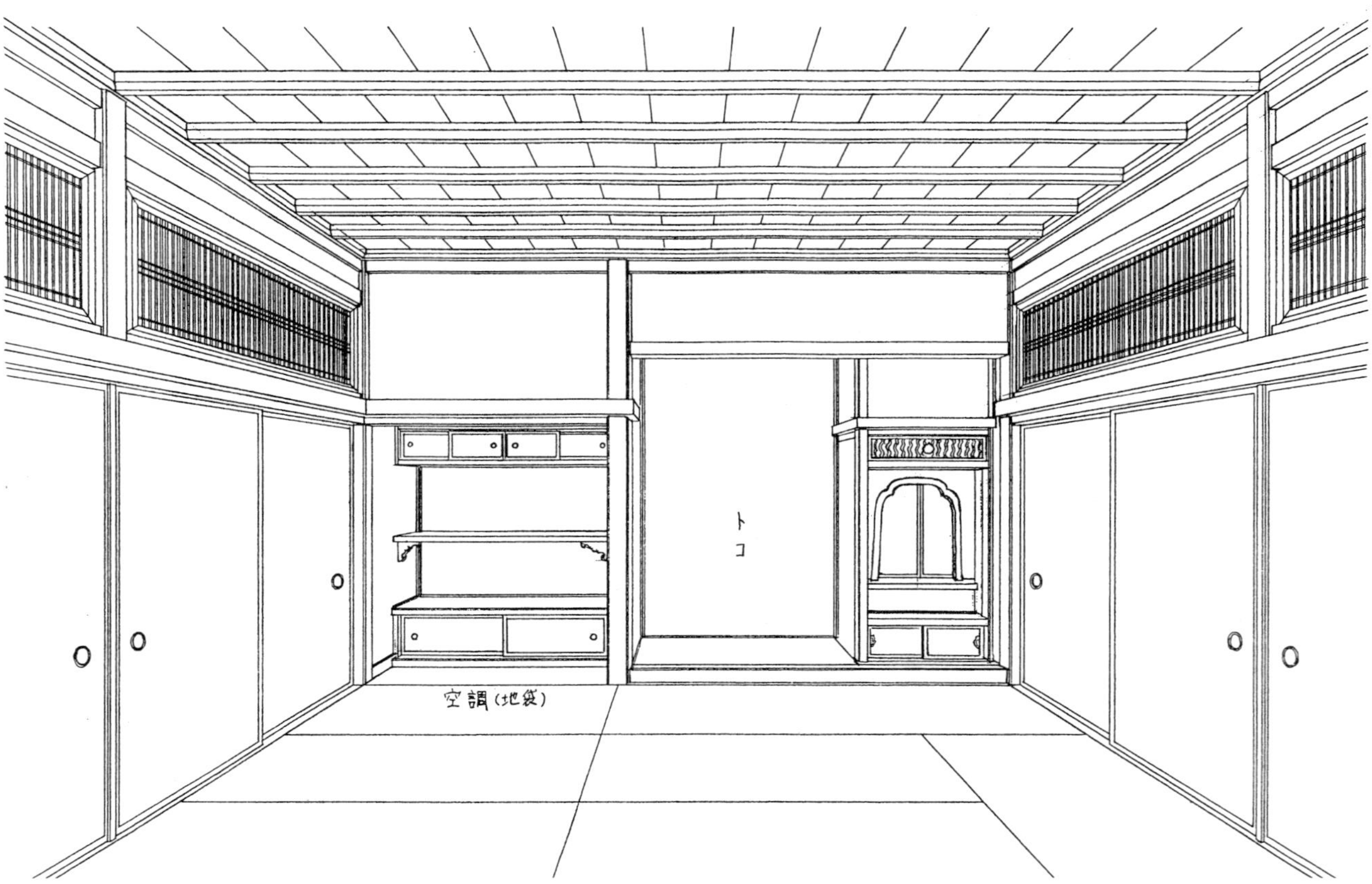

隠寮内部スケッチ主寝

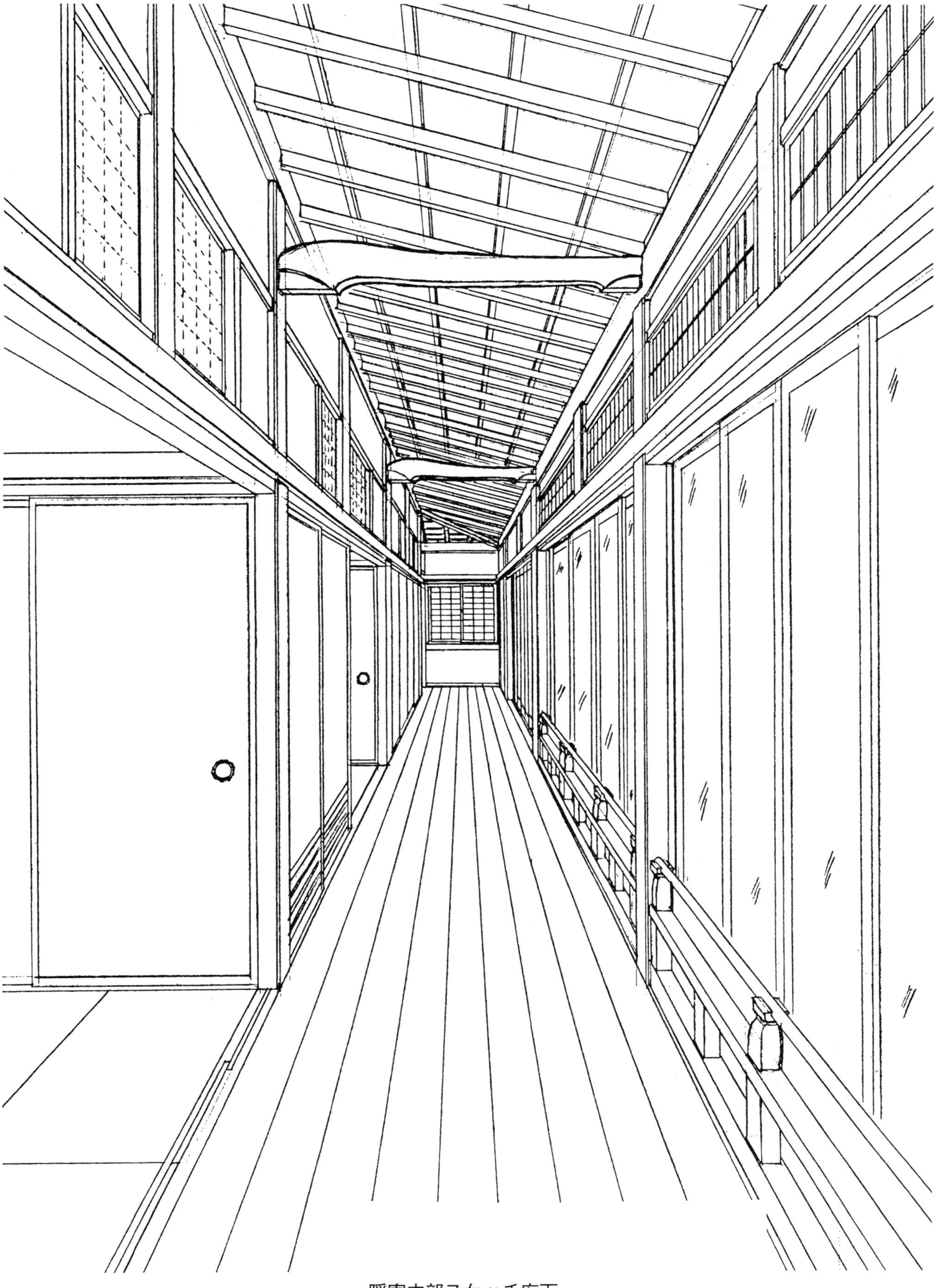

隠寮内部スケッチ廊下

建長寺

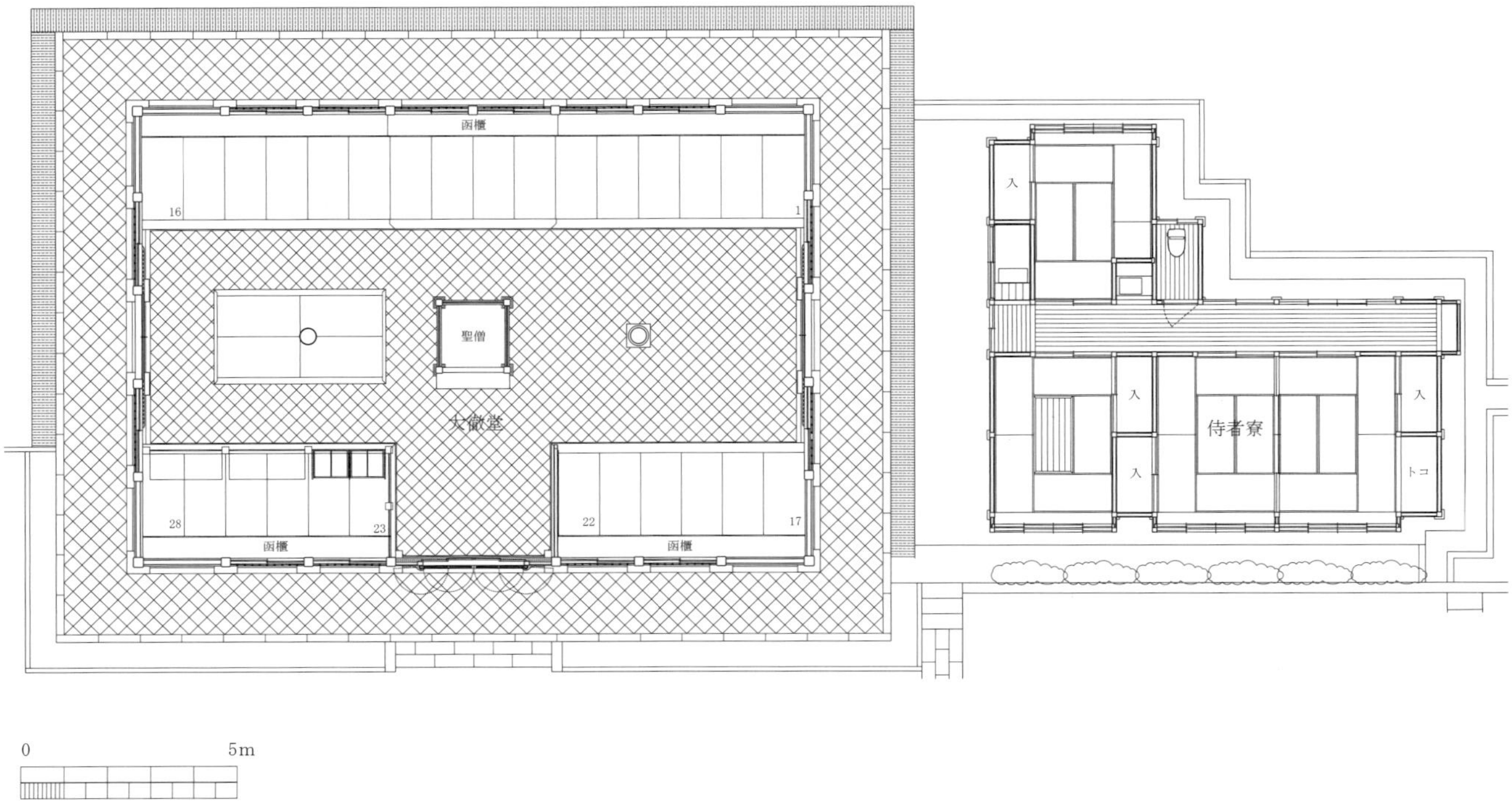

大徹堂・侍者寮平面図

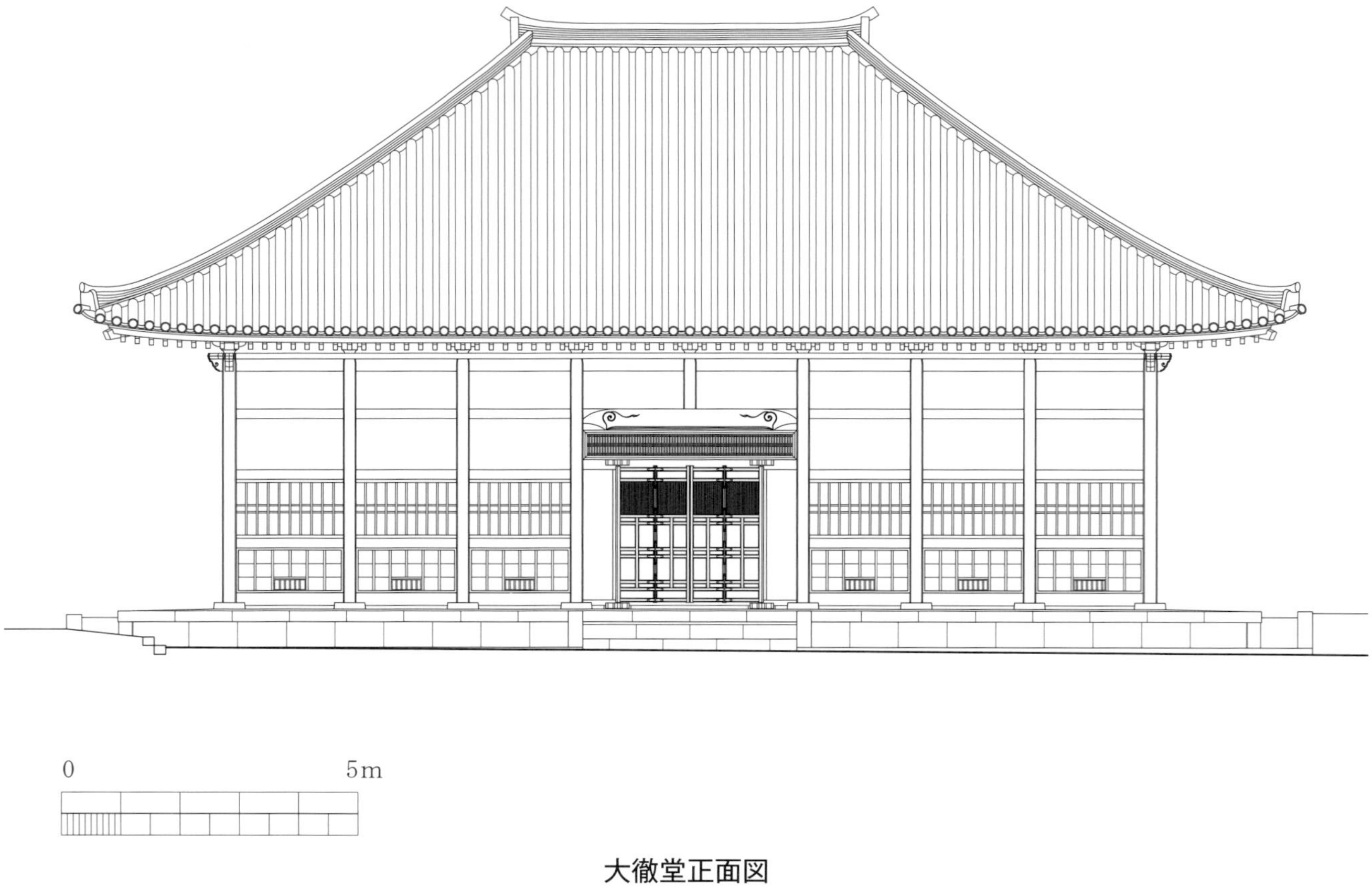

大徹堂正面図

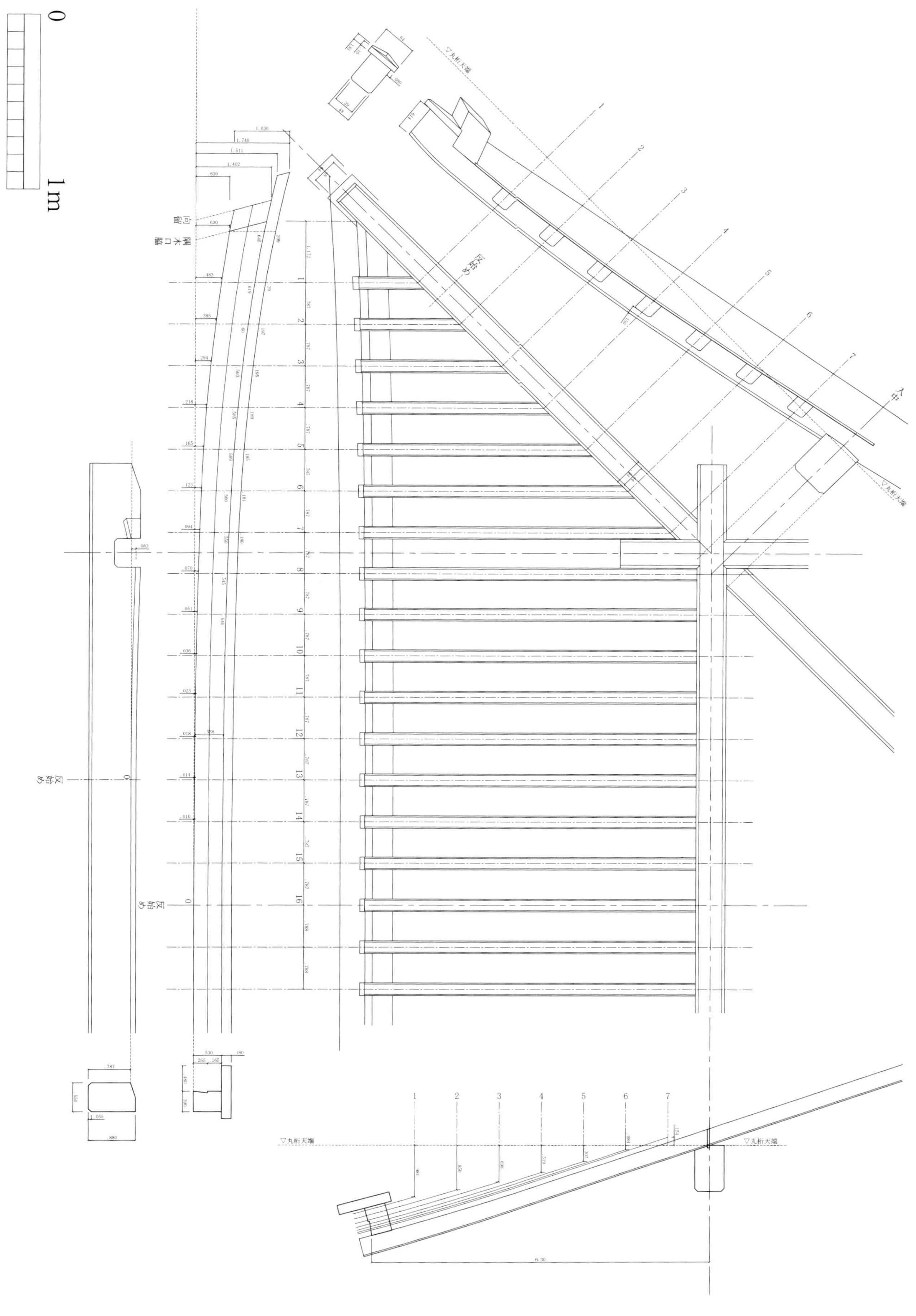

大徹堂軒規矩図

永安寺

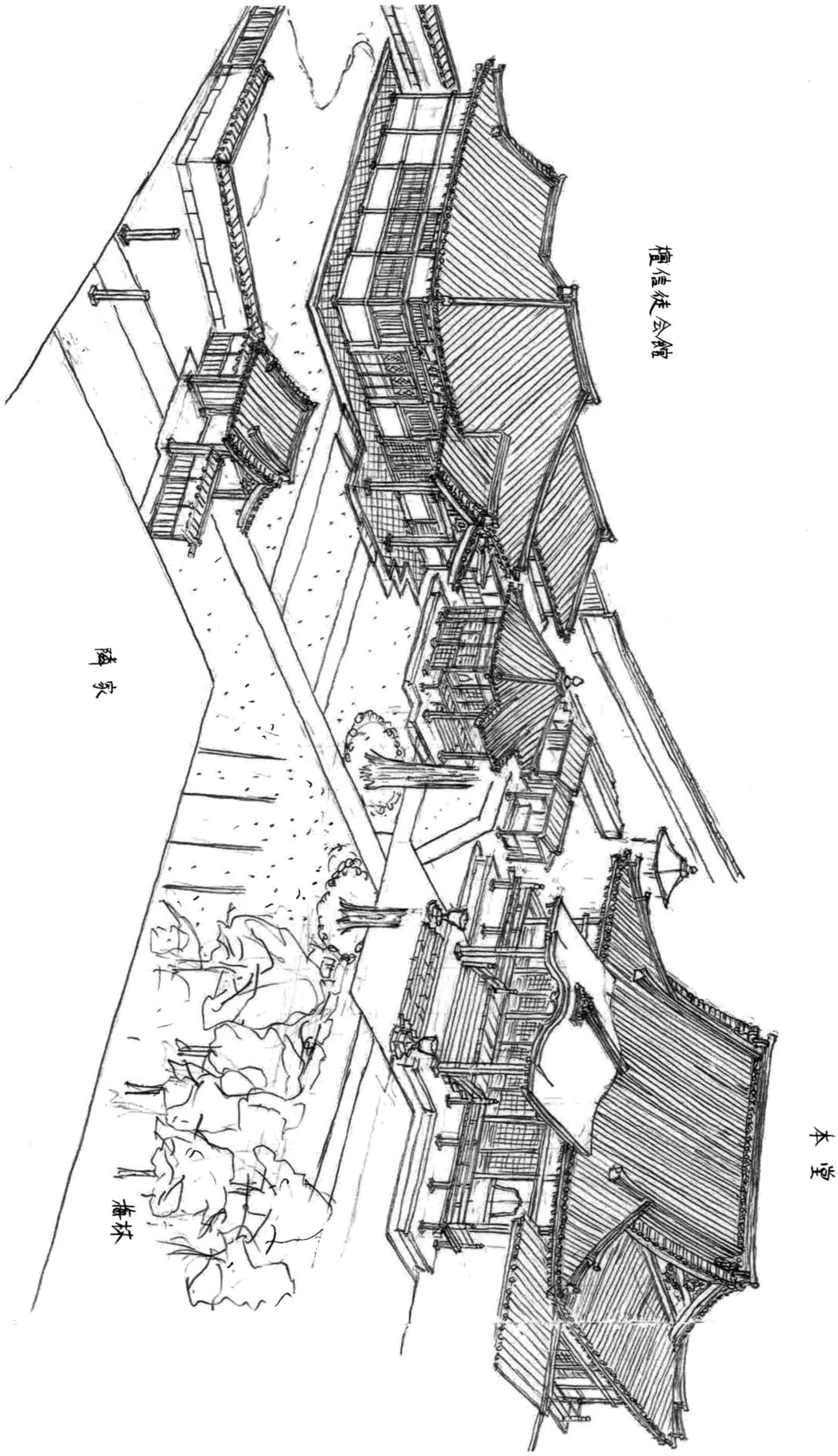

本堂・開山堂・不動堂外観スケッチ（境内スケッチ）

浄祐寺

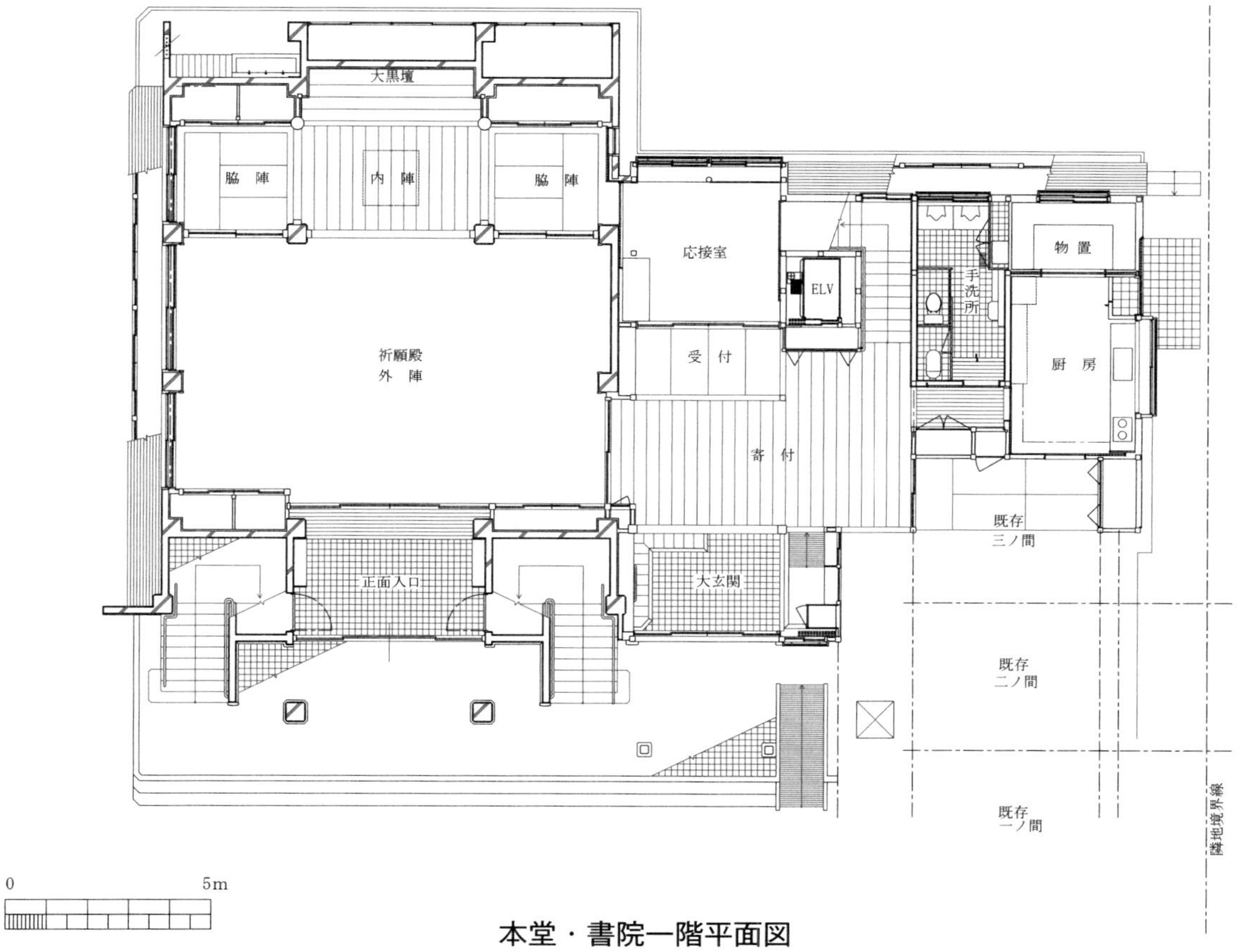

本堂・書院一階平面図

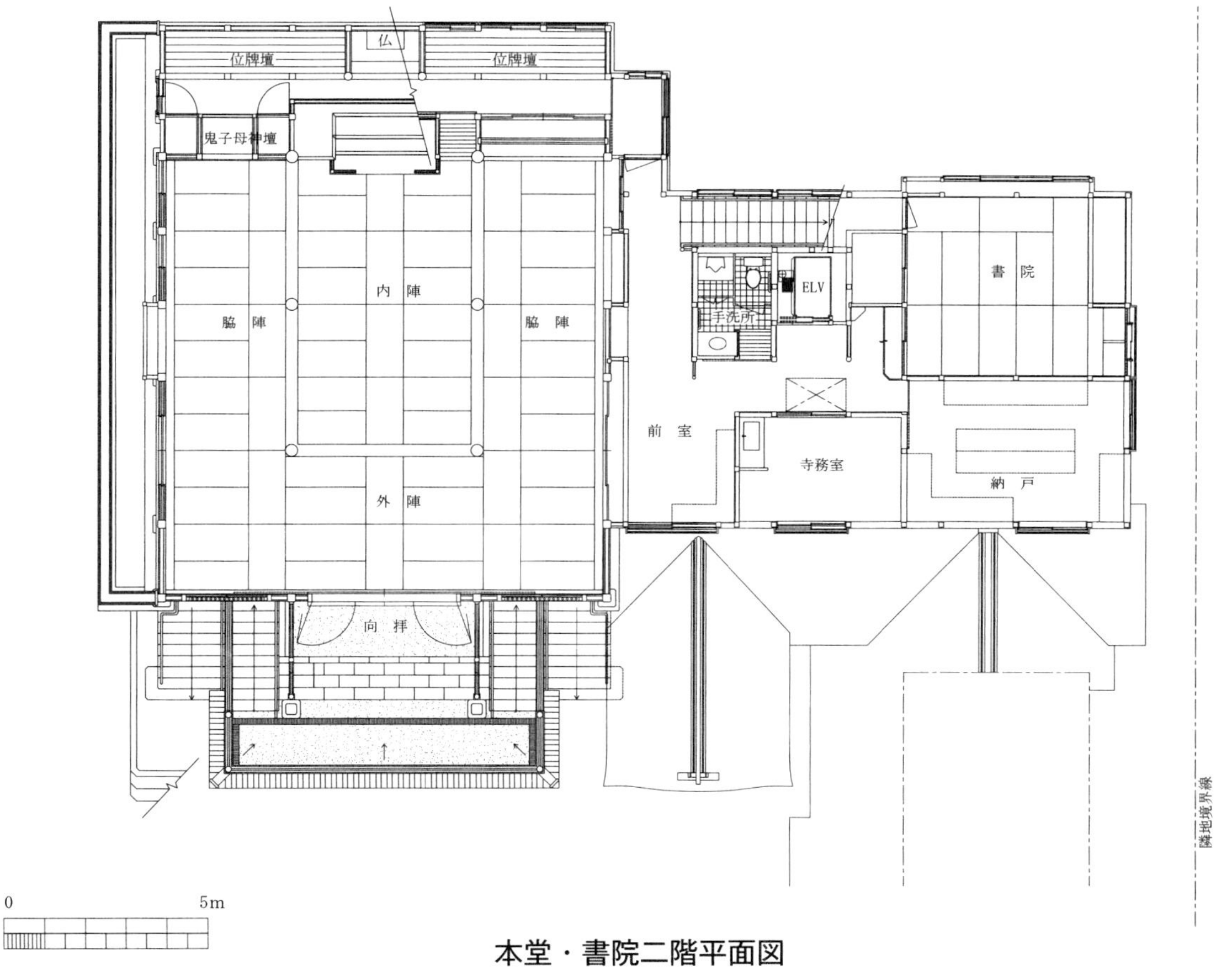

本堂・書院二階平面図

浄祐寺

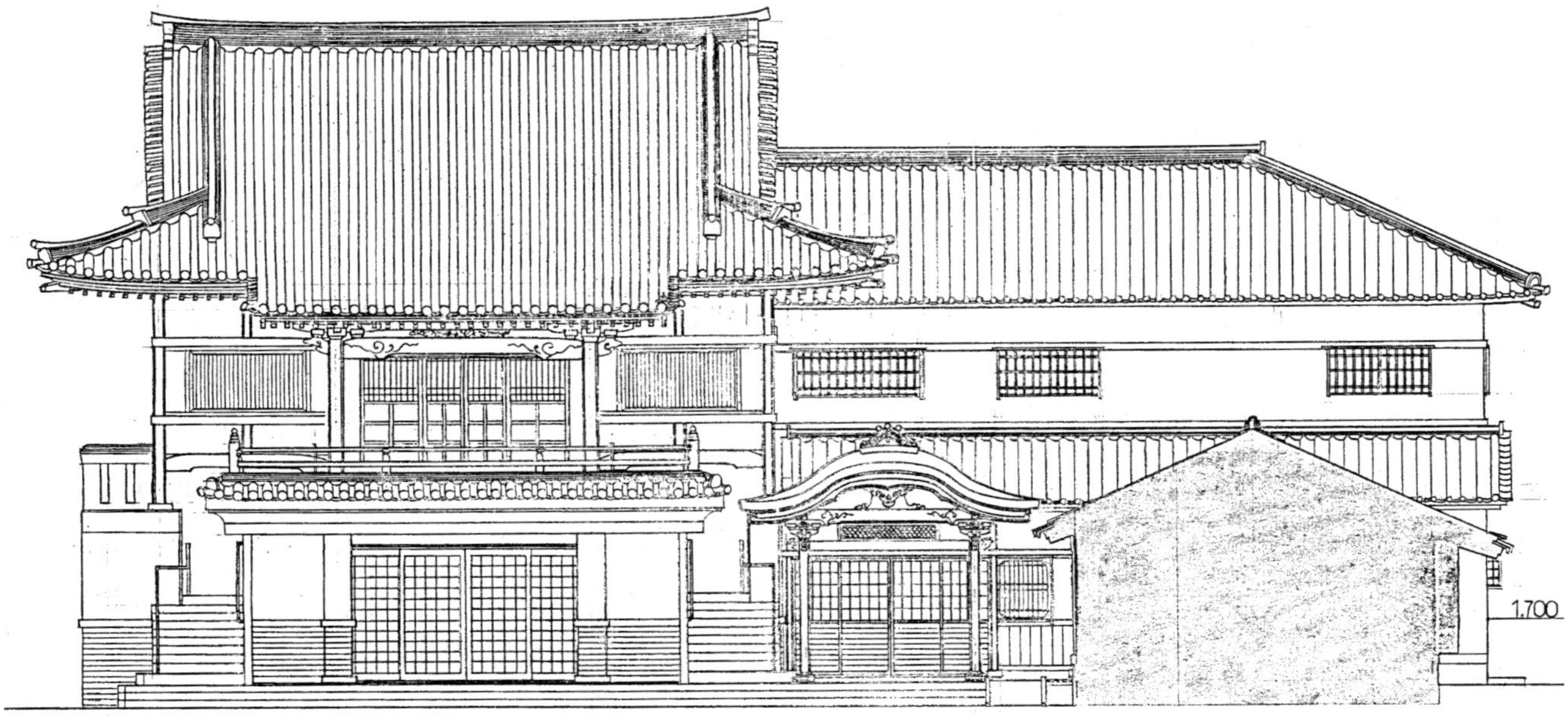

本堂・書院正面図

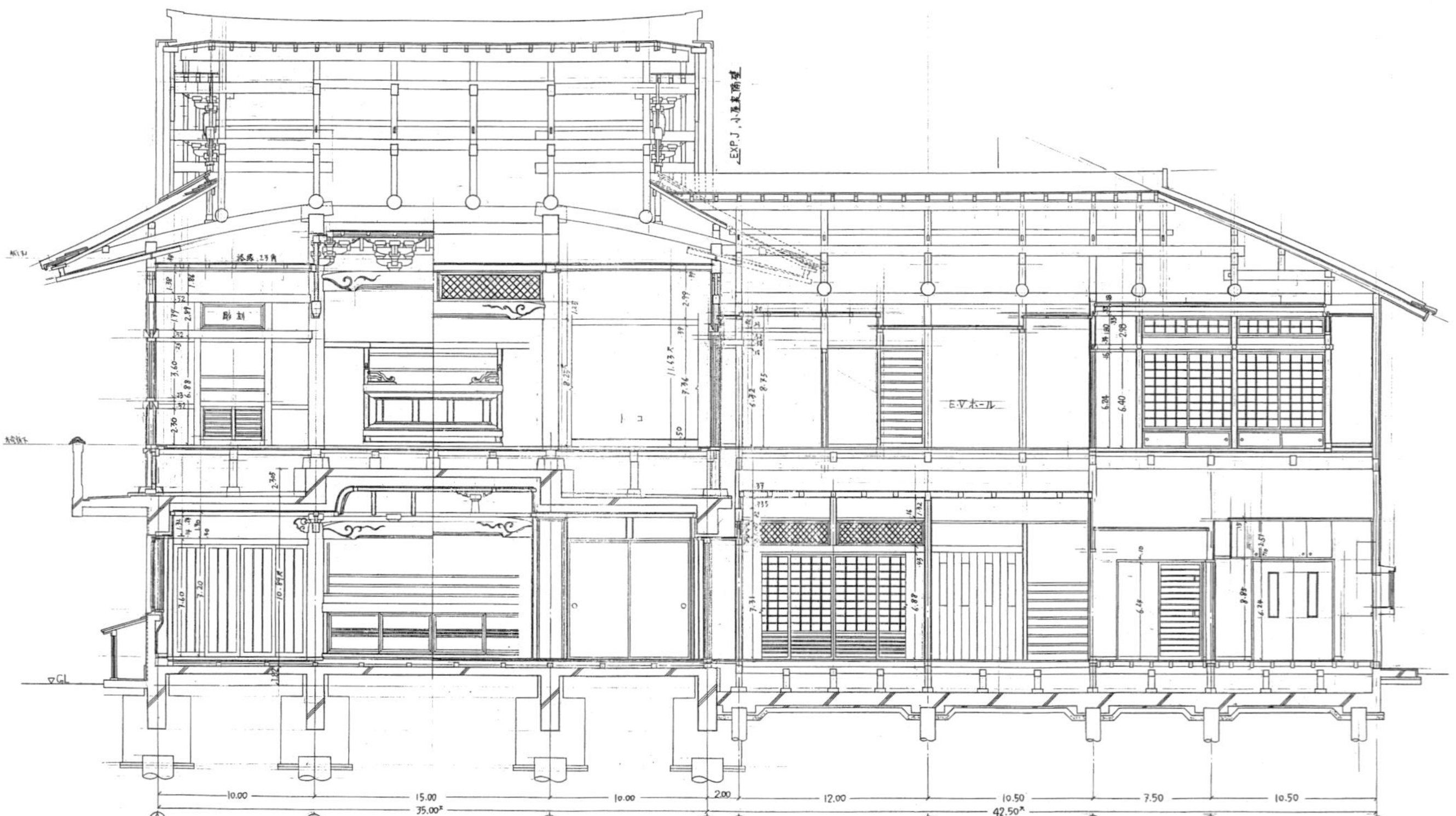

本堂・書院桁行断面図

勝平寺

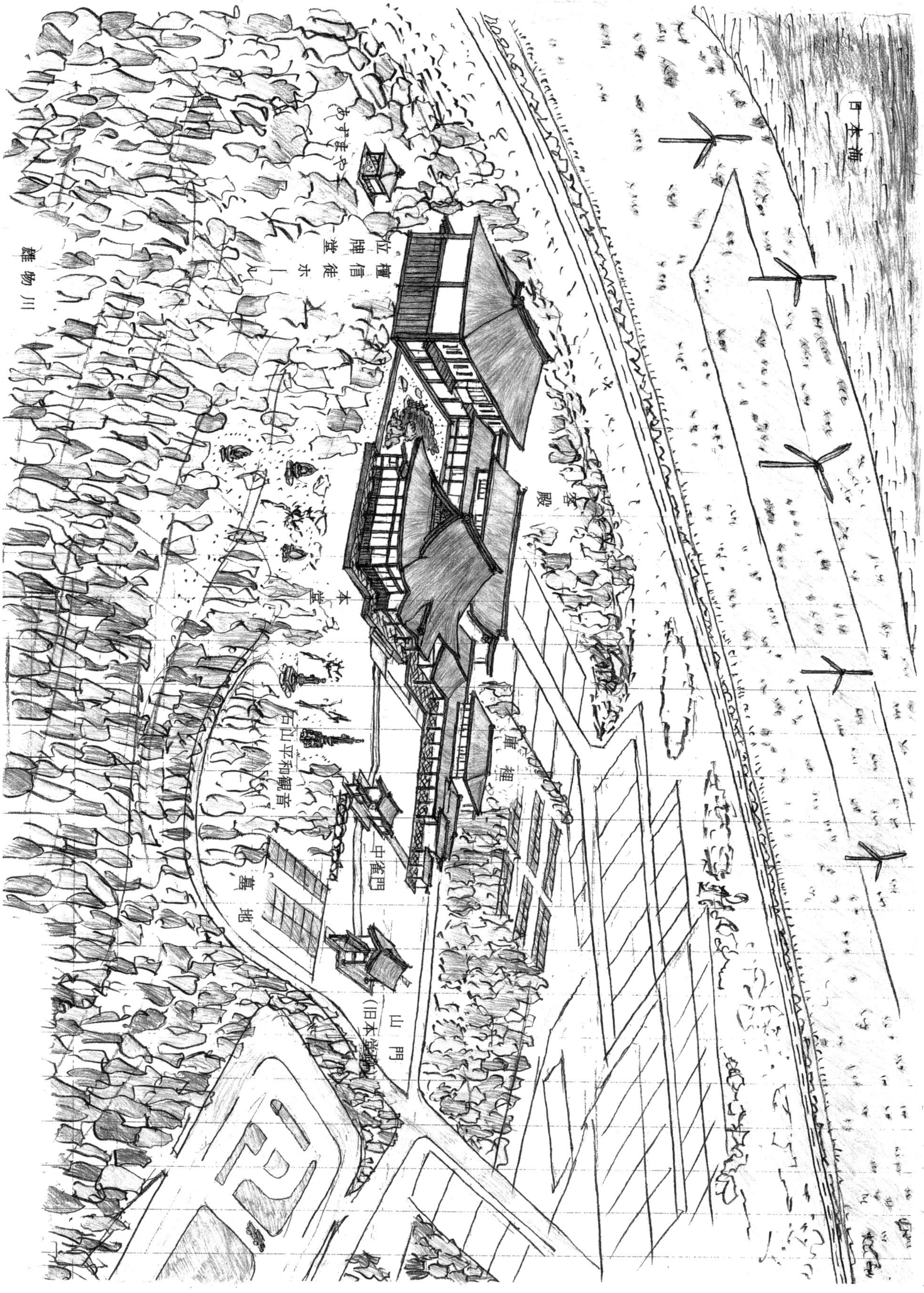

全体伽藍スケッチ

覚林寺

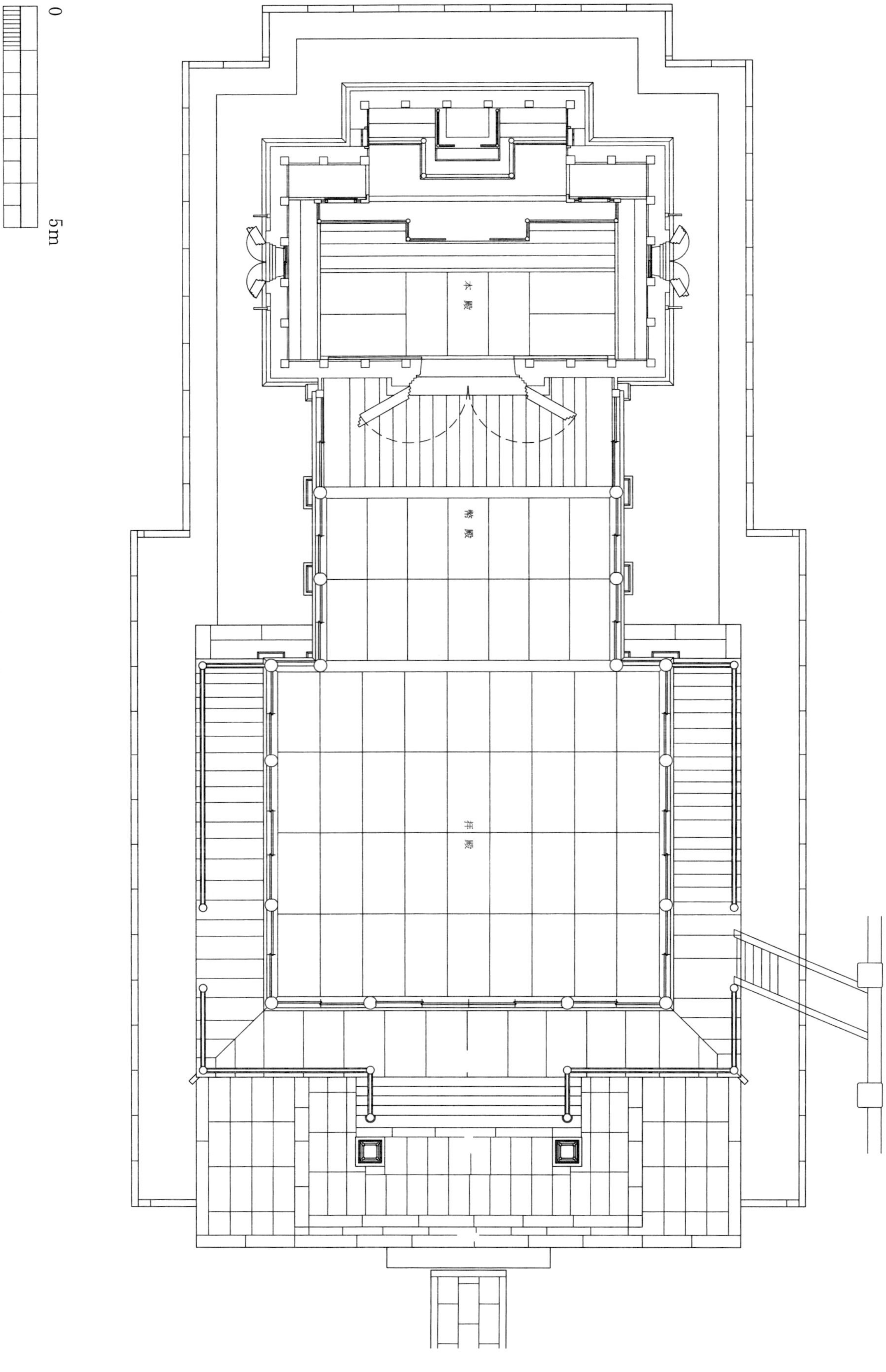

清正公堂平面図

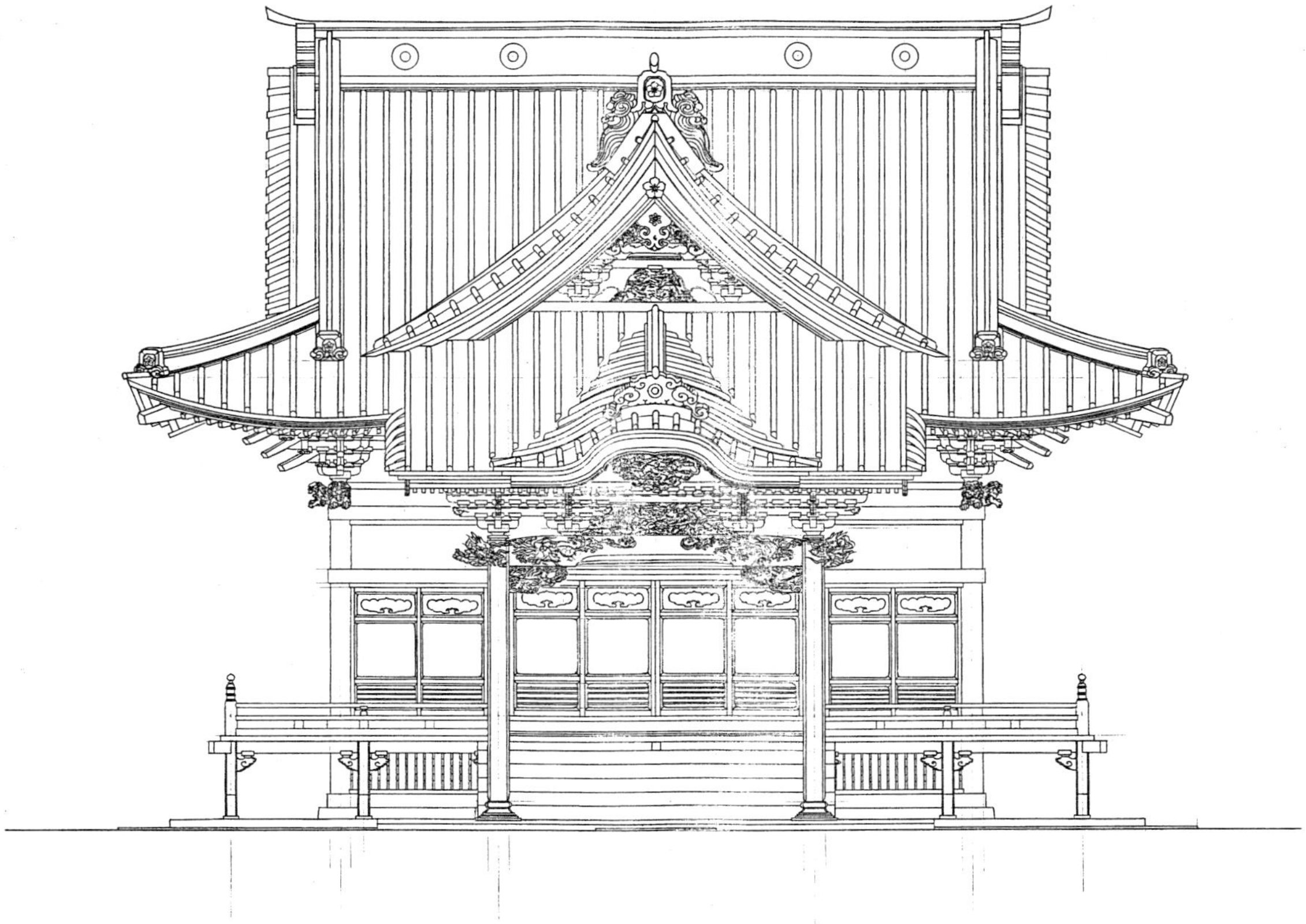

清正公堂立面図

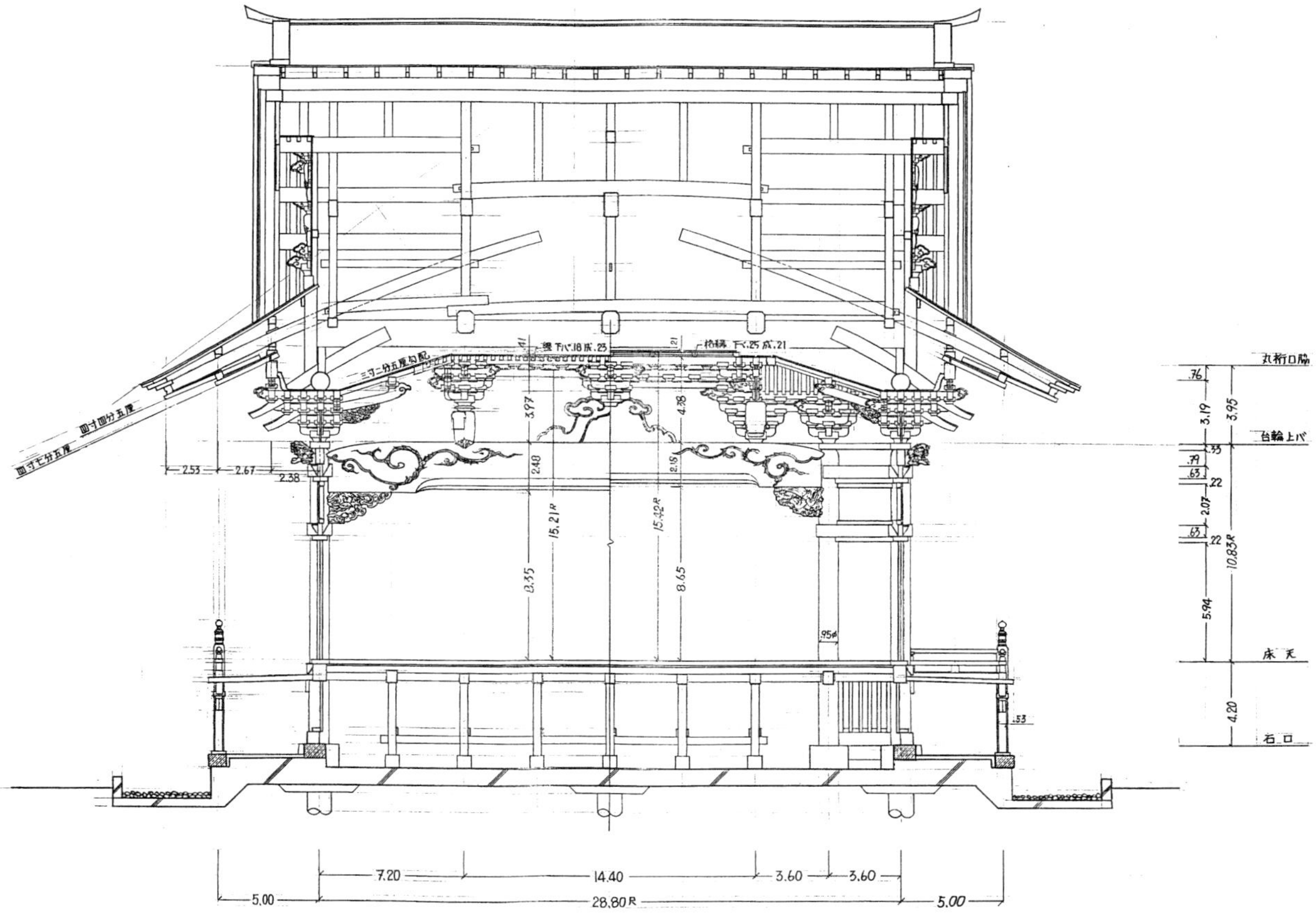

清正公堂桁行断面図

覚林寺

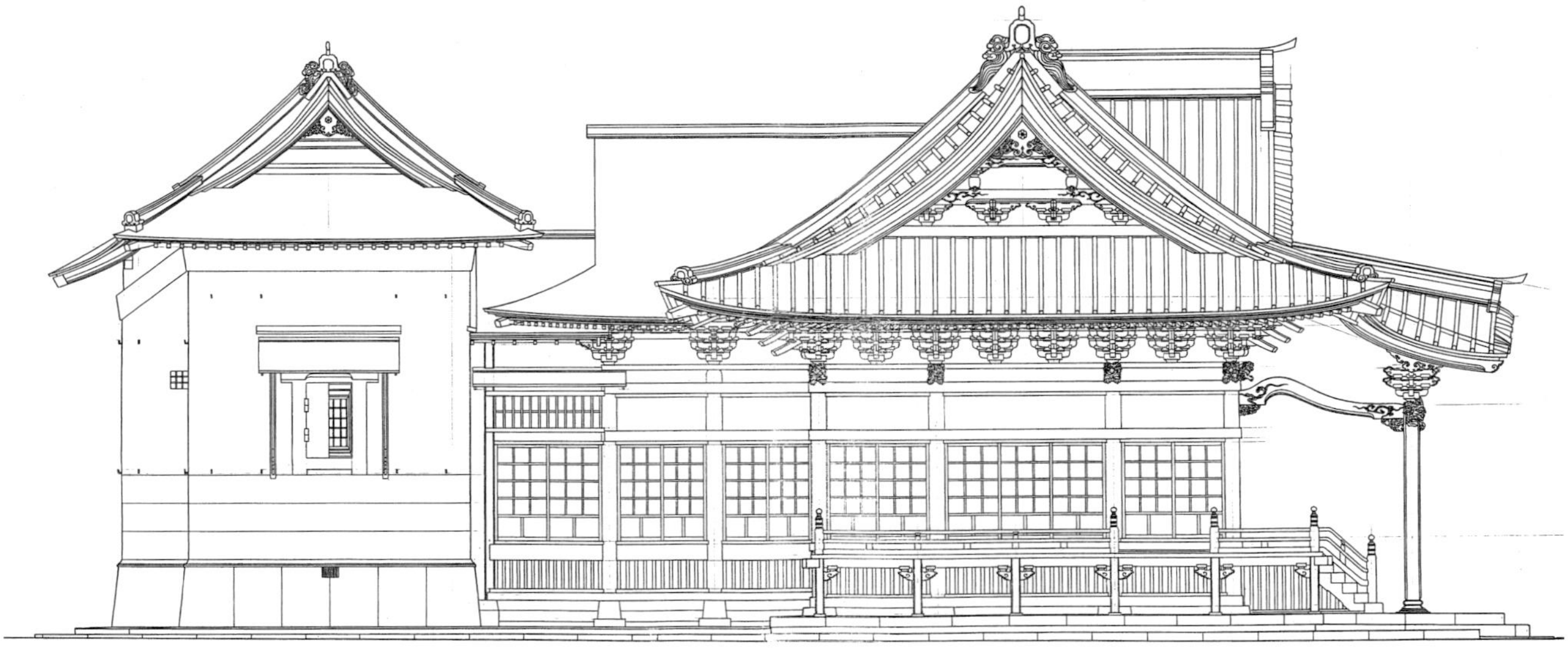

清正公堂側面図

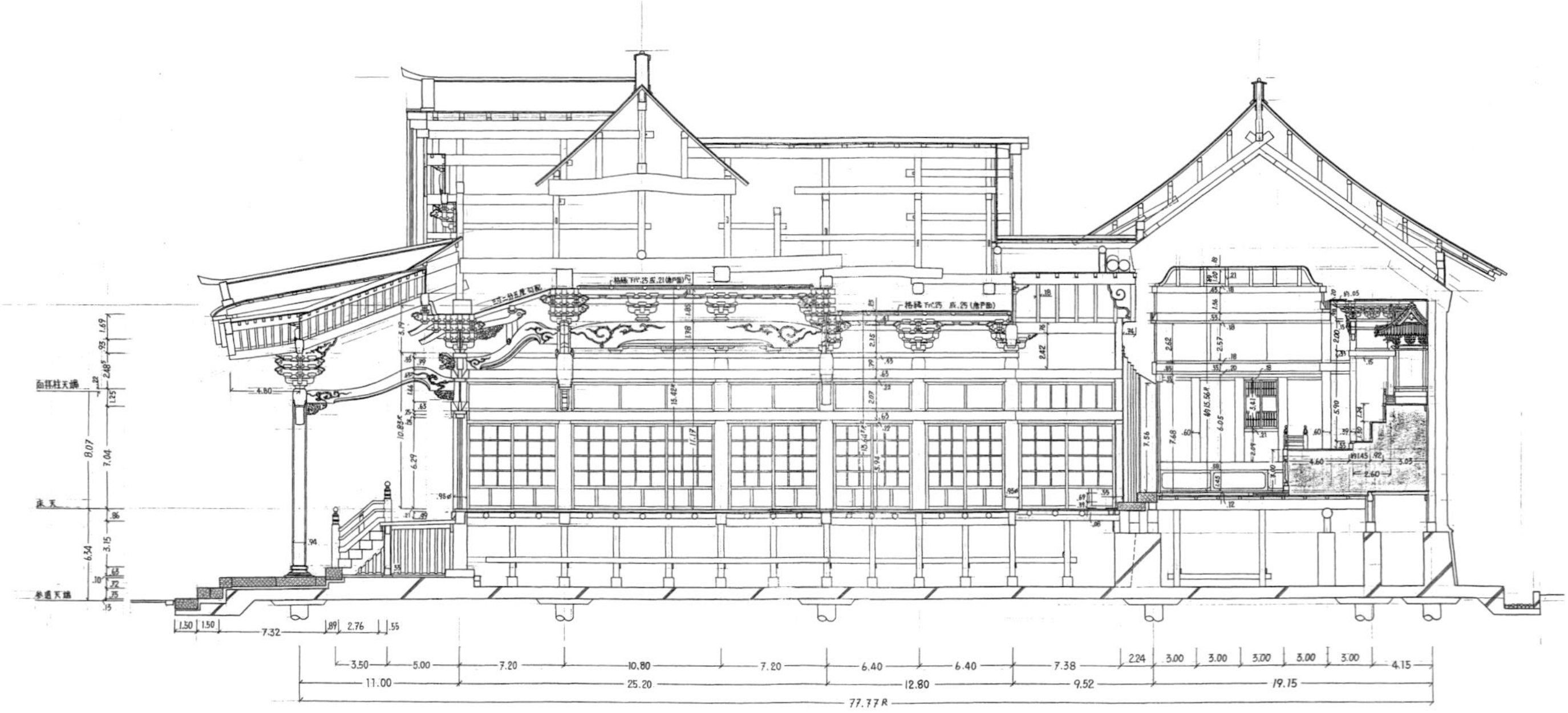

清正公堂梁行断面図

善養寺

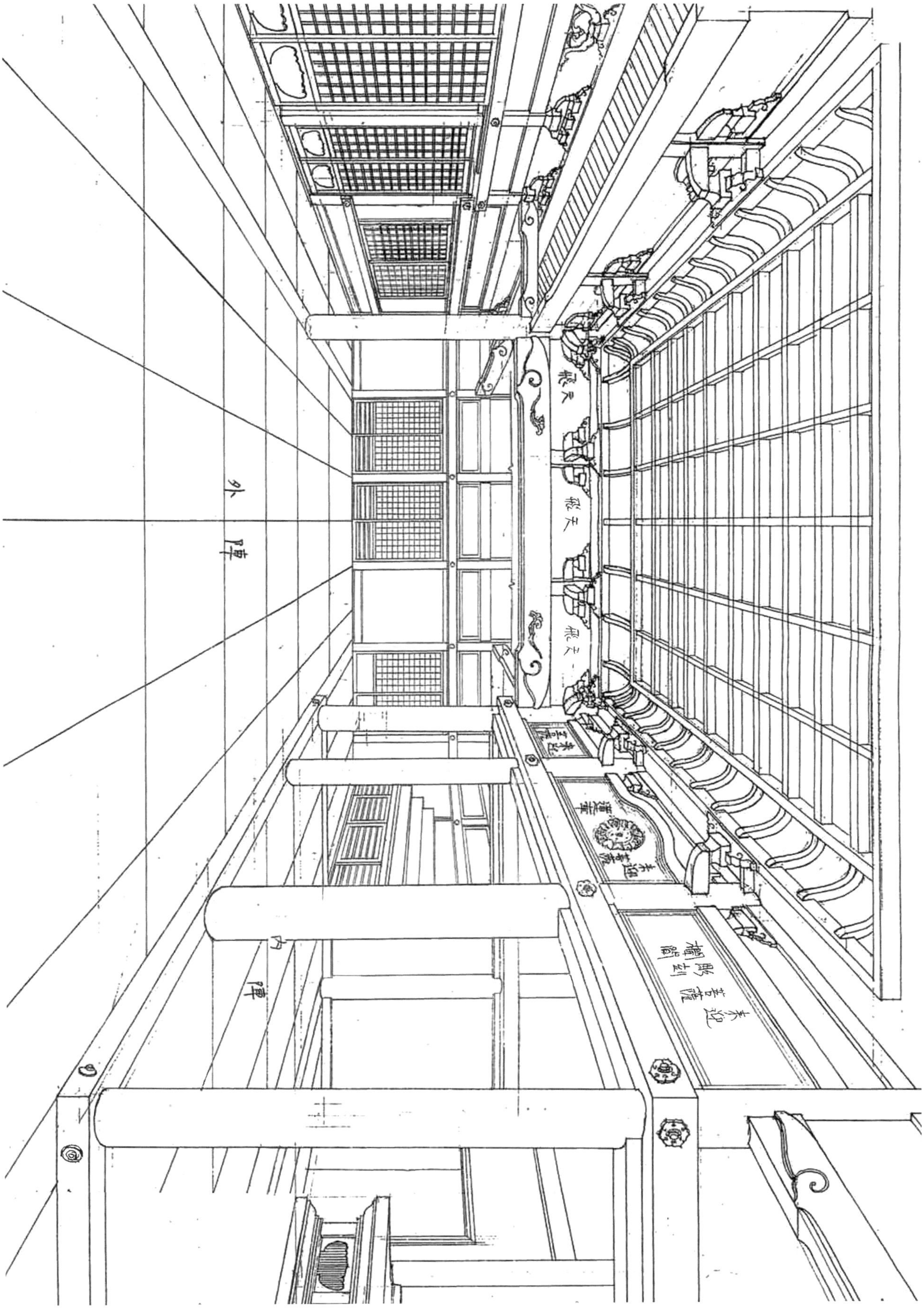

本堂内部外陣スケッチ

貞観園

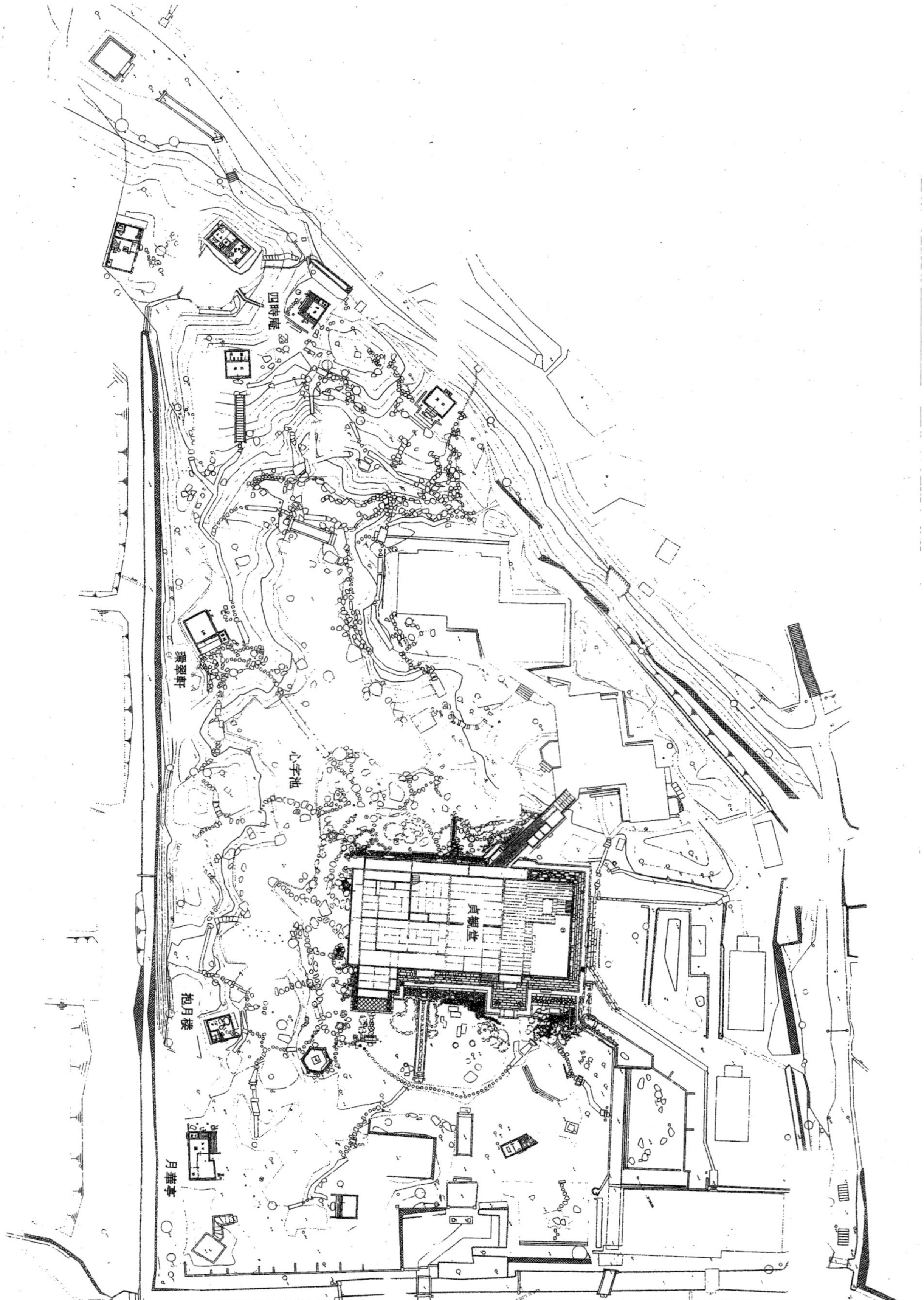

庭園配置平面図（本園のみ）

高願寺

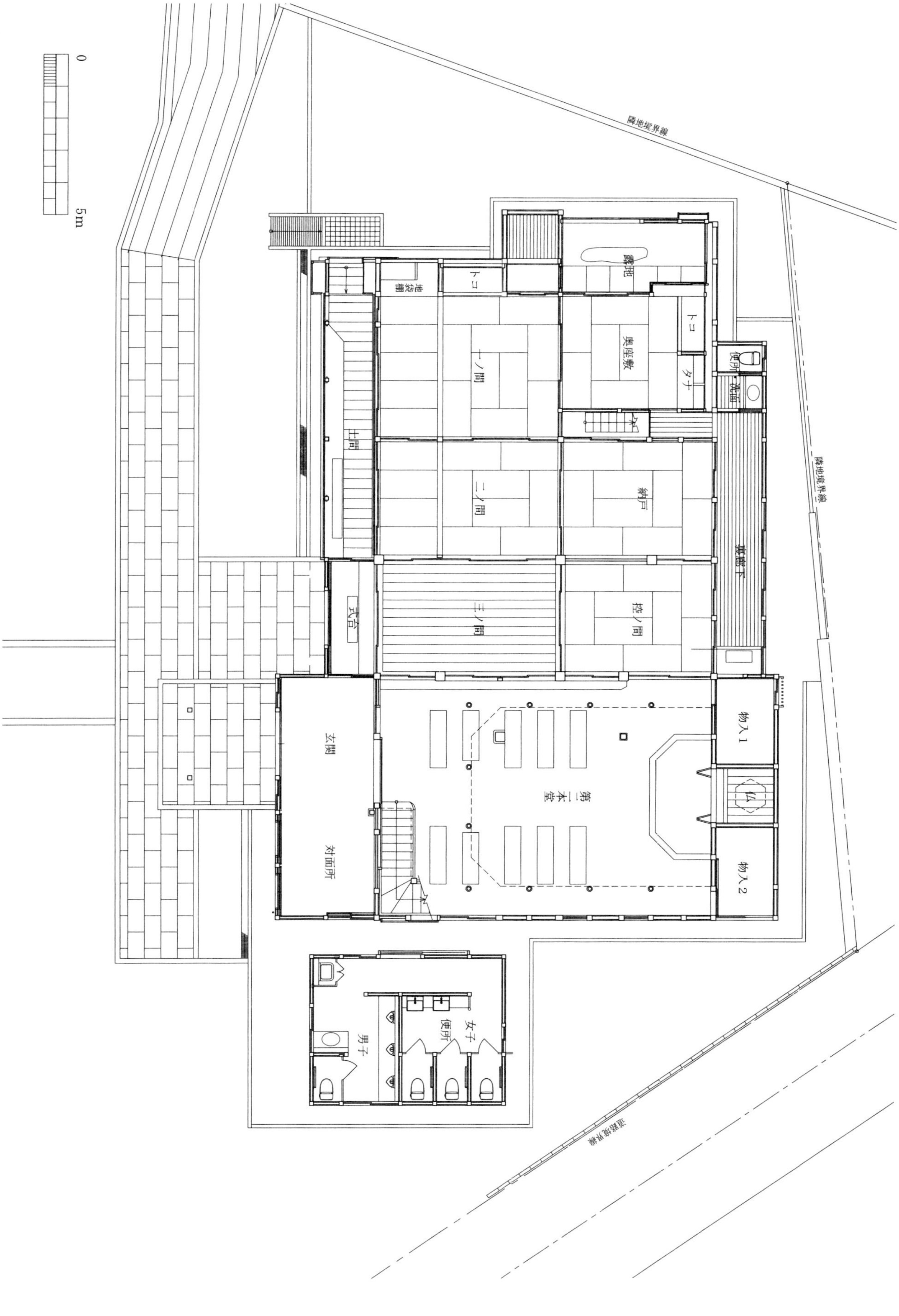
0
5m
隣地境界線
隣地境界線
道路境界線
地袋棚
トコ
トコ
タナ
奥座敷
便所
洗面
一ノ間
二ノ間
三ノ間
納戸
控ノ間
土間
式台
裏廊下
玄関
対面所
第二本堂
物入１
物入２
仏
男子
女子
便所

講堂平面図

髙願寺

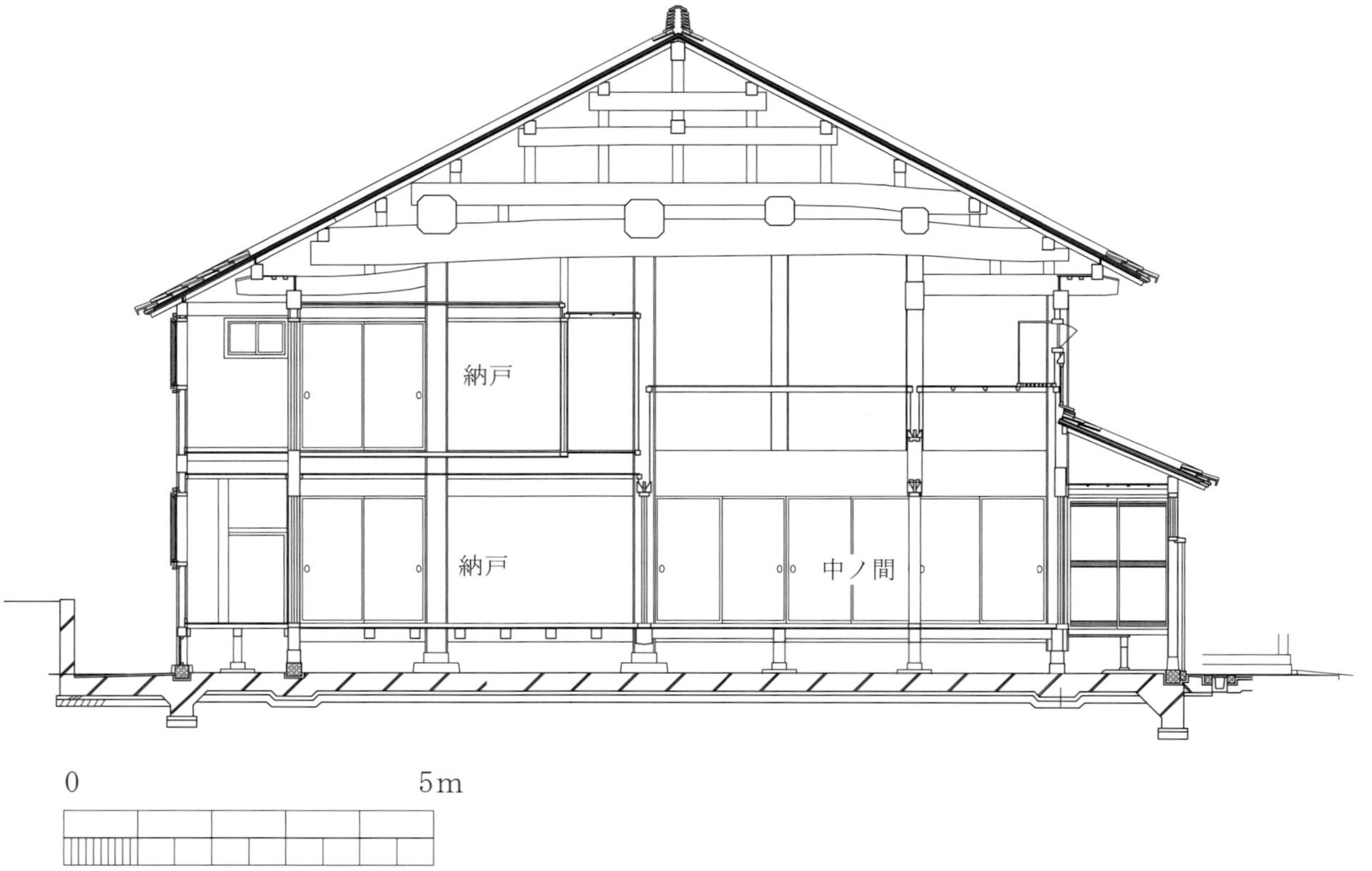

講堂梁行断面図

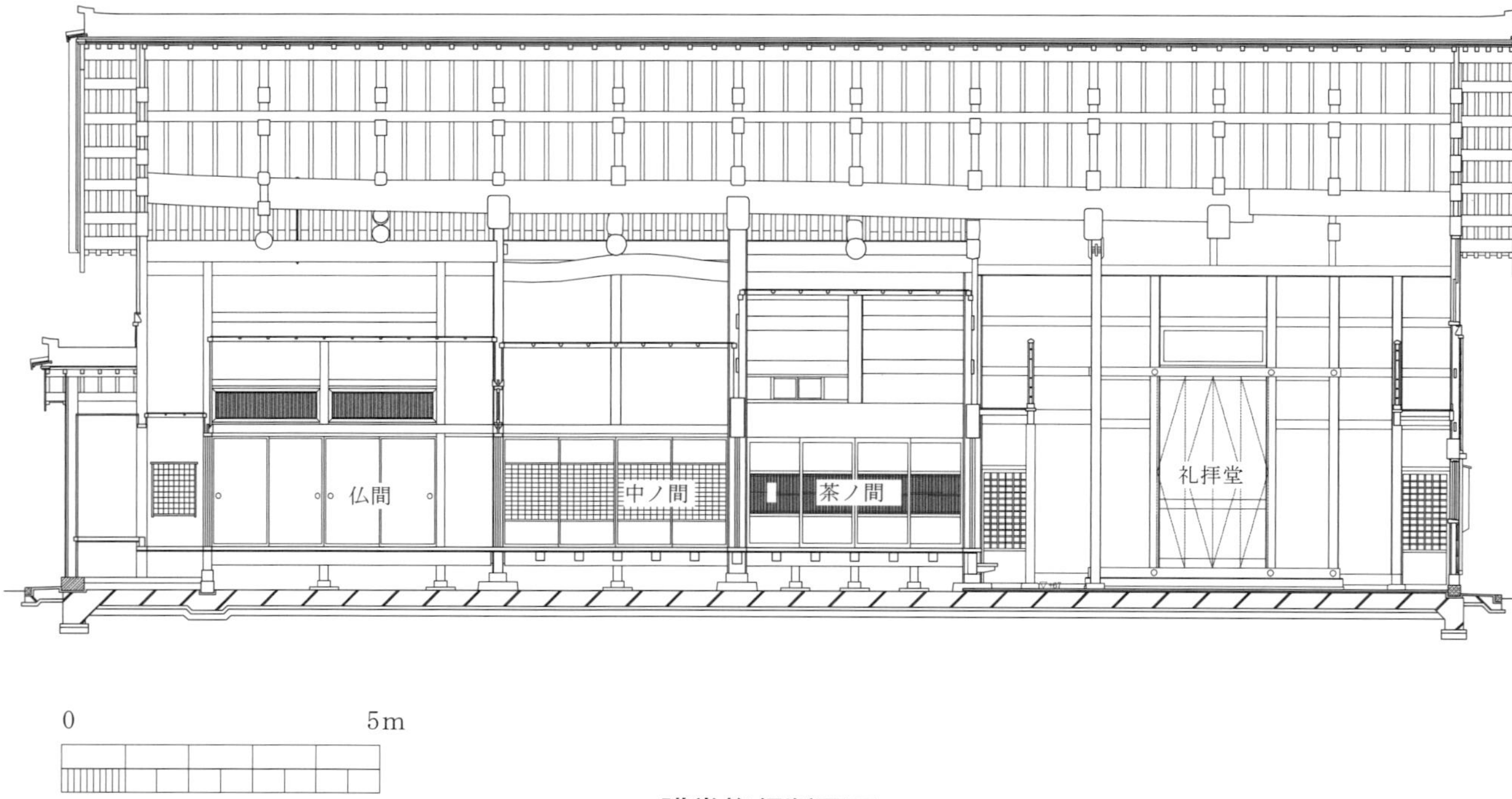

講堂桁行断面図

福智院

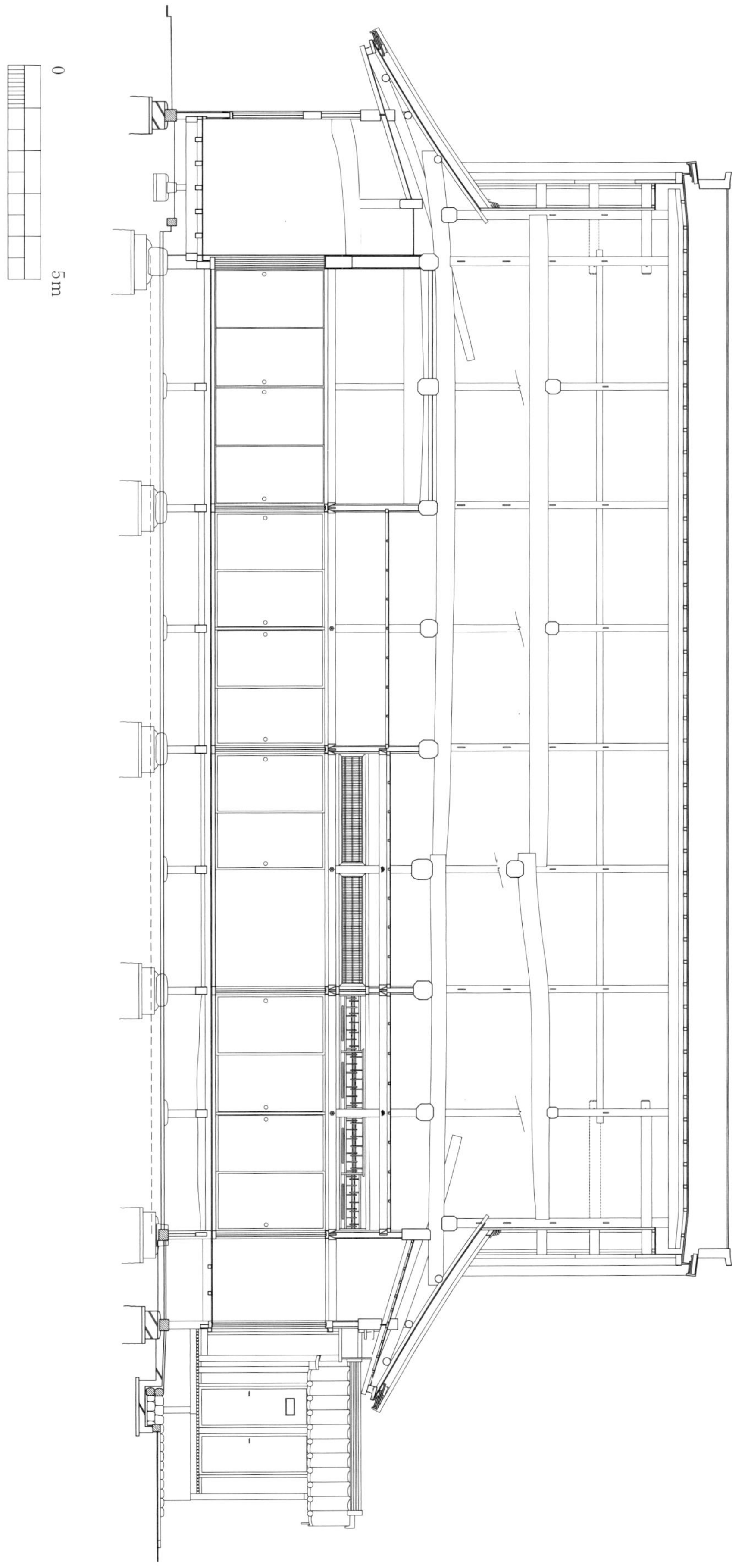

庫裡桁行断面図

泉岳寺

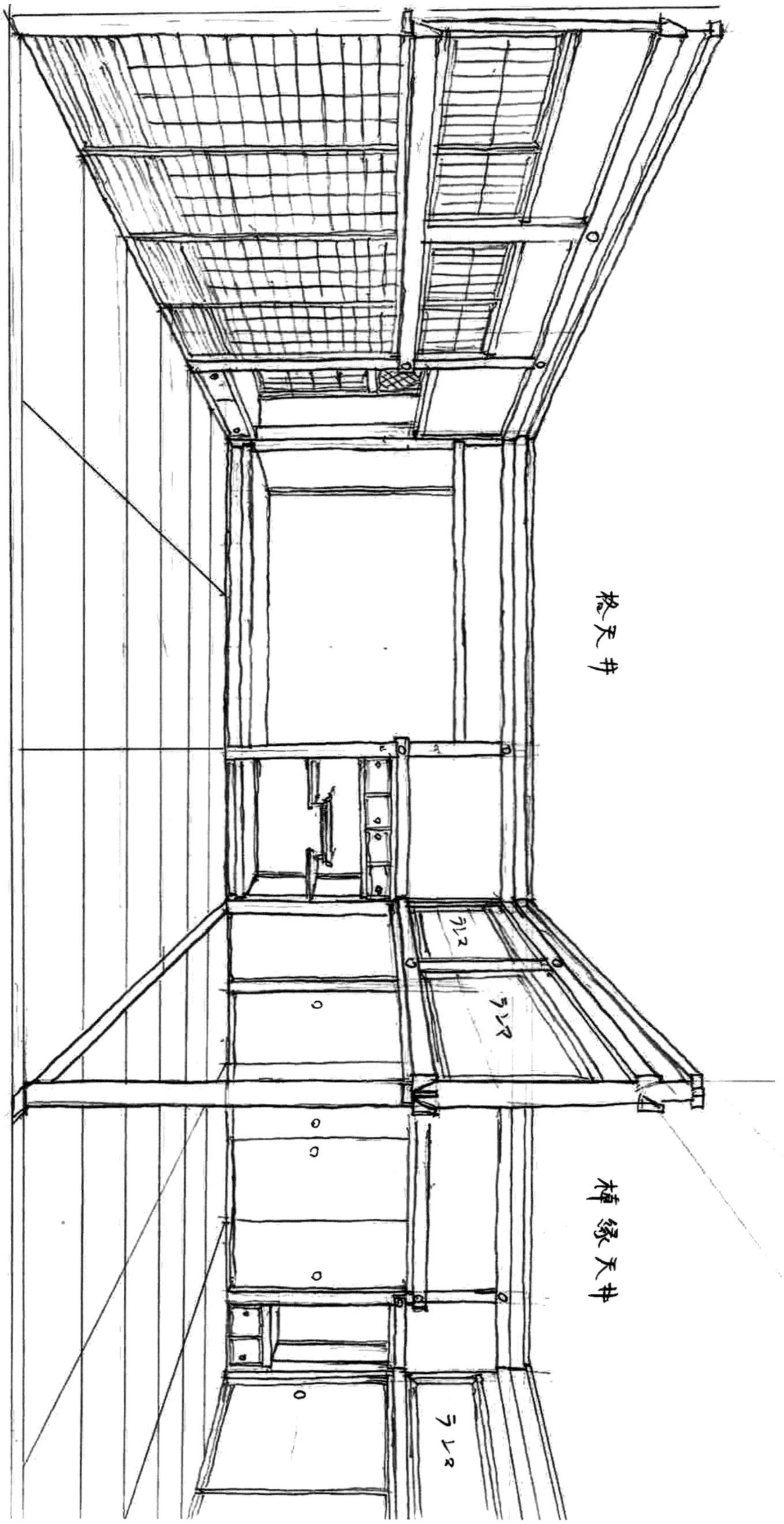

書院内部スケッチ

教安寺

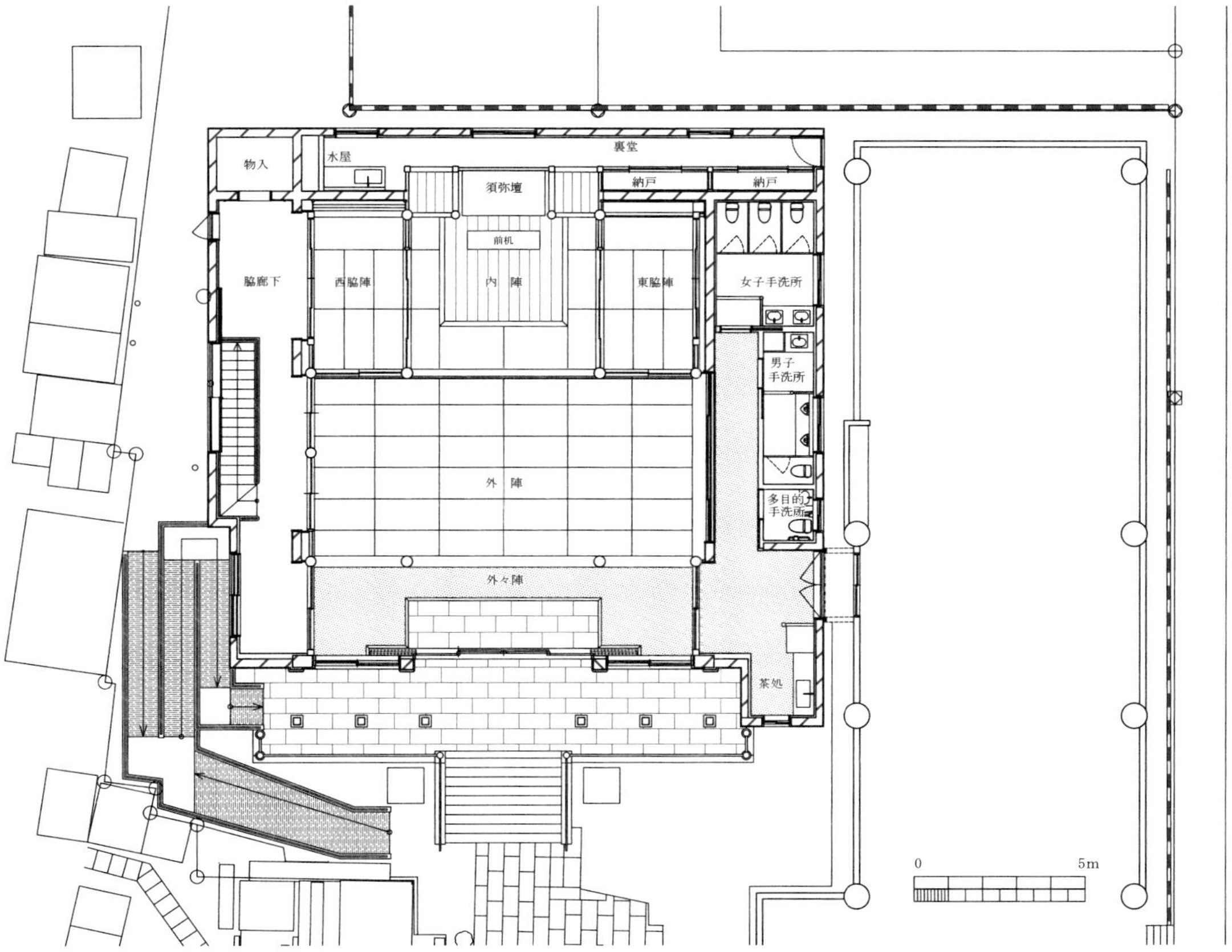

本堂平面図

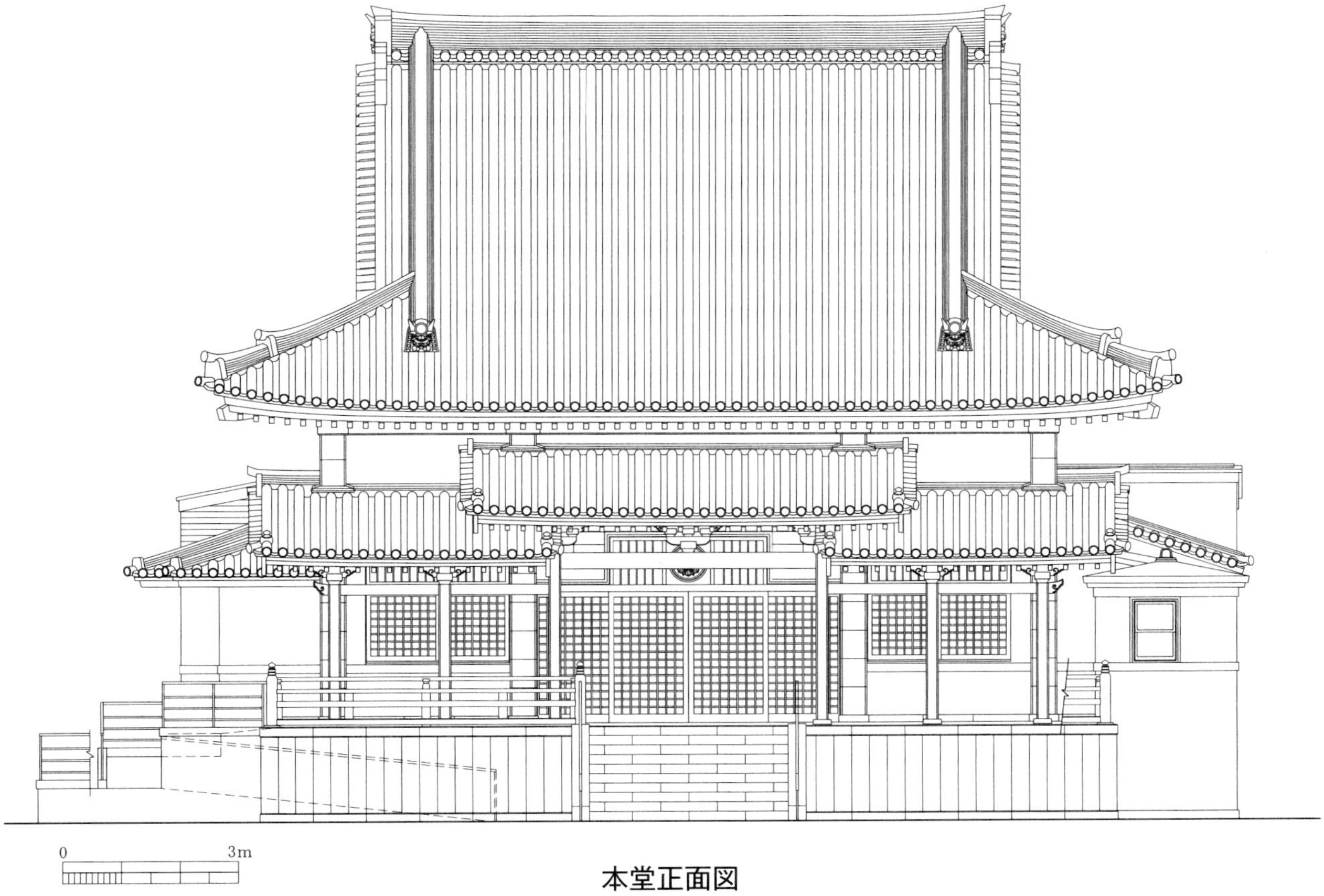

本堂正面図

第2節　組物三ツ斗比較（時代的特徴及び様式性による比較）

平安時代	寶琳寺

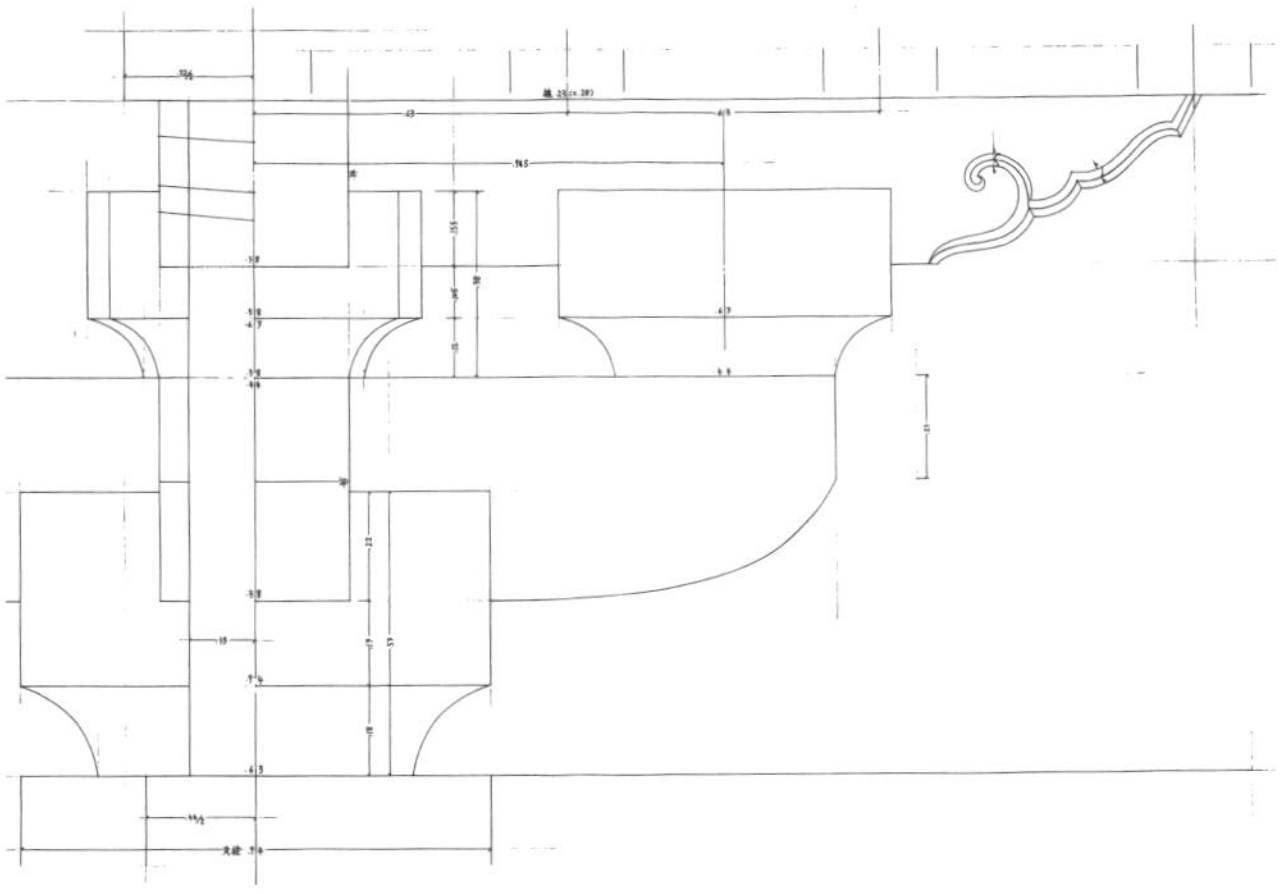

鎌倉時代	天嶽院鐘楼

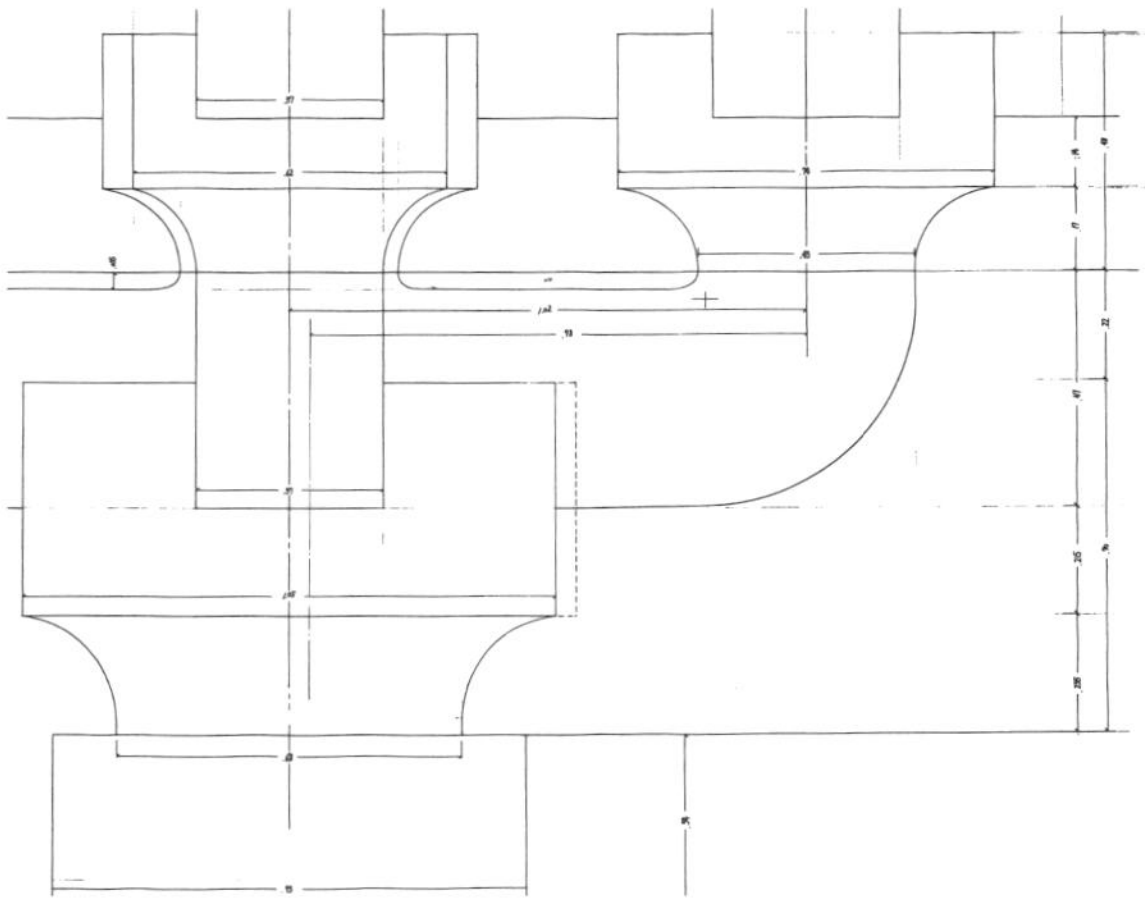

室町時代	天嶽院不動堂

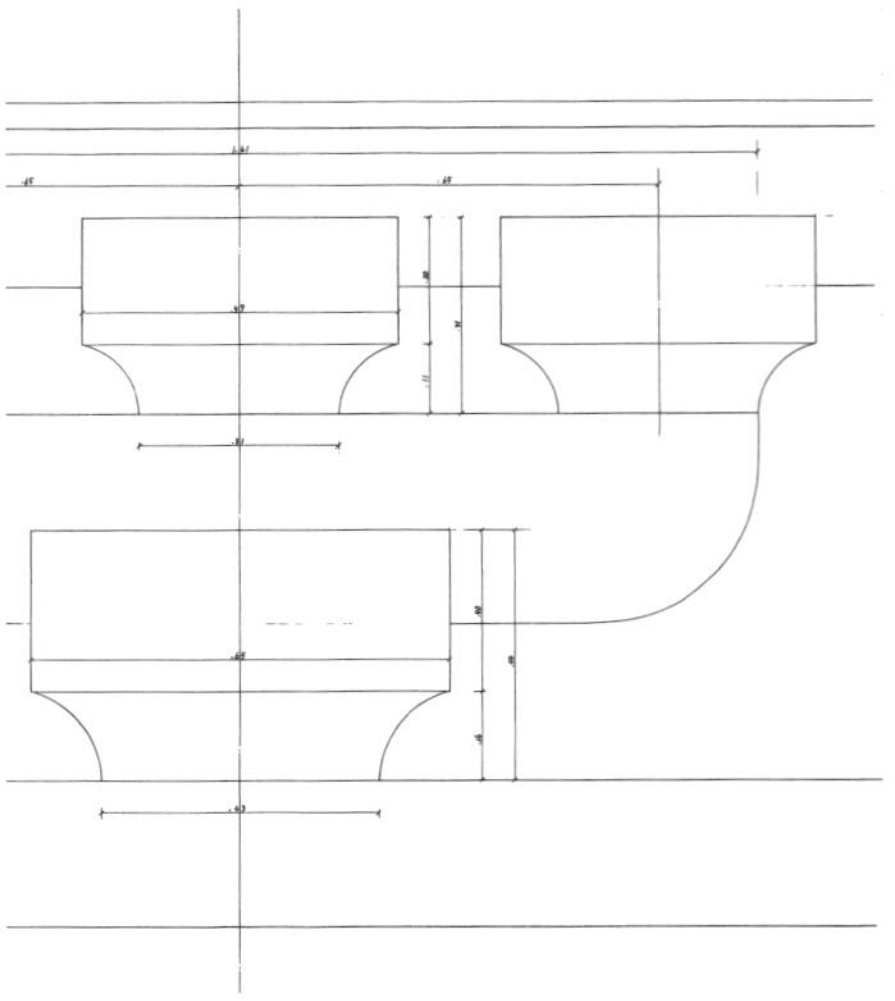

江戸時代初期	真勝寺

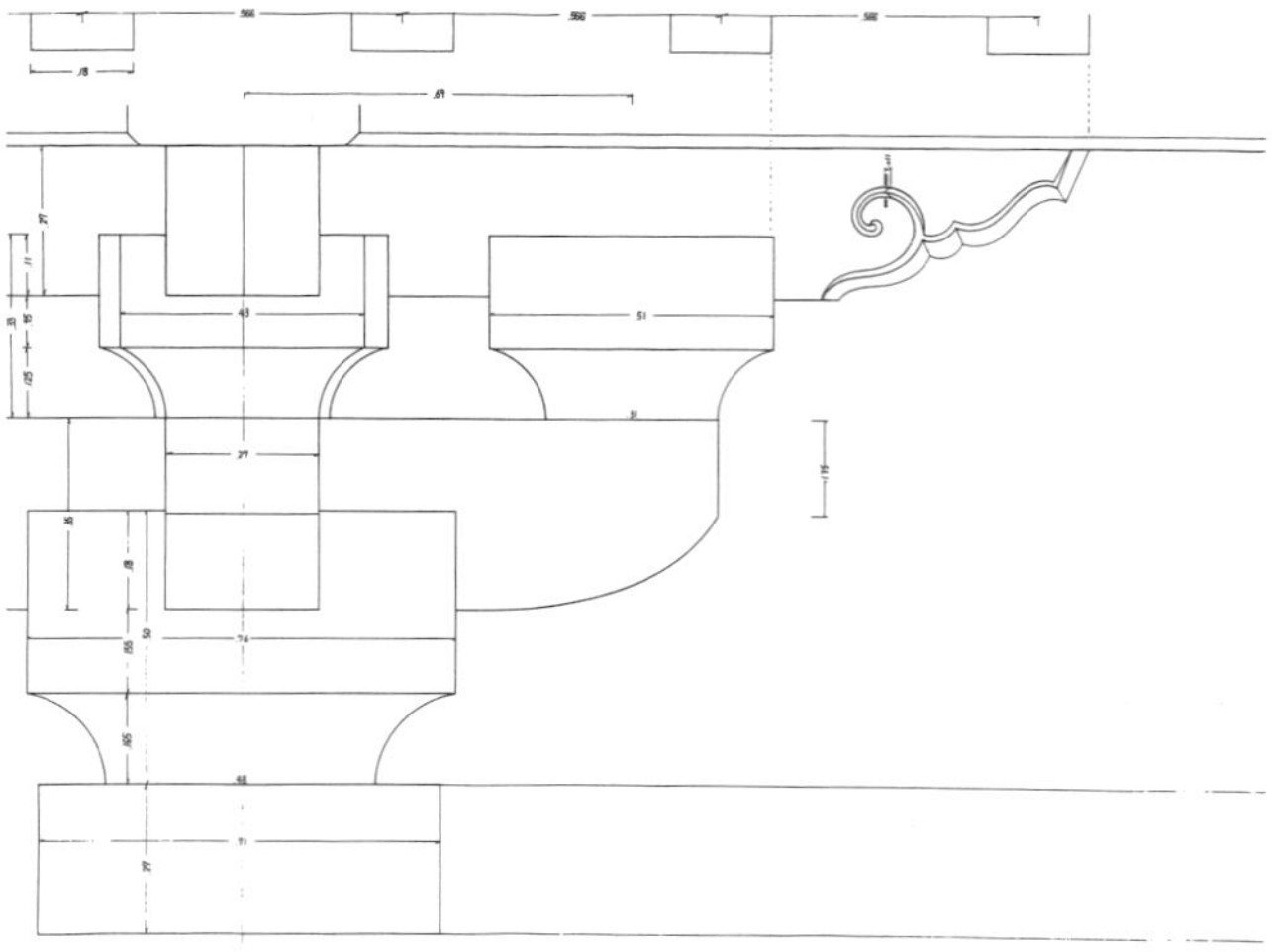

江戸時代中期	松月院

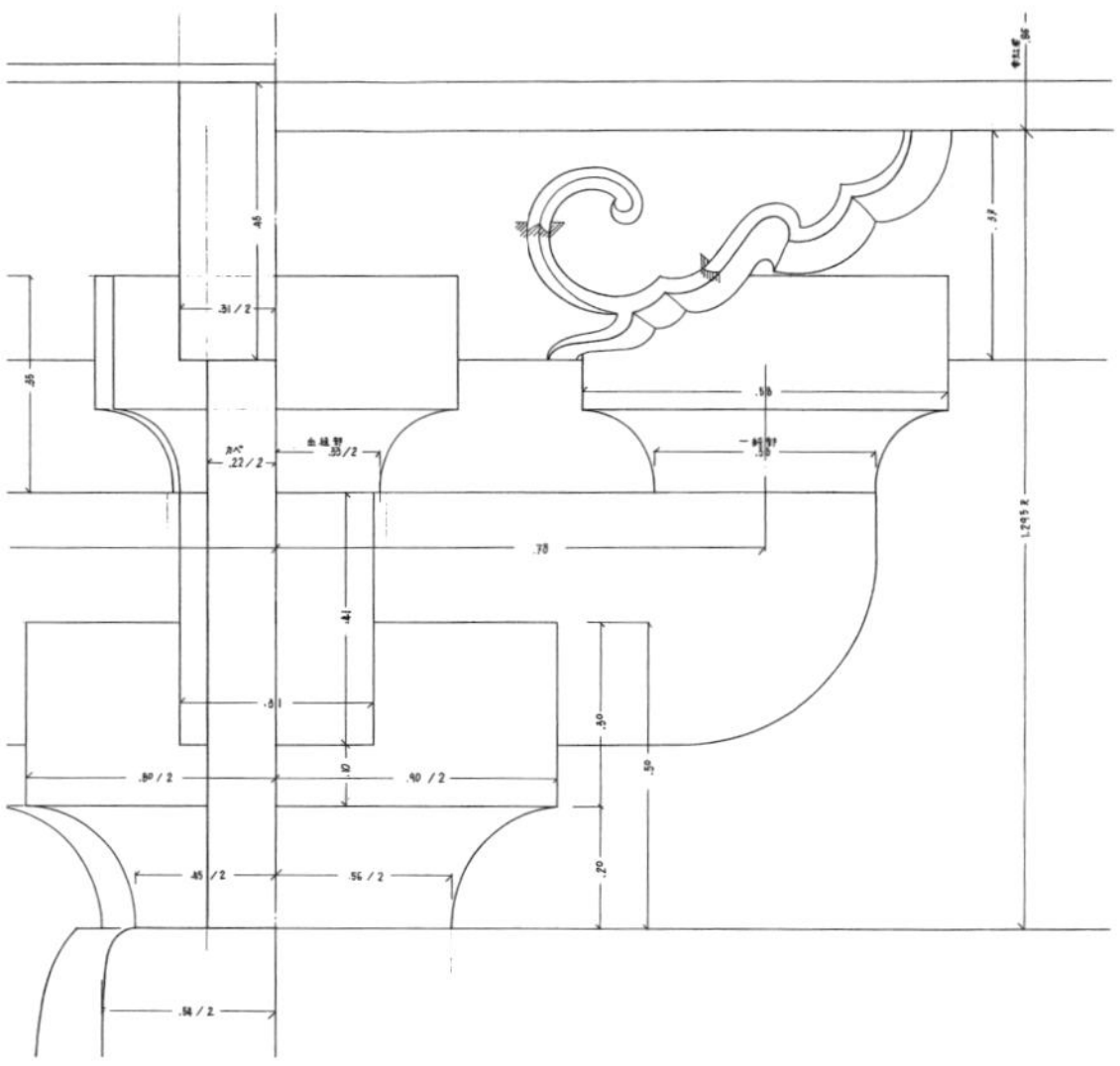

江戸時代後期	覚林寺

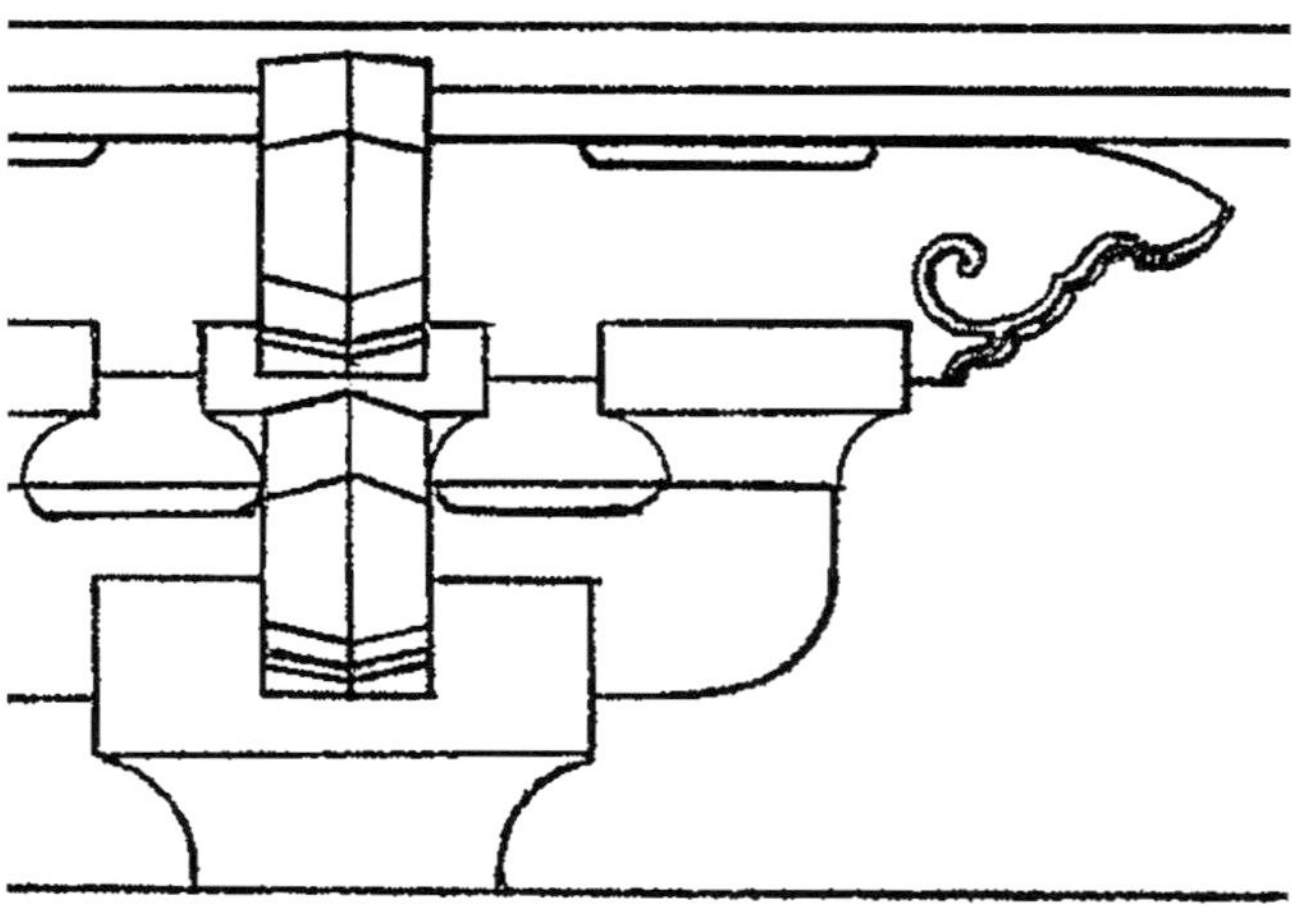

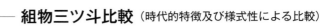

善養寺本堂

虹梁

新埼佛会館

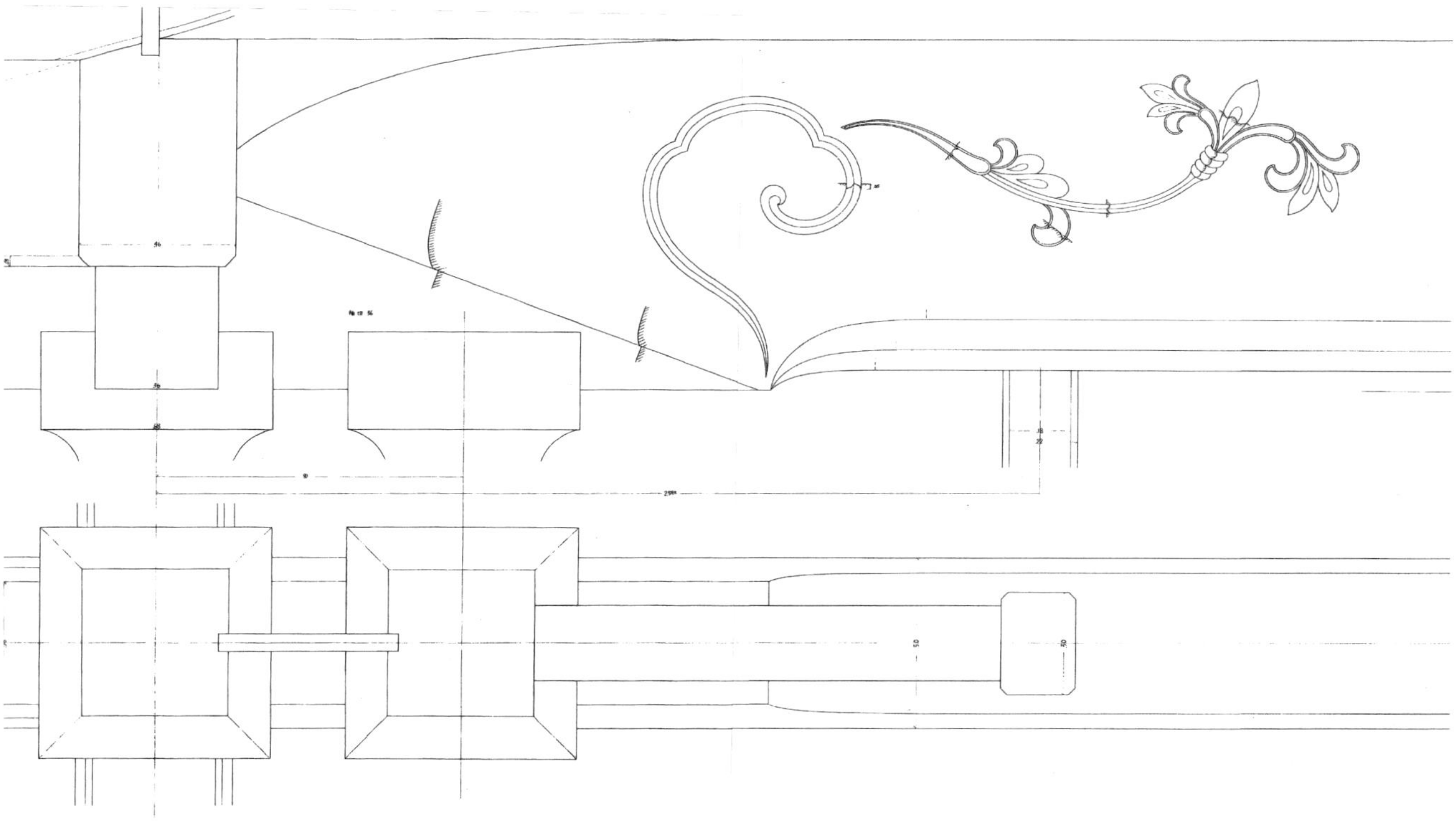

虹梁

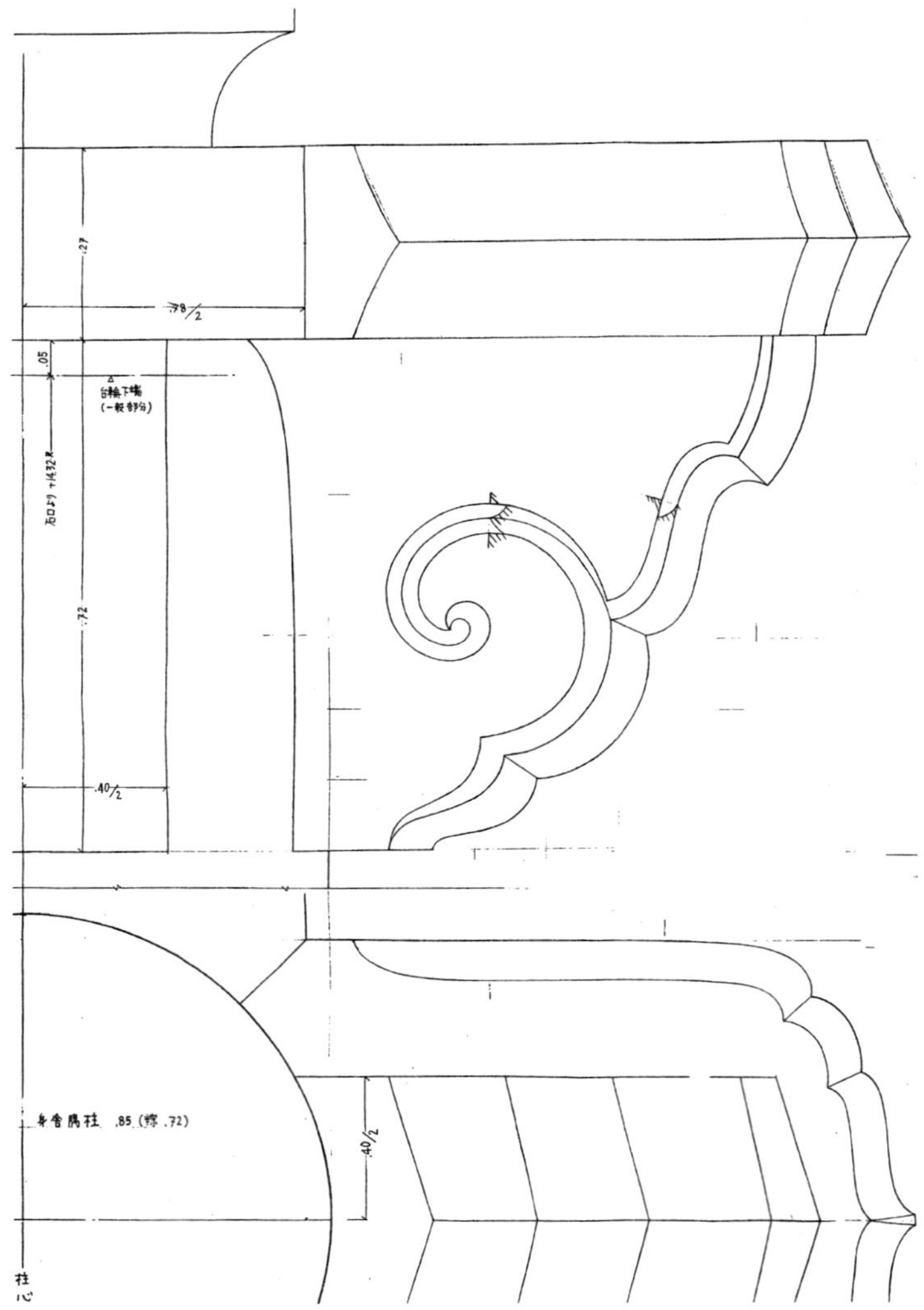

頭貫木鼻

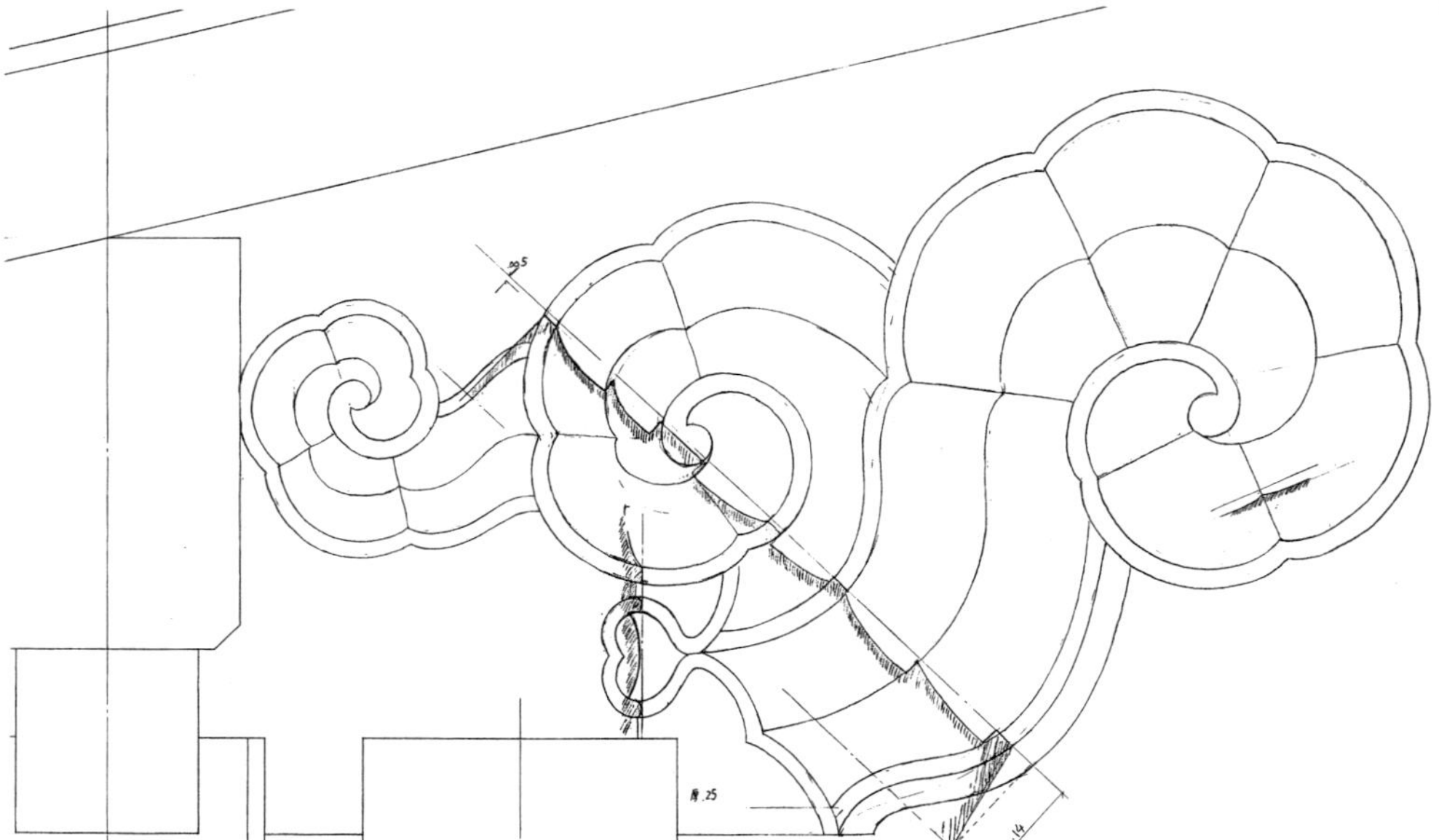

雲形絵様蕨手鼻

能仁寺中雀門

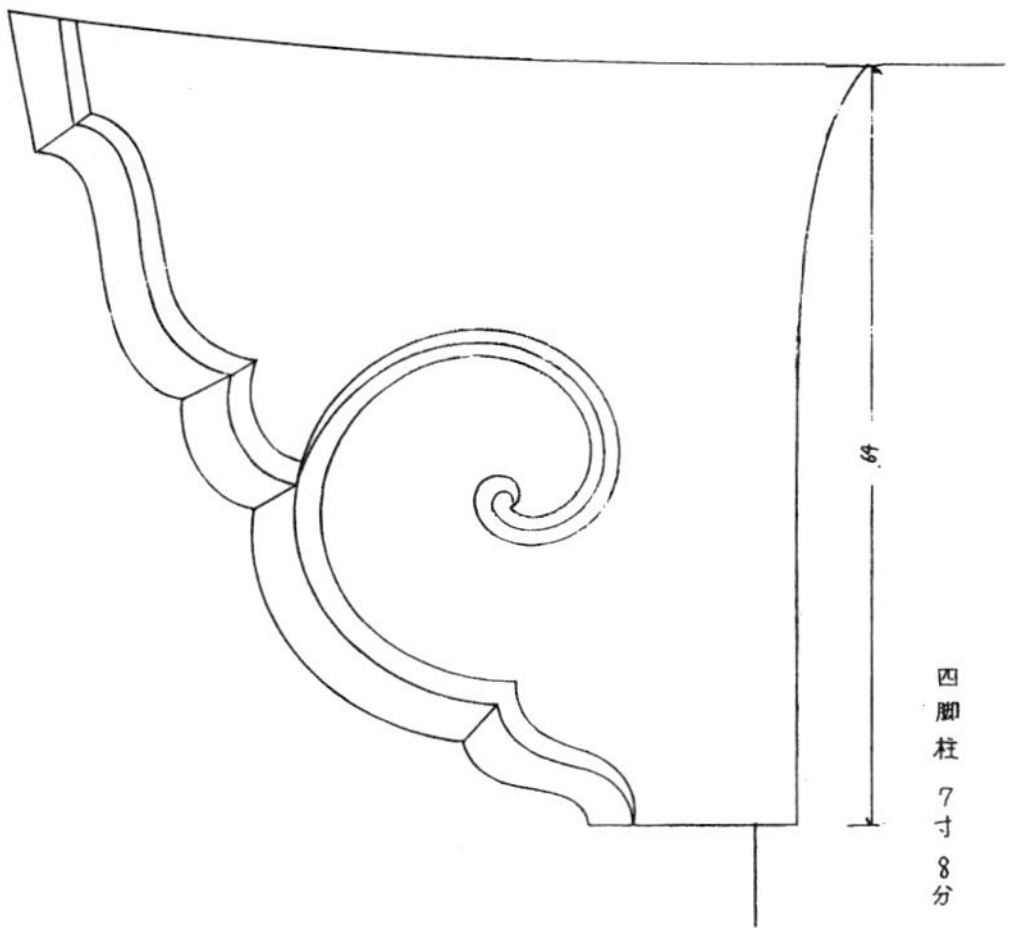

四脚柱頭貫木鼻

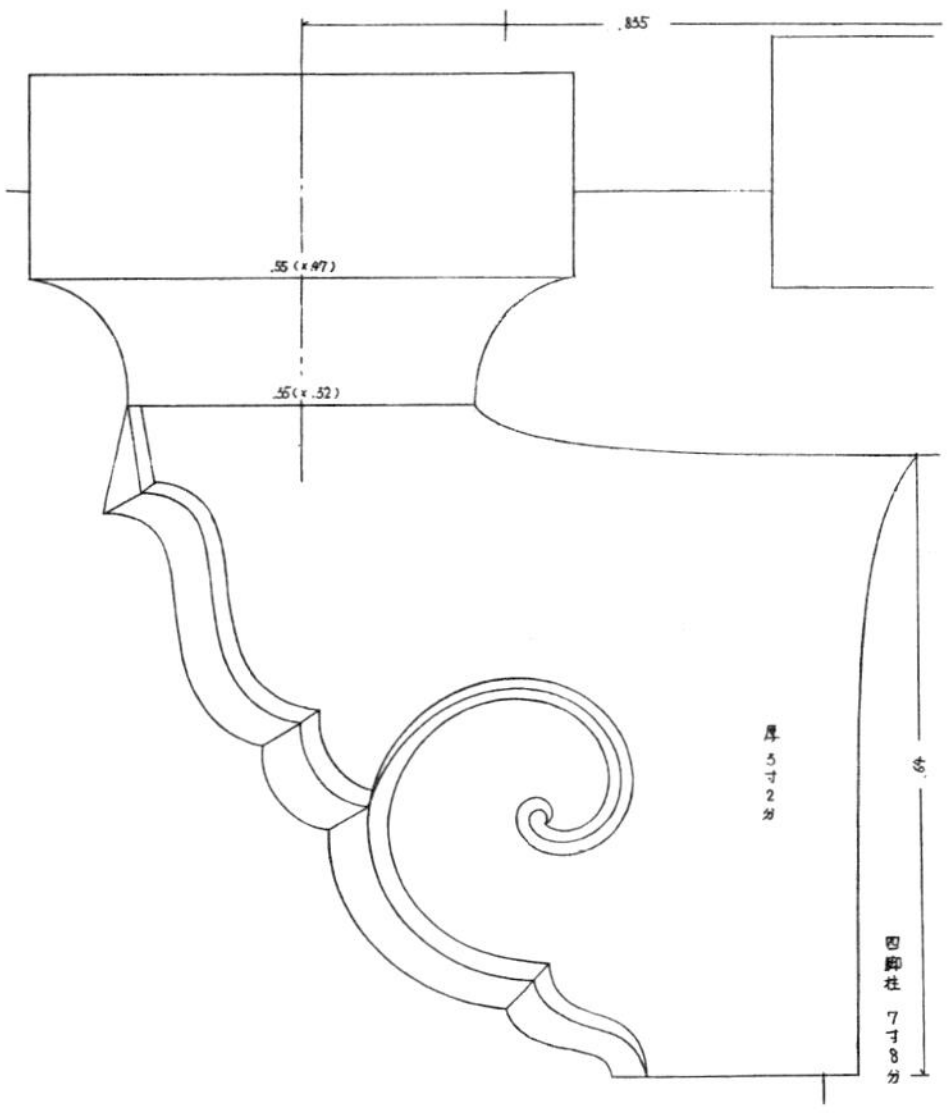

四脚柱連三ツ斗木鼻

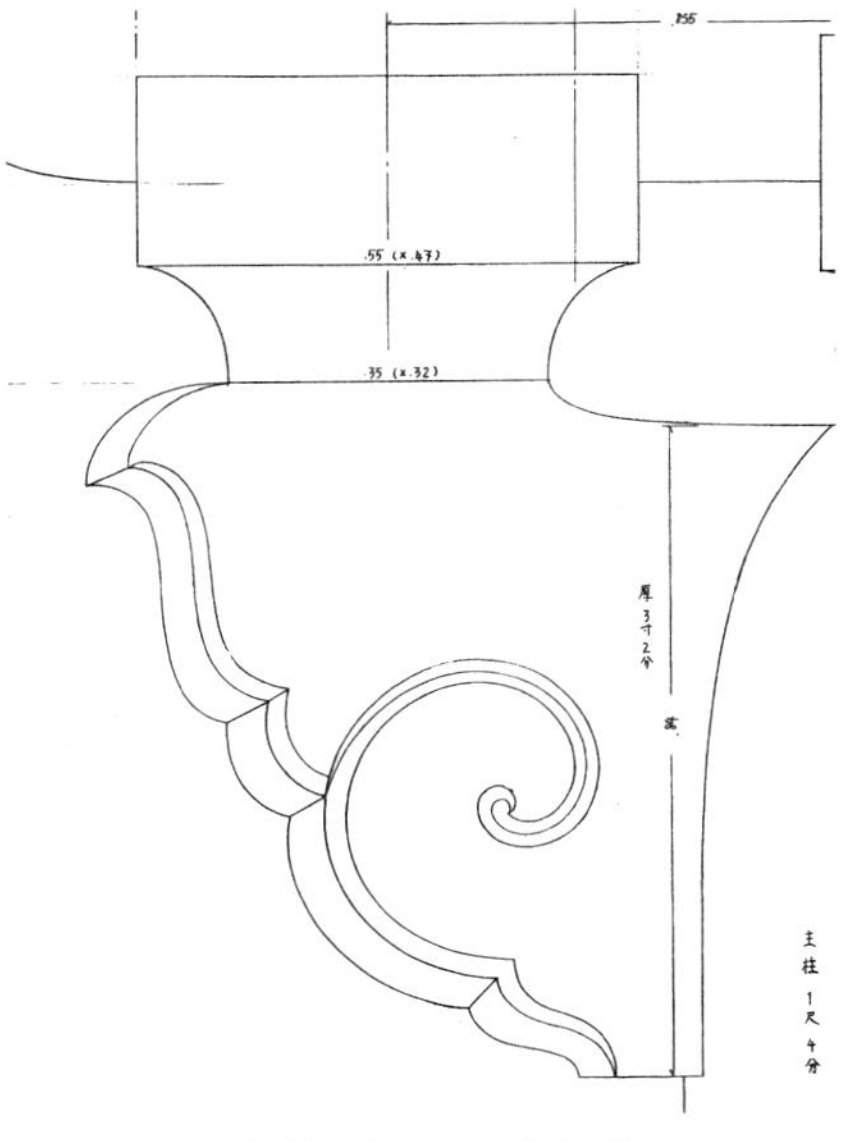

主柱連三ツ斗木鼻

松月院中雀門

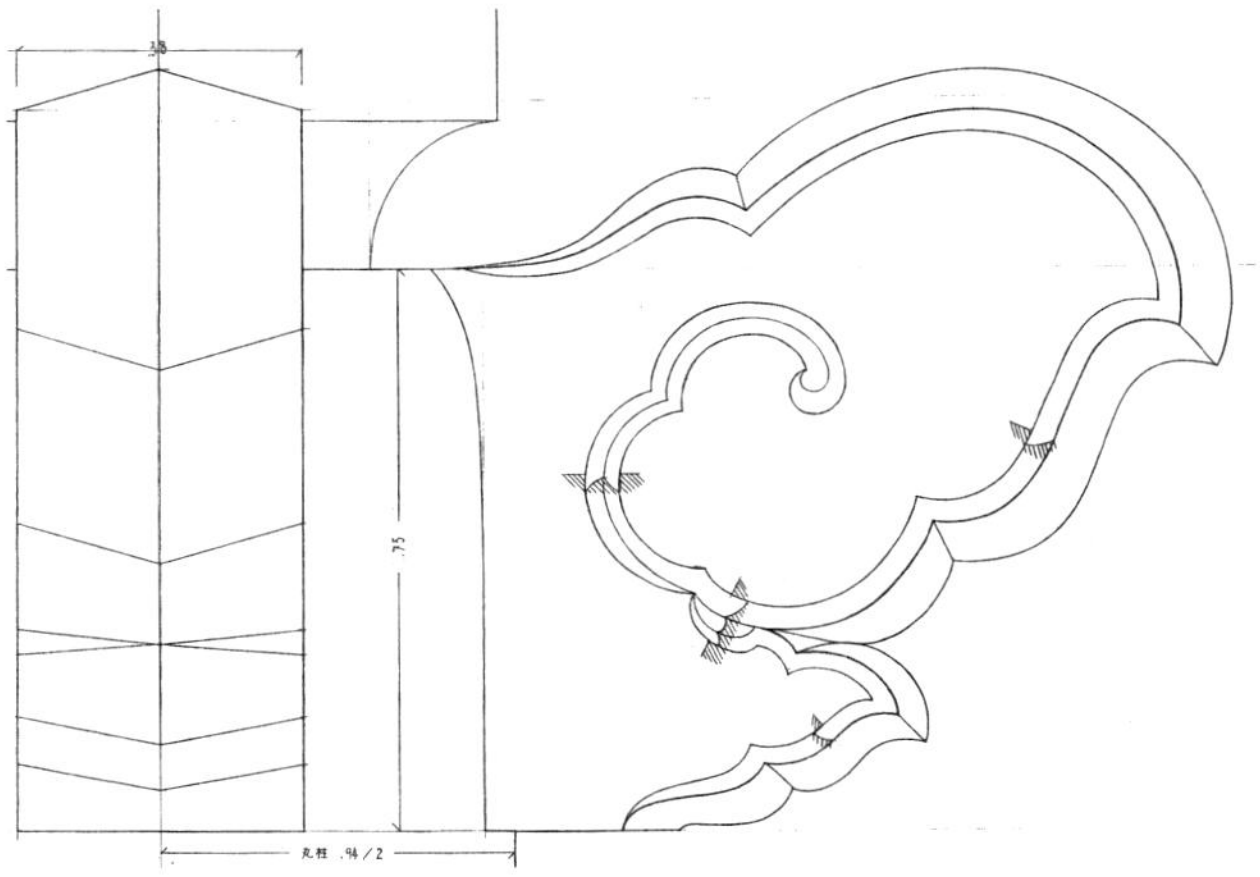

頭貫木鼻

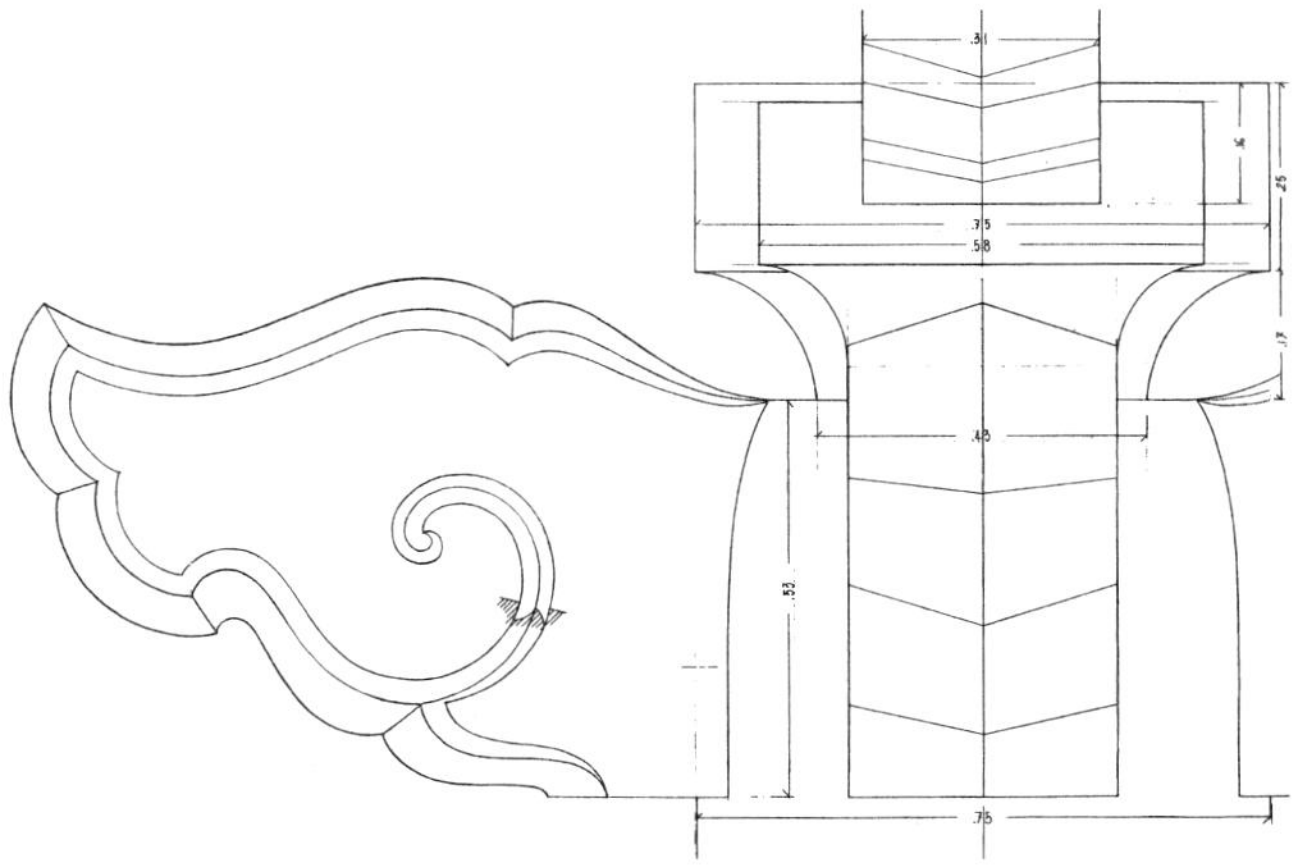

大瓶束頭貫

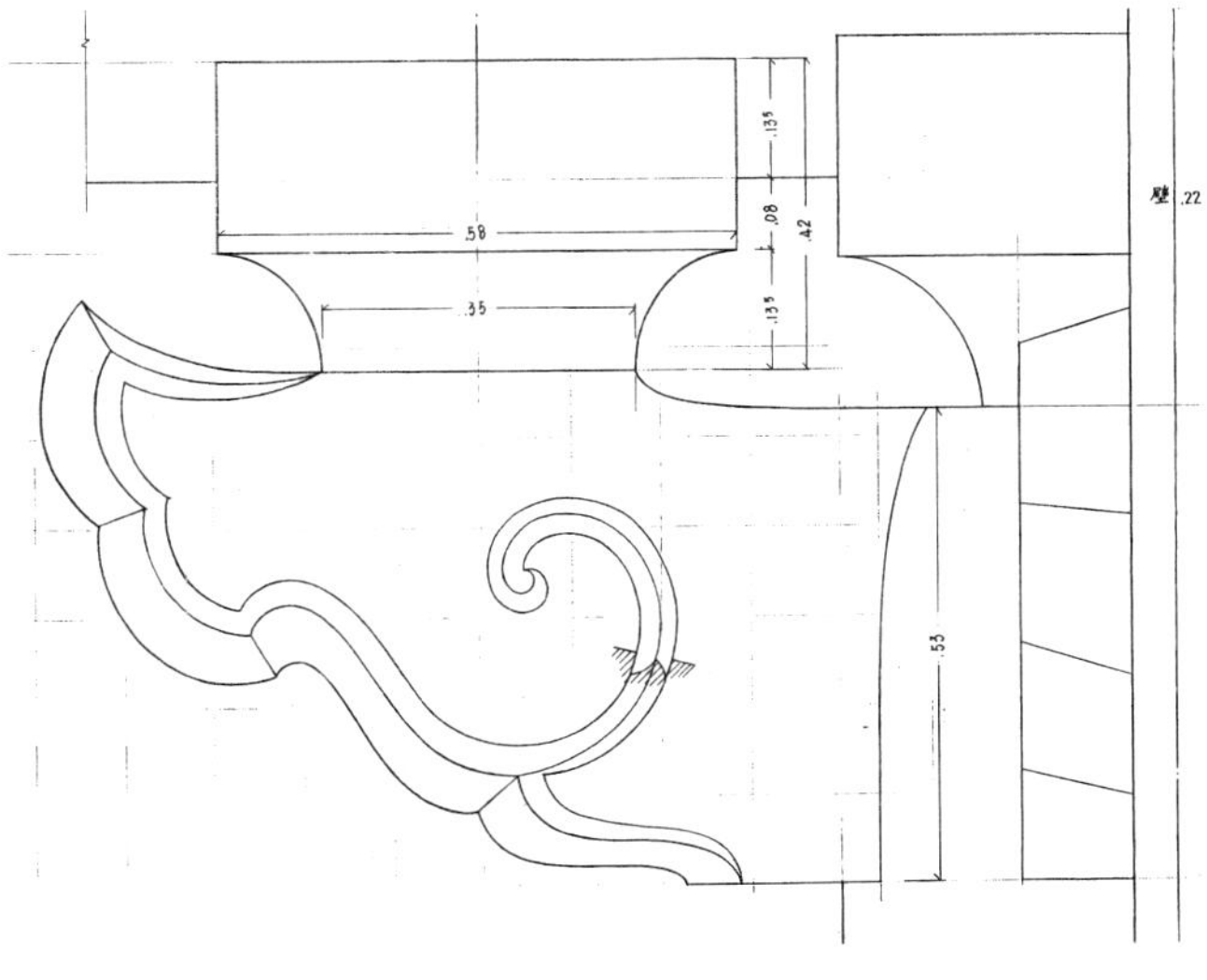

大瓶束頭貫上方斗

覚林寺本堂

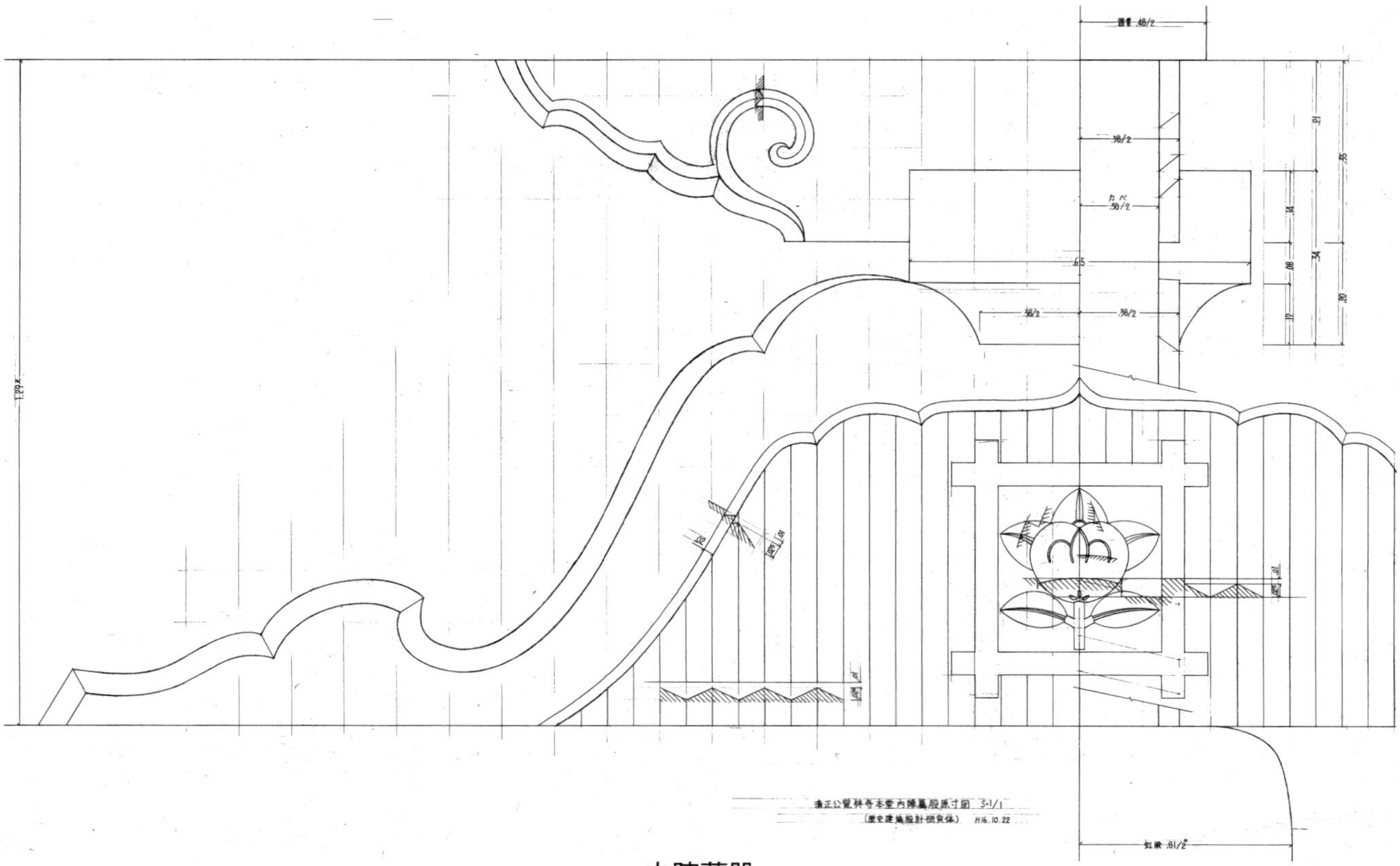

内陣蟇股

勝願寺客殿

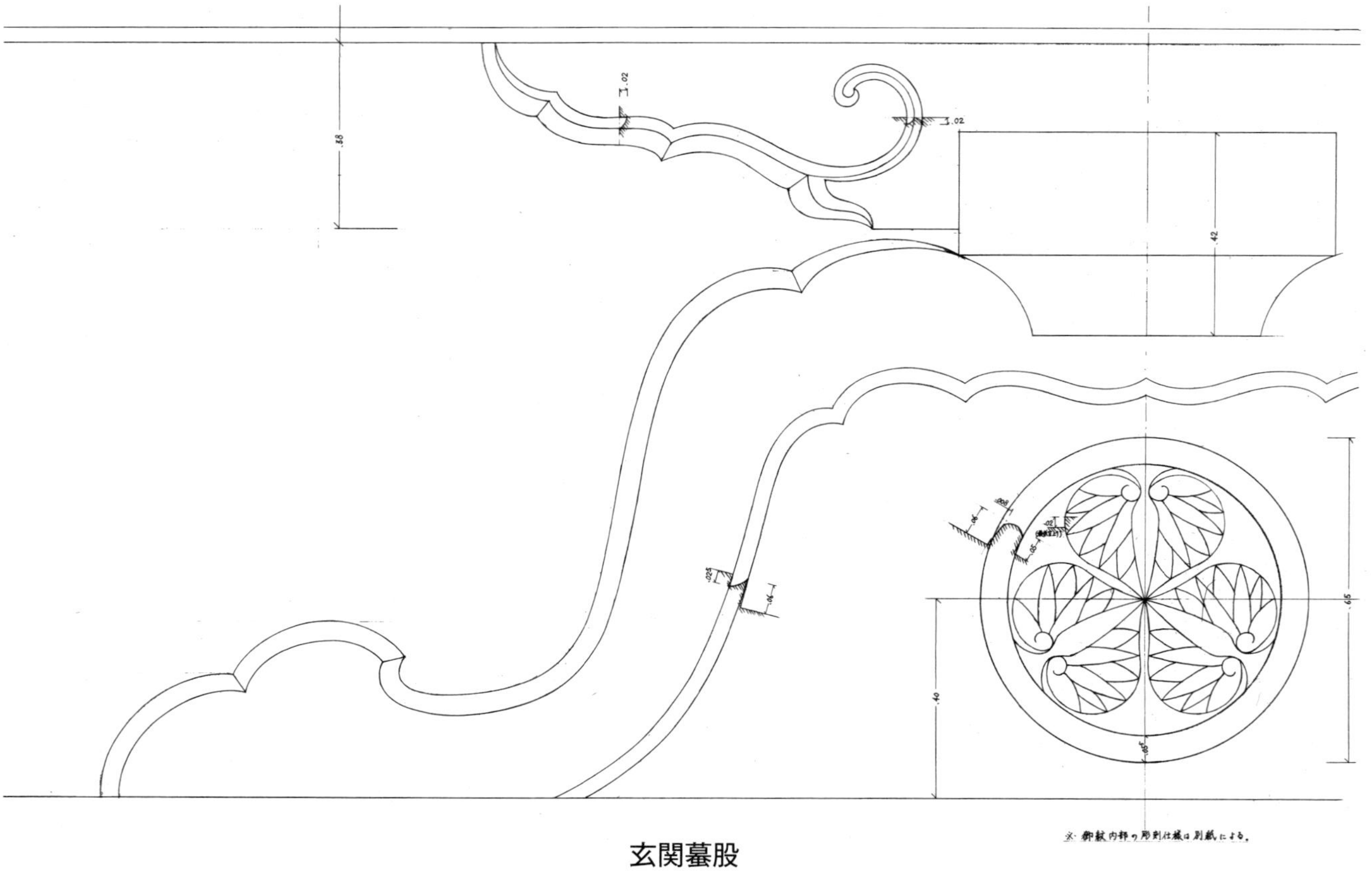

玄関蟇股

永安寺本堂

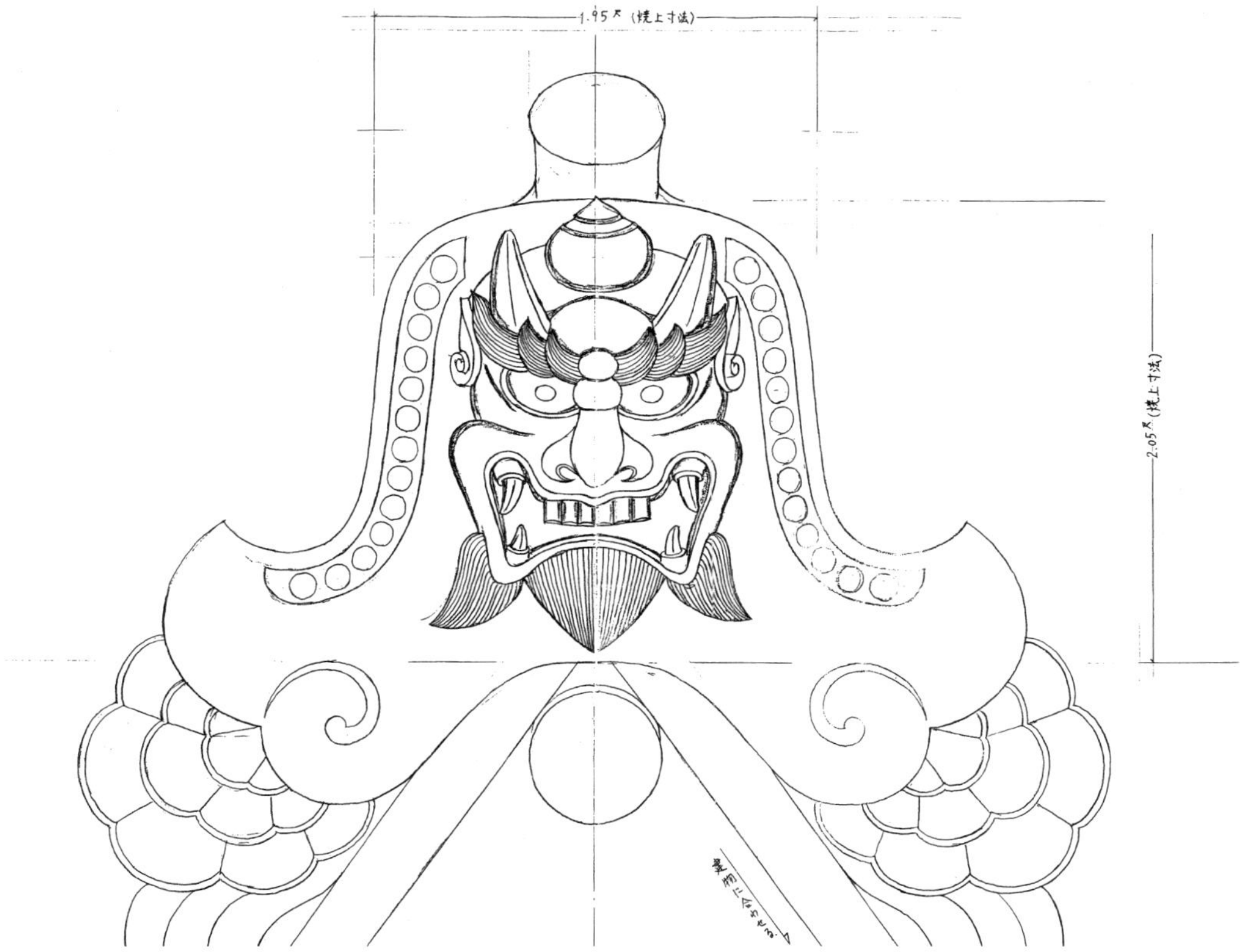

鬼瓦

東禅寺庫院

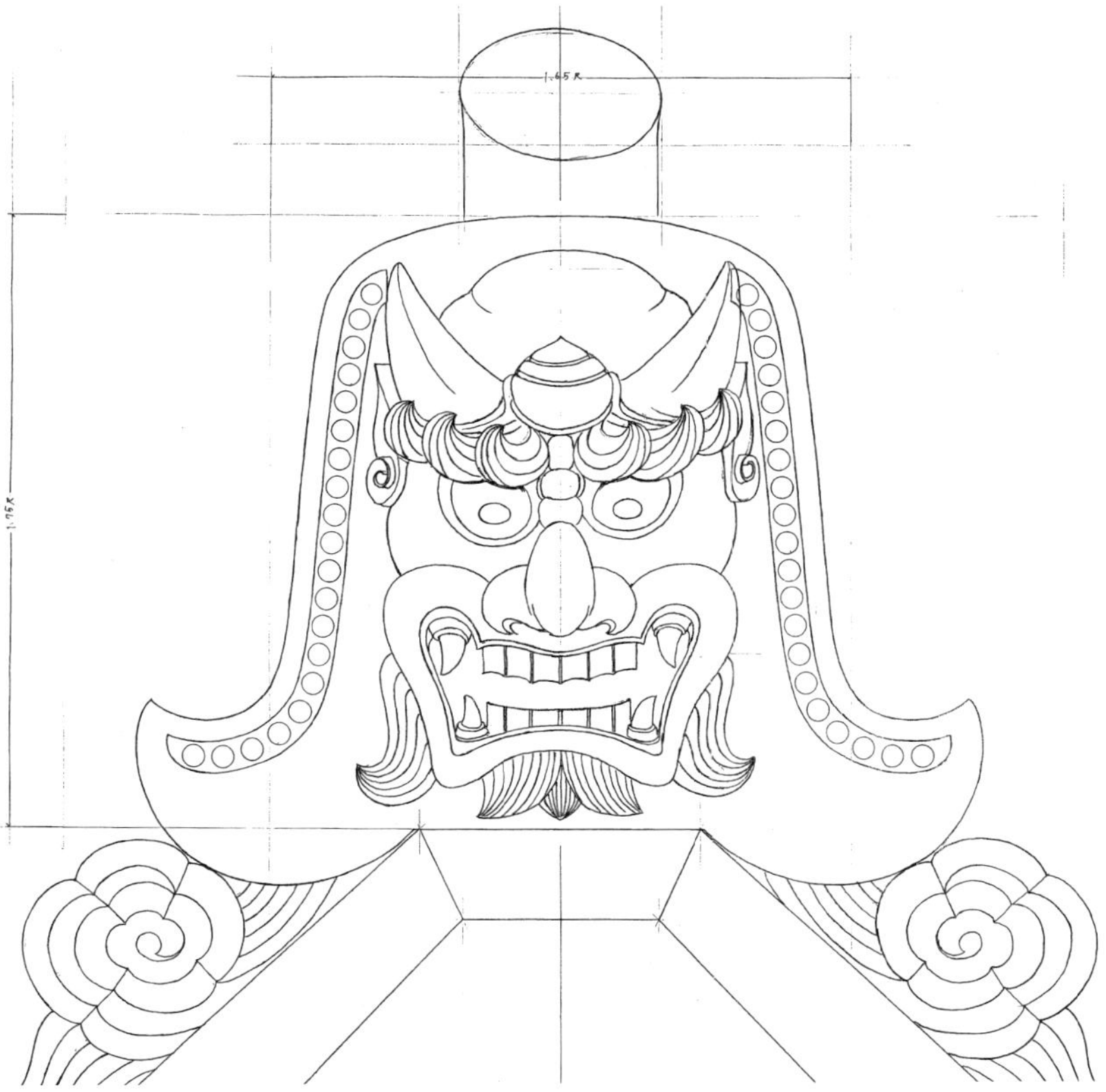

鬼瓦

あとがき

わが半生ひたすらこの道に捧ぐ
伝統的木割術に基づき　出来うる限り用と美を求め
庭園との調和を求めて精進す
この伝統を長く継承せんと欲すれども
わずかにその一端を荷うのみにて終る
されどかえりみるに愁雲なく　感謝の光あるのみ

平成二九年一〇月
敬生

これは、再発二ヶ月後に夫の遺した文です。

まさにこの通り、日本建築と日本庭園を守り、作り続けることを使命として、それに取り組んでいる姿は生き生きとしておりました。スケッチを描きながら構想を練ったり、図面を描いたりするのが何よりも好きで、寝食を忘れて集中し、家族が心配して声を掛けるほどでした。

平成二九年一月、このように充実した生活を送っていた夫に病気の兆候が現れ、診断を受けたときには、すでにがんが進んでいました。それでも前向きに辛い治療や手術を受けて、希望を持ってリハビリにも励んでおりました。

平成二九年八月末に食道がんが再発した時、医師より勧められた抗がん剤治療を自ら拒み、自宅での療養を望みました。今ある体力を大切にして、残りの人生を我が家で有意義に過ごしたいとの思いからです。自身が設計した自宅の和室でゆっくり過ごし、好みの食事と、大好きな木々と川のある近所の散歩と読書（庭園の本など）を、規則正しく繰り返していました。結婚以来こんなに長く自宅にいて夫婦で過ごすことはありませんでしたので、今では大切な時間だったとありがたく思っております。

ある日、「建物は自分ひとりの力でできたのではない。一緒に作り上げてきた御住職方や施工の技術者、庭園管理者の皆様のお力があったからこそ実現できた」と語り、感謝の気持ちとして本に残すことを望みました。自分が学んだり、経験したりしたことを若い方々に継承したいという思いもあったのでしょう。それからは毎日机に向かい、資料を見ることもなく記憶だけをたよりに、時が経つのも忘れるほど執筆に没頭しておりました。夫の頭の中は、造営当時の楽しい思い出や、苦心したことなどで満たされていたのではないかと思います。その時だけは、座ることすら辛かったにもかかわらず病気であることを忘れ、とても充実した時間を持てたようで、書き終えてから「ちょっと集中しすぎて体が痛い」と笑っておりました。全部の原稿を書き終えて、二人で読みあわせながら校正し、完成した時は安堵と同時に少し寂しそうでした。

当初夫は、「自費出版で知り合いの方に読んでいただけたら……」と考えていたようですが、図書館や本屋に並び、皆様方や知らない方にも手にとってもらいたいという家族の思いがあり、出版先をいろいろ調べたり、探したりしておりました。ご縁があって早稲田大学（夫の大好きな出身大学）

の出版部様にお世話になることが決まり、安堵いたしました。

それからは、撮影のカメラマンと一緒に夫の設計の足跡をたどりました。その中で御住職方に、「とても使いやすく、美しいので毎日気持ちよくお勤めができる」と言っていただけたことは、夫にとって設計士冥利につきることと感謝しております。また、何ヶ寺か見せていただくうちに、夫らしい豊かで凛とした曲線がわかるようにもなってきました。建物と庭園が同じ設計者であることによる、調和のとれた美しさも見せていただけました。

そして、資料探しです。大学生の時のノートから始まり、設計の師匠である渡邊先生との修行時代のもの、独立してからのスケッチ、打合せ記録、木割り、図面など様々な資料に目を通しました。きちんと整理はしてありますが、探し出すのに苦労したものもあり、「生前もっとしっかり話を聞いておくべきだった」と何度も後悔しました。晩年始めた遠州流茶道でも、お稽古時間のなかった夫ですが、大学・大学院のノートに茶室や茶の心について丁寧に書かれてあるものを沢山発見しました。それを読みながら、これから一緒に楽しめたのにと思うと残念でなりません。

何十枚もの写真から掲載する写真を選ぶのも大変な作業で、夫ならどれを選ぶかの視点で決めてみましたが、自信はありません。本のレイアウトの色合いもそうです。どれもこれも迷うことばかりで、迷った時に一番に相談して決めてくれていた人がもう傍にいないことの悲しさを痛感しました。

このようにして、一年半にわたる夫探しの旅もようやくゴールに近づきました。

竣工写真がすでにあったり、遠方だったりして撮影に伺えなかった御寺院様、どうぞお許しいただきたく思います。建設当時の思い出をお寄せいただいた御寺院様、撮影をお許しいただいた御寺院様、ありがとうございました。そして、夫は他界する前に「僕は建物と一緒に長く生きられるから幸せだ」と申しておりました。大切に守ってくださっている御施主の皆様、夫とともに磨きあい高めあいながら立派な建物を造り上げた施工の皆様、ありがとうございました。古いものを生かして再生する仕事や、価値ある建築物をいわば仲人のような立場で移し助ける仕事も、夫の大切な役割でした。この本がこれからお寺を改修したり、新築なさったりする方々の参考になれば幸いです。

快く各寺院の撮影を引き受けてくれた私の高校時代の同級生でカメラマンの小笠原勇介さん、いつも傍でサポートして的確なアドバイスをくれた許斐慎之介さん、資料探しなどいろいろなことで助けてくれた望月設計室事務所の宮本智恵美さん、澁谷裕子さん、原稿の加筆をお手伝いしてくれた平宏明さん、息子の敬士、そして、早稲田大学出版部の武田文彦さんに大変お世話になり、この本を仕上げることが叶いました。

最後に、この本を一番読んで欲しい敬生さんに捧げます。

令和元年一〇月

望月法子

この本は、たくさんの方々のご協力なくしてつくられることはありませんでした。
最後にそれらの方々のお名前をかかげ、心から感謝申し上げます。

●掲載写真ご協力者（敬称略。以下同）

小笠原勇介――天嶽院、能仁寺、松月院、眞盛寺、南谷寺、宗徳院、了侊寺、小石川後楽園、圓長寺、六義園、（寶王山）少林寺、真勝寺、長善山 浄祐寺、自得山 静勝寺、龍澤山 満蔵寺、泰平山 最福寺、勝平寺、随縁寺、覚林寺、妙長寺、西法寺、長寿寺、善養寺、海蔵寺、正洞院、貞観園、南蔵院、（鳳臺山）少林寺、東禅寺、髙願寺、正法寺、永昌寺、勝願寺、安国論寺、真浄寺、正法院

office Bungo 飯島見峰――自性院

桑水幸夫――崇徳院、観音寺、常圓寺

アック東京株式会社――建長寺

有限会社バウハウス ネオ――常在寺、泉岳寺

●編集企画ご協力者

許斐慎之介

●望月敬生建築設計室ご協力者

白井裕泰――ものつくり大学名誉教授
小倉征彦――小倉公認会計士事務所
高桑伸行――小倉公認会計士事務所
望月敬太――会計
平 宏明――設計協力
堀内邦夫――構造協力
阿部 透――構造協力
遠山元教――構造協力
濱口裕爾――設備協力
石崎進男――設備協力
樋口秀樹――庭園設計協力

●望月敬生建築設計室
これまでと現在のスタッフ

英 和典
英 歩
足立佳苗
福原敏充
成田香織
井上香織
中村泰一
望月由季
阿嶋 浩
望月敬士
佐藤里志
宮本千恵美
澁谷裕子
柏木健太

著者紹介

望月 敬生（もちづき・よしお）

1951（昭和26）年　静岡県静岡市に生まれる
1963（昭和38）年　静岡県立静岡高校を卒業
1975（昭和50）年　早稲田大学理工学部建築学科卒業
1977（昭和52）年　同大学院建築史研究室修士課程修了
1978（昭和53）年　渡邊保忠博士に師事。早稲田大学理工学研究所嘱託
1987（昭和62）年　望月敬生建築設計室開設
1989（平成元）年　一級建築士事務所 望月敬生建築設計室登録
1990（平成２）年　社団法人日本庭園協会（龍居竹之介理事）
　　　　　　　　　文化財指定庭園調査委員会委員
1992（平成４）年　有限会社歴史建築設計研究体設立
2008（平成20）年　社団法人日本庭園協会常務理事
2017（平成29）年　11月　逝去

●望月敬生建築設計室
　ホームページ：https://rekikentai.co.jp
　e-mall　　　：info@rekikentai.co.jp

よみがえる寺院 ―― 日本建築と庭園を守り、つくる

2019年11月25日　初版第1刷発行

著　者　望月 敬生

発行者　須賀 晃一

発行所　株式会社 早稲田大学出版部
　　　　169-0051　東京都新宿区西早稲田1-9-12
　　　　電話 03-3203-1551
　　　　http://www.waseda-up.co.jp

デザイン　河田 純・天川 真都（株式会社ネオプラン）

印刷・製本　シナノ印刷株式会社

ISBN 978-4-657-19026-0